環境心理學
環境、知覺和行為

五南圖書出版公司 印行

前　言

　　這是一本討論人與實質環境相互關係的書。本書的目的就是把有關行為和環境的相關研究編織在一起。

　　我們感興趣的是人們如何去了解他所處的實質環境，這些實質環境對他產生了什麼樣的影響，並且作為結果，人們對所處的環境又做了些什麼。所以本書隱含的目標是理解與揭示怎樣的環境設計是適合人們的生活、生產和學習的，在創造人工環境時應注意哪些方面，以及幫助人們如何利用環境中的各項線索來達到自己的目標，並藉此促進人與環境之間良性的互動過程。

S　環境的三個方面

　　面對如此崇高的目標，建築師、規劃師等環境設計人員和心理學家、社會學家不得不聯手起來，他們無任何模式可以參照，他們甘冒這樣做的風險，也接受如此的機遇。對任何人而言這都是一個嶄新的領域。

　　環境心理學首先是一門應用的學科。幾十年來，環境心理學家在最有挑戰性的領域中從事著最艱難的任務，由於他們關注並希望解決很多實際問題，這就使得「環境心理學」獲得了迅速的發展。譬如，他們探討城市居民是如何看待和記憶城市的；怎樣才能提升城市的視覺質量；人們是如何分享公共空間的；如何藉建築中公共部分的設計來促進人們之間的社會交往；教室應如何布置才有助於孩子身心的發展，並有益於學習；辦公室的大小、它的開放與封閉程度對工作效能有什麼影響；危害人們心理健康，使人煩惱的噪音的特徵和聲級是多少；人們喜歡什麼樣的環境；人們所青睞的住房和社區有哪些特徵；如何才能提升居民在社區和鄰里中社會生活的品質，怎樣的環境設計有助於減少犯罪等等。

　　這些問題並無一個普遍適用的原則，而且，在開始的時候各個研究也是支離破碎的。與建築師和規劃師相比，更注重方法論的心理學家在從事這些應用研究時，很自然地會想到經典的實驗設計和傳統的測量儀

器,遺憾的是這些從實驗心理學借來的方法和工具,在應付日常生活中各變項之間的相互關係時顯得捉襟見肘,很不適用。因為在現實世界中並沒有可以完全控制的變項,而且在研究人與實質環境之間的相互作用時,必須同時考慮到社會的和文化的環境,以及個體之間和組群之間的巨大差別,後者對心理學家來說是至關重要的。

從來就不存在脫離當時社會和文化環境的實質環境,實質環境的每個變化不僅具有文化上的意義,也對社會各個層面產生影響。儘管環境與行為研究並不特別針對社會方面的議題,但它無法迴避環境中的社會性,因為它是連接人與環境的樞紐。人們在環境中生活,而生活的各個方面不是相互孤立而是相互依存的。在這個建成的世界中,無論是一所學校、一家醫院、一幢住宅或是一條公路,都僅僅是社會體系中的一份子,任何實質環境中都包含了實質因素和社會因素。所以,「行為」實際上是對實質環境和文化與社會環境的反應。

從建築決定論到相互作用論

我們並沒有把人僅僅置於是環境的反應者這樣一個尷尬的角色,很顯然人與環境之間的相互影響不是單向的。在人與環境這對概念中,人創造了環境,同時又隸屬於它。譬如,制定住房政策的官員和包括建築師、規劃師等在內的環境設計人員,他們對環境負有直接責任。除此之外的大部分人,是愉快也好,是忍受也好,必須生活在由別人設計出來的環境中,設計人員也不例外。於是環境在許多不同的層次上發生作用,從建築師設計一個街坊、一所學校、一座辦公大樓、一家超級市場到人們按照自己的愛好布置自己的房間,都是不同層次的環境,它們都對人產生著作用。

19 世紀末建築決定論頗為盛行,它的影響即使在當代還持續著。現代建築和城市規劃的奠基人之一柯布西埃和霍華德是建築決定論的積極推崇者,他們認識到在 19 世紀出現的人口向城市集中所引起的城市環境的變化,左右著人們的生活方式和生活條件。19 世紀後期,以建築決定論為基礎產生了霍華德的田園城市。美國在 20 世紀初期則有 Perry 的鄰里單元理論,這一理論相信透過設施的分散布局,可以活躍居民間的

交流。在建築設計界獨領風騷數十年的包豪斯學派認為，設計師可以透過設計一個理想化的容器來直接造就一個更為美好的大同社會。

　　通常是建築師、規劃師等環境設計人員固執於建築環境影響個人生活質量的觀念，而忽視文化和社會層面的影響，沒有認識到建築環境只是社會結構的一部分。在城市設計工作中，為了解決社會問題，調和階級矛盾，他們鏟除貧民窟，推倒一切，重新再來。這種將實質要素置於主宰一切的地位的觀點是很片面的，有時也是極端錯誤的。改革開放以來，中國住宅建設大發展，拆舊城建新城，大量居民從市中心遷居到市區邊緣的大型居住社區中，在這些居住社區的設計中有多少考慮到了文化和社會的要素呢？

　　在學術研究方面，20世紀50年代Festinger、Schachter和Back一起合作，探討了居住在美國麻省理工學院的退伍軍人大學生友誼關係的模式，他們發現這些人的住所的接近程度決定了他們之間的接觸次數，有最多社交接觸的人往往居住在鄰里的中心，而住在鄰里邊緣的住戶往往其朋友最少。於是這個理論可以解讀為：決定用地與道路布置和確定住宅組團與住宅間距的建築師，決定著居住在這裡的居民的社會結構，居住在這裡的居民的行為是由建築師和規劃師創造的實質環境所形成的。

　　當然，這不符合事實，在這個案例中之所以存在這個交往模式，是因為所研究的樣本十分特殊：這些學生的性質相同而且都有相互幫助的需要。關於人與環境之間關係的討論貫穿於環境心理學理論建設的整個過程，一些研究人員在人與環境之間增加了中間變項，其中有的支持了建築決定論，譬如紐曼的可防衛空間（1972）。紐曼假設居住區裡的犯罪是由不良的環境引起的，這些環境並不屬於任何人，也不受到監督，建築師的責任就是要設計好的環境，在這些環境中居民既有保護它的願望，也有這樣做的措施和可能性，於是透過可防衛空間，建築師就可以促成一個安全的社區生活。

　　英國的Terrance Lee（1968）在鄰里研究中更多地站在了能動論的一方，他將鄰里作為一個社會空間，一個由他的受試者創造的「人—環境」表象。他認為個人環境介入了個人與環境之間的關係，於是這個中間變項主要是認知上的，過去的經驗和與環境的聯繫決定了個人環境。

在這個假設的基礎上，Lee 發現主婦們所認為的鄰里包括最經常來訪的朋友、購物的商店以及所使用設施的位置。進而他計算了「鄰里商數」（neighbourhood quotient）：這個鄰里中所包括的住房、商店和公寓等的數量與當地所有這些的總數之比。Lee 成功地表示這個數字會隨著社會地位的提高和居住時間的增加而上升，而且它還與丈夫的工作地點和出生的地方有關。總之，每個人的經驗決定了他的環境的表象，以及其與環境的聯繫。

Canter（1983, 1991, 1993）則把 Lee 的個人環境推進了一步，稱之為「場所」。他認為在人與環境的關係中，人們在環境中的目標是起主要作用的，人們在環境中的行為主要取決於場所目標，場所目標既區分了不同的人，又區別了不同的環境。一方面人們在同一個實質環境中會有不同的要求和意圖，這直接造成人們在環境中有不同的行動；另一方面，同樣的實質環境被用作不同功能時，譬如作為教學活動的教室和作為娛樂活動的教室，人們會對它有不同的認識。於是，當我們分析個體在環境中的行為時，儘管個體的差異有很多方面，環境也有很多變數，但由於個體的特殊的場所目標，直接導致個體產生了 A 行為，而不是 B 行為。

雖然當今建築決定論已趨式微，相互作用論在這場競爭中勝出，但決定論依然還是一支重要的力量，特別是在環境設計界尤為如此。相互作用論試圖繞過傳統的人—環境兩分法，這些理論都強調了認知和個性在人與環境互動過程中的作用。在我們看到的眾多理論中，Canter 的場所理論是其中較傑出的。在他對人與環境的分析中，不僅將個體過去的和將來的知覺過程與涉及個人的物質的、心理的、生理的行為及言辭的資料結合起來，同時也包括了社會的和文化的環境。

ㄥ 研究的三個部分

環境心理學一直在三個完全不同的方面開展著研究，這三個方面至今還未形成一個整體。第一個方面通常被認為是位於環境心理學中心，這就是環境認知的研究，它著重人們感知和了解他們所處的實質環境。這方面的工作根植於兩個傳統，即 Lynch（1960）的「認知地圖」和 Osgood 等人（1957）的「環境的意義」，儘管 Lynch 在他的早期工作中刻意迴避了環境的意義並希望能讓後者自由的發展，但 S. Kaplan 與 R. Kaplan（1982）將這兩方面綜合起來更豐富了我們對環境認知的了解，一些文化論者如 Rapoport（1982）一直把環境的意義作為他們工作的主題。這個領域的核心是認知心理學的信念，即我們對世界的認識是完整地與它的知覺聯繫在一起的。

　　第二個方面則是環境心理學中理論最薄弱的環節，即環境評價。這個領域是為了滿足建築師、規劃師和環境政策的制定者的實際要求而形成的，它充分反映了環境心理學研究面向應用的特點。早期的研究人員努力使這種評價從民意測驗的框架中脫離出來，在民意調查中環境的好壞通常是以認可者的百分率來表示。現在環境評價已經逐漸轉向精確地描述舒適、美感和滿意，但這種概念卻在大部分環境認知研究中難以找到，這意味著環境評價和環境認知之間存在著不小的間隙。

　　第三個方面就是關於個人空間、擁擠、私密性和領域性的研究，有些環境心理學家把這些問題作為環境心理學的本質來探討，但它們並沒有在環境認知的研究中涉及，即使在環境評價中也很少提到。在這個方面，Altman（1975）的工作是傑出的，他認為擁擠是個體無法控制別人接近自己的狀態，而領域性和個人空間是調節和控制別人接近自己的手段，藉此他成功地將這些研究統一在私密性周圍。

　　目前，環境心理學在理論上的進展莫過於建立整合的、有機的理論框架，Canter 場所理論似乎能將這些方面統一起來，但研究還跟不上理論的步伐。

ϛ　本書的組成與閱讀

　　環境心理學是一個範圍不斷擴展並取得新的成就的學科，本書希望在一個較廣泛的範圍內涵蓋環境心理學的有關知識與研究，盡可能多地介紹中國學者的工作，並跟蹤國外研究的最新進展。本書將明確解釋環境心理學的範疇，並詳細闡述本學科學術與應用的各種進展。

　　本書的開篇之處將闡述環境心理學的產生和發展、環境心理學的定義，並對有影響的理論和研究中使用的方法和工具做大致的介紹。這些

內容組成了第一章。

　　我們將環境與行為的研究資料主要編織在三個篇中，即「環境認知」、「環境中的社會行為」和「評價與環境」。

　　第一篇「環境認知」包括兩個章節，環境知覺與空間認知，城市意象和空間指認，主要探討了人們感知和了解自己所處之實質環境的方式。

　　第二篇「環境中的社會行為」描述了擁擠、私密性、個人空間和領域性，它分析了人們是如何分割與共享空間的。

　　第三篇「評價與環境」包括了環境評價和國內外居住環境研究的最新進展，這些研究詳細地探討了包括建築設計在內的實質環境、社會與文化環境與人們居住和社區生活品質的關係。

　　本書的大多數章節都有一個經精心安排的相似的結構：(1)闡述主題的範疇和性質，並為其下定義；(2)介紹這個主題的主要理論；(3)整合與該主題有關的研究資料，並為這些已經累積的知識做總結；(4)介紹幾個如何在環境設計中應用這些知識的實例。

　　為使心理學基礎薄弱的建築師、規劃師和其他環境設計人員更有效地閱讀本書，我們盡可能用樸素的語言來解釋一些關鍵詞和術語。另外，本書經過合理地安排，做到了每個章節盡可能地獨立與完整，當讀者由於時間有限或是只對本書的一個部分感興趣時，他就可以只閱讀某一章節的某一段落。譬如當他對理論不感興趣時，便可以跳過理論部分而直接閱讀有關的研究資料，以及面對環境設計的研究實例。

　　本書保持了我們一貫堅持的實證主義的觀點，並對其他非實證主義的研究持保留和警惕的態度，這可能是本書的一大特色，但也可能是自縛手腳，很多建築學方向的資料就沒有被考慮進去。另一方面，我們不是心理學專家，心理學知識非常有限，儘管我們竭力避免，但書中肯定有許多不妥之處，敬請讀者和有關專家指正，我們將深以為幸。

作者

目 錄

∴●● 第二篇　環境中的社會行為 ●●∴

●●● 第三篇　評價與環境 ●●●

第 **1** 章

環境心理學導論

環境，是近年來人們最關心的話題之一，與此相似的「生態學」，以前只是科學家討論的問題，今天卻成為人們日常談話的焦點，各種媒體也經常提及。人類的應用科學避免不了這種趨勢，這類學科的傳統目的是幫助人類適應所處之環境，現在則需要進一步幫助人類去創造一個滿足他們需要的棲息之地。面對如此複雜和崇高的任務，建築師、規劃師等環境設計人員與心理學家、地理學家、社會學家和人類學家們是如何相互配合與共同工作的？他們有哪些共識？他們又有哪些工具？以及他們是如何應用的？本章擬就這幾個方面作些介紹，其中涉及的內容很多取自美國的研究，這並不令人感到意外，這些應用科學的發展是與迅速的工業化和城市化分不開的。環境心理學研究首先在美國開始，而後在歐洲主要是在英國、法國和瑞典展開的，以後逐步擴大到世界其他地方。亞洲最先是在日本扎下根，20 世紀 90 年代中國才正式展開這方面的研究工作，以前只是附帶在社會學、城市規劃和建築學等學科中進行一些相應的工作。

一、環境心理學的產生和發展

我們在討論環境心理學的性質、理論和研究方法之前，可以先回顧一下這門學科是如何形成的，為什麼現在對環境問題產生了興趣？為什麼過去代代相傳的生活方式現在卻變成了有爭議的問題？想到的第一個解釋是與技術發展的關係。技術發展導致了工業化和城市人口的增加，雖然它是對人類有益的，但人們並沒有預見到其消極後果。汽車是一個很好的例子，工業化的流水線生產降低了汽車的價格，因而買得起汽車的人越來越多。當你有了一輛汽車時，的確比沒有汽車的人有更多的自由和舒適，駕駛時也確能體驗到一種揮灑自如的感覺。但這只有在車輛較少時才是真實的，當你碰到塞車和停車問題時，就會體驗到受奴役和被排擠的感覺。此外，汽車排出的廢氣嚴重污染了城市空氣，成了現代城市中的一個主要污染源。

更為普遍的是城市化的優點並不能補償迅速膨脹的城市的缺點。擴大了的居住區毫無個性地聚集在一起，為破壞和犯罪行為提供了溫床，居民喪失了與自然的接觸，成為這種單一性的犧牲品。城市居民

的生活方式也改變了農村社會中所具有的，甚至在老的貧民窟中也存在的社會支持機制。自然資源的無節制開發、農業化肥的濫用，以及道路網、飛機場和鐵路線的建造，破壞了生態平衡和自然景觀，同樣也危及人的健康。這種環境的劇變，並未注意到在技術成就與心理和社會需要之間的一種平衡要求。

　　人類所生息的環境已不能再這樣下去，要求改變現狀的呼聲遍及世界各地。但是環境規劃問題，不能取反其道而行之的做法解決，即使有可能會有個別人或社會團體抵制技術的進步，仍然保持其傳統的生活方式，但我們沒有必要為了保持傳統而摒棄進步和變化。現在的環境危機使人們必須承認，人類關於環境對個體行為的影響實在缺少了解。

　　很可能第一次試圖在實驗室外估計實質環境對行為之影響的調查工作，是 20 世紀 20 年代末在美國 Hawthorne 進行的研究，在那個經濟危機迫在眉睫的年代裡，總是希望盡可能地提高生產率，因此，Elton Mayo 等人想搞清楚在什麼樣的工作條件下生產率會最高，他們在實驗中提高照明水平及改進其他工作條件，並觀察由此引起的工人行為上的變化，著名的生理學家和電力工程師也參與了這項研究工作及其他應用心理學的研究。由於這次實驗的結果未能提高生產率，使心理學家丟棄了關於實質環境對人的心理影響的研究，遂致這方面的工作轉移到環境工程師、建築師和規劃專家的手裡。第二次世界大戰結束以後，雖然資源非常缺乏，但迫切需要建造大量的房屋，同時又試圖建成一個較為理想的環境，希望構成一個新的社會和健全的世界，歐洲有幾位社會學家把他們的注意力集中到環境問題上來。這類研究鼓勵進行廣泛的社會調查，最後這些工作的結果以立法的方式固定下來，同時啟動了環境心理學的研究。

　　20 世紀 50、60 年代開始，環境心理學同時在三個不同地方和三個不同方面萌芽和成長。Ittelson 和 Proshansky 在紐約開始研究醫院建築對精神病人行為的影響。同時 Paul Sivadon 在法國得到世界衛生組織的支持，對實質環境在精神病人的治療過程中的作用進行了觀察。1960年，Kevin Lynch 和他的學生們在麻省理工學院分析了城市空間知覺，

出版了《城市意象》（*Image of the City*）一書。在這以後又有兩本書強調了城市規劃中出現的心理問題，以及由心理學家、建築師和規劃專家共同合作解決這些問題的重要性。它們是 Hall 的《隱匿的維度》（*The Hidden Dimension,* 1966）和 Sommer 的《個人空間》（*Personal Space,* 1969）。

1966 年美國《社會問題學報》（*Journal of Social Issue*）為環境行為與實質空間的研究工作出版一本專集，以「人們對實質環境的反應」為主題，此舉首次反映出學術界重視此領域的研究工作。此後專業性學術刊物逐漸出現。1969 年《環境與行為》（*Environment and Behavior*）雜誌問世，成為相關研究成果最主要的發表園地之一。此外，比較重要的國際學術刊物有創刊於 1969 年的《設計與環境》（*Design & Environment*），發行於 1971 年並在 1984 年改名的《建築與規劃學報》（*Journal of Architectural & Planning Research*），以及英國創刊於 1981 年的環境心理學另一非常重要的學術陣地──《環境心理學學報》（*Journal of Environmental Psychology*）。這些著作和學術雜誌使環境心理學獲得了科學上的地位，但學科的發展僅靠這些是不夠的。

1969 年環境設計研究協會（Environmental Design and Research Association, EDRA）成立，它的成員包括建築師、規劃師、設施管理者、室內設計師、心理學家、社會學家、人類學家和地理學家等。自其成立之日開始，協會就積極贊助環境心理學及其相關研究，每年召開國際會議發表論文並出版論文集，所涉及的研究主題包括建築環境研究、行為研究、設施規劃和用後評價等，它是英語國家中推動環境與行為研究工作最積極的學術團體。在 1987 年 EDRA 的會員已超過了 900 人，23%為美國以外的會員，包括了 27 個國家。會員中 30%為建築師、30%為心理學家、25%為環境設計專業工作者（室內設計、景觀設計、城市規劃和環境規劃）、15%為其他社會科學家（社會學家、地理學家、人類學家和社會生態學家等學者）。

Ittelson 等人又在 1974 年編寫了第一本環境心理學教科書。Proshansky 和 Ittelson 在紐約市立大學設立的第一個環境心理學博士於 1975 年培養出第一個環境心理學博士。在美國、歐洲和加拿大等世界上其他

有影響的大學中，環境心理學研究小組也於此時先後成立。到 1986 年，僅在北美已有 24 所大學正式設立了這一領域的博士學位培養計畫，其中 8 所在心理學系，6 所在建築學系，4 所在社會學系，3 所在地理學系，2 所在自然資源學系，1 所在社會生態學系，還有 17 所大學設立了這一方向的碩士培養計畫。由建築師、心理學家和社會學家們參加的國際會議也不斷增多。至此，作為一門獨立的學科，環境心理學正式出現在世界學術界中。

以上這些主要是在美國的發展歷程，世界上其他國家的個別人和組織所開展的有關工作也有數十年之久了。德國 Hallpach 在 20 世紀 20 年代探究了「概念」，30 年代英國研究了住房中的照明，60 年代蘇格蘭的建築效能研究小組（BPRU）對建築心理學做了大量的工作。Tetsuro 在日本對環境與行為之間的關係思索了整個 30 年代。在 50 年代後期，加拿大 McGill 大學的 Suskatchewan 出版了關於房間布置之社會影響的著作。此後，60 年代在日本隨著一本《建築心理學》的問世，開始了關於神社設計如何影響朝拜者的情感和有關在大災害中人的行為反應的研究。瑞典很早就處於環境與行為研究的前驅，他們特別重視建築的視覺感知，並對空氣和噪音污染進行了相當的研究，其寒冷的室外環境引起了許多如何創造高質量室內環境的思考，並加深了對環境之真實意義的理解。前蘇聯也曾展開環境心理學的廣泛討論，他們研究的範圍和其他國家相似，但特別重視量大面廣的住宅和社區。其他國家的發展較慢，但小組式的研究團體在荷蘭、以色列、澳大利亞、土耳其、委內瑞拉、義大利和墨西哥等活動著。

中國的環境心理學發展要大大晚於世界（台灣這方面的教學與研究稍早一些），儘管零星的工作散見於各雜誌和書籍，但這些努力沒有匯聚起來。1993 年是非常重要的一年，這一年發生了三件事。4 月，英國著名環境心理學家 David Canter 應同濟大學楊公俠教授的邀請來中國講學，先在清華大學建築系做報告，後為同濟大學建築系和華東師範大學心理學系的學生們授課。7 月，在中國建築工業出版社的倡議下，由哈爾濱建築工程學院主持，吉林市土木建築學會籌備，在吉林市召開了第一次「建築學與心理學」學術研討會，出席會議者包括

本書兩位作者在內，共有 20 餘人。1993 年 12 月，《建築師》雜誌（總 55 期）專門為這次會議出版了一期專刊。這些可以看成是這門學科在中國的正式誕生。1993 年以後環境心理學研究開始加快了步伐，1995 年在大連召開的第二次「建築學與心理學」學術研討會上，正式成立了「中國建築環境心理學學會」（2000 年改名為「中國環境行為學會」），當時會員超過了 50 人。在此以後，基本上每兩年在各地輪流召開一次學術研討會（1998 年於青島，2000 年在南京）。科研論文的定期交流和環境心理學基本知識在高校中的系統傳授，促進了學科在國內的普及。

二、什麼是環境心理學

環境心理學研究的是人和環境的相互作用，在這個相互作用中，個體改變了環境，反過來他們的行為和經驗也被環境所改變。環境心理學是涉及人類行為和環境之間關係的一門科學，它包括那些以利用和促進此過程為目的並提升環境設計品質的研究和實踐。對應這個定義，環境心理學有兩個目標：一是了解「人－環境」的相互作用，二是利用這些知識來解決複雜和多樣的環境問題。

作為一個專門領域，環境心理學是新興的，儘管在某些問題上，社會科學家的研究持續了數十年。早期的心理學家絕大多數更重視個體過程，而不是人－環境過程，幸運的是，20 世紀 60 年代以來大量的研究改變了此狀況，積累了豐富的知識並付諸於實踐。在介紹這些專門的知識以前，我們來看一下環境心理學的主要理論和研究工具，透過它們就可以了解環境心理學研究的大致情況。

三、環境心理學的理論模型

環境心理學是在應用中產生的，它不是先有理論研究，在建立了理論模型和系統方法後發展起來的，而是在現實環境中產生了問題，心理學家和建築師為了解決問題，採用傳統的心理學方法進行調查、實驗和研究，最後得出結論和解決的辦法。長期以來，一些環境心理學家在研究的基礎上，提出了各自的理論模型，以便指導今後的研究

工作。因此近年來出現了多種環境心理學理論，但是要找出或建立一個普遍適用的理論是困難的，即使對同一問題，也會有所不同。這裡擇要介紹一些主要的理論以見一般。

1. 邊緣上的主題

闡述眾多理論以前，很有必要回顧一下在環境心理學發展成一門獨立學科之前的情況。環境心理學研究的蹤跡可以在心理學的歷史中找到，但它始終處在邊緣位置。環境心理學關注的日常環境，在心理學界卻很少獲得過重視。儘管心理學每個領域中的研究都含蓄地提到了日常環境，但只有環境心理學才系統地檢測它。僅僅舉一個例子，關於學習的研究基本上都與教室有關，但此類研究中沒有幾個是在教室裡進行的。20 世紀 30～50 年代，Tolman、Brunswik 和 Lewin 三個早期心理學家的工作，可以證明環境心理學身處邊緣這一事實。Tolman 首先提出了「認知地圖」，Brunswik 可能是第一位使用「環境心理學」這一術語的學者，Lewin 精力充沛，並鼓舞了許多學生，他們深深地改變了社會科學的發展方向，其中的兩個努力研究了心理生態學，後來把這個術語改成生態心理學。

讓我們向三位先驅者請教。

對於「刺激─反應系統」（這個系統在描述環境時，排除了與人無關的刺激）中的反應，Tolman 建議一種全面的或整體的方法考慮那些負責知覺的介入變項。此理論說明個體對環境的反應若沒有中間的認知階段的徹底分析是不能解釋的，因為這個認知階段賦予人們所接受到的環境以刺激個人的意義。Brunswik 也很重視知覺過程，他認為從環境來的一切訊息對每個受試者都具有特定的作用，它說明認知表現的多樣性。這種情況可以在兩個受試者置身於相同環境中時看到。儘管周圍的世界是一樣的，但是由於兩人看待所接收訊息的方式不盡相同，具體地說，由於他們給予每一個訊息的權重、它的似然性（like-lihood）以及達到調整的方式都不盡相同，因此每個人對外部世界都有不同的個人解釋，故相同的環境對兩人具有不同的意義。

儘管 Lewin 對於實質世界並未給予特別的注意，但他是第一個提

出符合環境心理學需要的、一致的理論結構的心理學家，他的某些理論假設是建立在抽象的命題上的，這些命題很誘人，但從未經過考證。Lewin 雖然受到完形心理學派的影響，但他並不局限於知覺過程的研究。相當出人意料的是，在他的理論體系中包括了個人的認知和情感方面的特性，因為它們給予這個生活空間中的每個個體以積極的或消極的誘發力（valence）。Lewin 清楚地表明研究的主題必須是中心的心理過程，即認知、動機和有目的指導的行為等，而不是邊緣的感覺過程和運動的過程。與此同時，他強調心理事件的相互依存，它們不可能孤立地進行分析，或者不考慮它們之間的相互關係來解釋。

更具體地說，Lewin 關於「力場」（force field）的定義可以作為確定環境中行為傾向的一覽表，不僅有感知者（個人或集體）的特性，並且也有生活空間中「力場」所動員的範圍。「力」是由「場」能夠引起的變化和這些變化的性質決定的。此外還有力源的品質（友善或敵意、個人的或中性的）和賦予它力源的屬性。上列這些可直接作為環境研究計畫的指南。我們可用一項關於飛機噪音對一組住在機場附近居民的行為影響的研究來說明。他們的行為可以由下列因素確定：噪音的特性、被噪音干擾的活動的性質、這些活動的重要性、可以採取什麼措施來保護他們不受或少受噪音的影響、這些人對機場的看法、機場對社會和公眾生活的關係以及確定這個機場位置的原因等。很明顯這組人的行為並不是直接由簡單的感覺過程確定的。從方法論的高度來看，Lewin 是動作研究的先驅。動作研究本質上是包括了他們在動態過程中所含的現實環境中發生的變化，它既不排除實驗研究，也不排除嚴格的觀察。

這些都為人─環境關係的應用性研究提供了一個基礎。心理學家擔心的問題是缺少理論和方法論的不確定性。譬如 Proshansky、Moss、Ittelson 和 Altman 等人都曾論及在建立理論體系，以及設計出適合於現場研究、幫助決策和行動的系統化方法時所碰到的困難。但這些人並未受到 Lewin 等人的影響，他們開始系統地改變建築的實質元素並檢測這些改變對行為的影響。此外還有 Sommer 獨樹一幟地研究「個人空間」。這些從 20 世紀 40 年代開始到 70 年代初期形成的一股洪流，

其中許多學者在不同層次上進行著探討。最基礎的就是對基本的心理過程的研究，如知覺、認知以及影響和構成個人環境經驗的個性。接下來是對空間的社會組織方面的考察，如領域性、擁擠、私密性和個人空間等方面。在更廣泛的層次上，一些環境心理學家致力於探求與工作、學習和與城市中或社區中的日常生活相聯繫的更複雜的行為研究。最後，環境心理學關注的是如何更好地改建已建成的環境以及考察社會議題中的心理學組成，如資源管理（節能、再循環和回收廢棄物）等。

2.主要理論

基於如此眾多的方面和成千上百個研究課題，學者們如瞎子摸象般地建立了許多模型。較早出現的理論基本上可以按其是否堅持決定論的觀點來考查人與環境間的關係，或者按其是否分析人與環境間相互作用的過程來分。儘管決定論的觀點早已受到許多人的批評和否定，但後來的理論涉及的方面越來越廣，下面介紹的理論中也沒有一個可以適用於環境心理學的所有主題和方面。不要對現在所出現的具有明顯矛盾的理論缺乏信心，相互競爭的理論至少可以提供多個視點來看待同一現象，它也說明此領域是多麼的生機勃勃。這裡對目前存在的主要理論作扼要介紹（在相關章節裡做詳細介紹）。這些理論中最主要的是刺激理論和控制理論，其他理論出現得較遲。

(1)刺激理論

刺激理論認為現實環境是我們很重要的感覺訊息源。這種訊息既包括較為簡單的訊息，如光線、色彩、聲音、噪音、熱和冷等，也包括複雜的刺激，如房屋、街道、室外環境和其他人等。環境刺激可以有兩種變化，即數量和意義。數量上，它可以是強度、持續時間、頻率和發生源的數目等明顯的維度上的變化。意義是由我們對這些環境刺激的心理學評價得到的，譬如我們的想法、社會的交互作用、工作的效能、情感，甚至包括由於此刺激場和我們對它反應的方式所造成的健康問題等。基於刺激的理論包括：

適應水平理論（Helson, 1964）　這是一種以刺激為基礎的重要理

論，它主張個體在環境中適應於某一水平的刺激。儘管對任何人來說，並無一個特定數量的刺激是好的或壞的，但當刺激與其適應水平不同時，就會改變他的感覺和行為。

喚醒理論（Mehrabian & Russell, 1974）　此理論假設我們的許多行為和經驗的形式和內容與我們在生理上被如何激發有關。與適應水平理論和喚醒理論都有關係的超載理論（Milgram, 1970）的核心是刺激太多。環境與行為研究很多涉及效能，由於超載引起的喚醒水平的變化可以影響作業的績效。

壓力　近年來壓力也成為一個重要的理論概念。一些環境心理學家擴展了Selye的工作，用它來幫助解釋環境刺激超過個體的適應能力時，對行為和健康產生的影響。壓力的概念被廣泛用於各種日常條件。造成壓力的原因可以包括：空氣污染、醫院、辦公室、極端的溫度、交通、噪音和災害等。Camppell（1983）將它區分為：急性的壓力源（在感覺前沿的、消極的、強烈的和短促的影響），周圍的壓力源（存在於感覺背景中的消極的、慢性的、整體的環境條件中，並且似乎很難改變）和日常的麻煩（消極的、不急迫的、重複發作的壓力源）等三類。基本上有兩種壓力模型：一種是強調生理反應，另一種是強調心理反應。在生理反應方面，Selye（1979）首先介紹一般適應綜合症，人體的特定反應模式即使當壓力源改變時仍保持不變。腦垂體和腎上腺對於壓力有一系列特殊的反應：警戒，接著是抗拒，最後耗竭。Lazarus（1966）對心理壓力模型進行了長期研究，他強調認知評價的作用，亦即我們盡力對情況的嚴重性作出評價，並與壓力源對抗，這樣，壓力源的意義就成為一個重要的因素了。

有些心理學家更重視刺激的意義。環境的意義是我們在不斷地相互影響（與我們對環境的選擇、建造、修改和破壞結合起來）和塑造環境的過程中賦予的，一個人賦予一個場所的個人意義是環境經驗中必不可少的部分。在此意義上說，環境的意義是從現象學角度研究的。環境，我們從它那裡接收到刺激，形成了我們經驗的基礎。當我們熟悉了一個環境後，它就對我們產生了意義。這種意義可能是積極的，也可能是消極的、弱的或強的，與別人賦予它的意義是相似的或不同

的，有意義的場所對我們的影響不同於無意義的場所，我們對這兩種
場所的處理也是不同的。

(2)控制理論

環境心理學的另一組理論是集中在控制方面，而非刺激。我們可
能適應於刺激的某一水平，並且刺激也會太強或太弱，但還有另一種
情況沒有提到，即我們對環境刺激能有多大的控制。顯然那些對刺激
的數量和種類能有很好控制的人要比無控制的人情況要好，這一類理
論可以分成兩種：

個人控制理論（Theory of Personal Control）　此理論由 Barnes 提
出，它說明人們能否影響刺激的模式。人們由於缺少控制常常導致心
理上的對抗，因此喪失了試圖重獲的自由，所以認定很難或不可能對
刺激恢復控制，變成「習得的無能」（learned helplessness），確信無
論怎樣努力也無法克服不愉快的、痛苦的處境。

邊界調節機制（Boundary Regulation Mechanism）　Altman（1975）
認為在日常生活裡人們有時試圖透過幾種邊界調節機制以達到個人控
制，譬如擁擠、個人空間和領域性等，Altman 認為透過這些邊界調節
機制，人們可以獲得所需要的私密性。這個邊界調節機制理論巧妙地
將私密性、擁擠、個人空間和領域性聯繫起來，並把私密性作為人們
行動的中心。

(3)行為場合

第三種理論建立在行為場合（behavior setting）概念之上（Barker,
1968; Wicker, 1979）。即場所中的活動模式是固定的、規範的，且不
隨時間的改變而改變，於是人們進入一個場所，就像進入一個存有預
設活動程序的地方，人們的活動只是按照程序表上的內容重複著。這
可在很多場合看到。如果走進理髮店、足球場或食品店，你可以看到
由一些扮演特定角色的人進行著重複發生的活動。譬如每場足球賽總
是由兩隊球員進行的，他們奔跑、傳球和得分，裁判員監督著犯規的
情況，球迷們則歡呼、噓叫或高唱勝利歌等。當然個體的活動是不一
致的，但行為場合論者比刺激論者或控制論者對參與者的心理過程和

個體差異注意得較少，他們對扮演某一類角色的人們的動作之一致性印象深刻並忽略其差異。但與此相反，他們對那些從事不同角色的人們的行為卻予以特別的注意，譬如足球場上的球員、裁判和球迷的行為的差別。行為場合論者傾向於主要以場合的社會特徵來解釋人與環境的關係，諸如規則、習慣、典型活動以及其實際特徵等。

行為場合理論的一個關鍵概念是人員的參與水平。一個給定的行為場合可能會吸引很多人參與活動，但也有可能參與的人很少。當參與的人太多時，行為場合不能拒絕接納這些額外的人，結果是人員過多，反之則人員過少。你可以回憶一下，經驗中的人員過多或過少的行為場合，這些人在這種處境中的結果如何呢？Wicker（1987）又進一步發展了這個概念，他認為行為場合不是一個靜止的實體，而是一個從產生、努力、適應、成功直至最後消亡的過程。

(4)交互作用理論

交互作用理論（Interactionism）比前面的這些理論前進了一步。前面這些理論都把產生行為的原因歸之於人或環境，將人和環境看成是分離開來的實體，但實質上兩者是不斷契合在一系列的相互作用中。

相互作用論（Stokols & Shumaker, 1981） 強調人和環境均是一個相互包含著的實體的一部分，這意味著不論是人還是環境，不可能不參照對方而單獨定義，並且一方的活動必然影響另一方。我們影響環境，環境影響我們。

機體論（Organismic Theory） 強調在一個共同的、複雜的系統當中，社會的、社交的和個體的因素動態的相互交互作用。行為被看作是既有短期目標也有長期目標之許多可能發展中的平衡的一部分。

交互作用理論和機體論代表了環境心理學中高級的和較符合理想的理論，但它們與目前的研究方法之間，尚存在較難以克服的間隙。

(5)操作性取向

由某些心理學家在研究中使用的操作性取向（Operable Approach, Geller, 1987），是一種理論上的展望，它建立在 Skinner 原理上，其目的是改變個體的行為（他們的行為是對某些環境問題產生影響的），

藉以鑑別出有特殊問題的環境行為。如果個體從事比較有益的行為時，就提出適當的積極的強化。現在已著手採用操作性取向的方法進行研究的例子為：亂丟垃圾、廢棄物回收和住宅中的能源浪費等。

(6)場所理論

David Canter（1977, 1983, 1991, 1993）總結了前人的思想，持續不懈地努力發展了場所理論（Place Theory）。這是一套完整的理論模型和方法論。這裡的「場所」並非是指一個地域，而是反映在人們的經驗中，是人們環境經驗的一個單元，是表示在此場所中活動著人們的個體的、社會的和文化的各方面綜合起來的經驗系統。「場所」的意義包括人們從直接的環境經驗和輔助訊息源獲得的個人的概念和情感，許多場所對個別人和人群具有他或他們的特殊意義。簡而言之，場所就是人們實質環境的內在表象。

在這個框架中，人們在場所中的目標是理論的核心，Canter 進而認為場所的目標不僅是場所的核心，而且還是環境心理學的中心。因為人們的場所經驗是與人們在場所中的目標有關，正是由於人們在場所中有不同的目標、目的和意圖，因而就採取了不同的行動，於是當人們評價一個場所時，便有了不同的概念體系。很顯然，沒有目標就無法構成評價，但不同的目標直接導致人們對場所有不同的評價，於是場所目標既區分了不同的人，又區別了環境。不同的人在環境中有不同的要求，當人們對環境有相似的環境目標時，他們也就以相似的方法來形成場所概念和場所評價。另一方面，作為一個講演場所的講演廳和作為集會地的講演廳，儘管實質環境沒有任何改變，但評價卻是不同的。所以，Canter 的場所理論是以環境評價為取向的。

四、環境心理學的研究方法

環境心理學開始時採用了從普通心理學和實驗心理學中借來的方法進行調查和實驗研究，因此可以說包括了全部可能用的方法，從按照嚴格的析因設計的實驗室實驗，至不知道受試者的情況和沒有參照體系的自發的觀察，其中還有從社會心理學中借來的問卷法和臨床心

理學中的投射技術等。如果要將這些研究方法在這裡做全面的介紹是不可能的，但我們可以從各種研究方法的共同問題著手，這還是很有幫助的。

1. 受試者的選擇

這實際上是研究結果與特定的實驗樣本之間的關係問題，尤其是回答下列問題：觀察到的情況能否用其他受試者組來證實？如果不能，那麼所選擇的這些樣本的哪些特性能說明所蒐集到的數據。很明顯，這個問題開闢了以不同樣本進行比較的途徑。不過環境與行為研究過程中常常是不能自由地選擇樣本，因而可以採用四種方法，其中有的只適合於現場研究或是實驗室工作，有的則兩種研究都合適。

(1)全部參與者

在現場進行研究，而樣本則包括了這個選好的現場上的全部參與者。譬如Rivlin和Wolfe（1972）系統地觀察了一座精神病院開業後第一、第二、第十和第三十一週中全部住院兒童的行為。

(2)隨機抽樣

想把現場內所有的參與者都作為受試者通常是困難的，所以需要隨機抽樣。譬如你要設計一個餐廳，需要了解顧客選擇餐桌的情況。但不知道什麼特性影響了顧客的選擇，是他們的年齡、性別、文化背景；是獨自前來還是結伴而行；是首次蒞臨還是多次光顧；抑或是當時的心情呢？隨機抽樣方法就是用來分散這些樣本的個別特性，很有趣的是你反而不需要再追蹤此特性是如何分布的。隨機抽樣的原則很簡單：樣本的選取是總體中其每個單元或單元的次集合，被抽選的可能性是均等的。

從事環境與行為研究時，通常採用的最簡單方法，是可以先由電腦產生一張「隨機亂碼表」，由上述亂碼表中取出每一輪第 n 個號碼為樣本，這就是系統化隨機抽樣。如果手邊沒有這樣的隨機亂碼表，也可以想別的辦法，譬如我們可以觀察進入餐廳的第 2、第 12、第 22 個人，以及如此類推的第 n 個人的每個人的行為。

⑶分層抽樣

已經選好了現場但不可能觀察（或訪問、實驗）全部居民，可以從中抽出一個樣本。Marans（1970）在比較四個經規劃開發的社區時採用了此法。開始時規定按明確的判據（年齡、家庭組成和居住時間的長短）選擇樣本，並且還選擇了滿足這些判據的任意家庭的副樣本，再將這個樣本的代表性與標準的社會調查方法進行核對。

此法的要點是你假設母體中的某一特性會影響你觀察的樣本，所以你將此特性反映到樣本中。這有好幾種可能性。譬如對社區遊樂設施進行調查，你多數是訪問婦女，尤其是和孩子在一起的母親，而不是男士。一些居住環境評價的研究只選取婦女做樣本，如Canter和Ree（1982）和Levy-Leboyer（1993）就是如此，其間原因很多，如她們在社區中的時間較多，更關心家庭和社區，更善於在社區裡的交際，也更容易調查。另外，如果事先已經清楚社區中老年人的比例，或是教師的比例，那麼，在樣本中就可以反映這些比例。研究人員為了非常明確的目的也應限制樣本。譬如John和Elizabeth Newson（1968）在兒童的發展研究中只訪問母親，他們認為母親能更有效地報告對這個問題的看法。同樣這種樣本可以由研究目的來決定。譬如Goledzinowoki研究巴黎地鐵中乘客們的空間感覺時，他將調查的對象限於那些沒有趕上車的人。

分層也意味著時間分段。我們觀察地鐵車站內人流情況，要把高峰段和非高峰段區別開來，否則以其中任一時段的調查都會得到特別的結果。行為會隨著時間的變化而變化，為了使調查更有科學性，應盡可能做長時期的調查。環境與行為研究需要長時期的調查，遺憾的是大多數的調查時間卻很短。

儘管現場研究中控制環境變項相當困難，需要巧妙的設計，但無論是現場研究還是實驗室研究，最好是分別組成「實驗組」和「控制組」。研究人員在研究之前，得先將研究對象分類，組成「實驗組」，加入環境變化，但「控制組」不加入環境變化。當然這兩組人員的構成必須是均勻的或一致的，否則，如何判定兩者結論上的差異是由環

境差異引起的，還是兩組成員本來的差異引起的呢？

研究人員想要減少由可知或不可知的原因所產生的誤差，可以同時使用隨機和分層抽樣。譬如你研究的母體包括四個重要的次群體，分辨出這些次群體以後，你再從每一次群體中隨機抽出樣本。同樣的經過分組的日、週、月、年的時間，再採用上述方法，決定那些特殊的時間去觀察。

⑷不經選擇的受試者

受試者不經選擇，等他們來到實驗室或現場後調查他們對於特定環境的反應。這種志願者常常是學習心理學的學生，這種例子在環境與行為研究中非常多，譬如，在環境評價和空間認知研究中常常使用心理學學生和建築學等環境設計專業的學生作為受試者。當然，這樣的調查所得之結果推廣到其他人群時需小心翼翼。

2.實驗現場的選擇

不論研究計畫是調查還是實驗，研究人員得決定「到哪裡」去研究他們感興趣的問題。在環境心理學中現場的選擇非常重要，因為實質環境對環境心理學的研究來講是主要的變項。

⑴大現場與小現場

與受試者的選擇相同，即換到另一個地方去實驗，是否會取得相同的結論？這裡有一個大現場與小現場的問題。所謂小現場就是所研究的對象，如房間、建築物、辦公室或學校等，研究它們對受試者心理上的作用。但辦公室屬於一個組織，房間屬於一幢完整的房屋，建築物屬於一個地區，學校更是教育系統的一部分，因而所有現場都是區域的一部分，具有特定的氣候、文化和地理條件。大現場就是這個研究焦點現場周圍的全部。我們可以改變小現場的特點和其與使用者行為之間所觀察到的各種關係。但組織心理學告訴我們，技術的和經濟的環境改變了生產單元的大小及其結構對個人行為的影響。

這種區別說明了實驗室研究的局限性。另一方面，環境在感覺上可以分割成片段，應用此方法我們可以系統地觀察人們在不同噪音條

件下的行為，或是研究空間的分組及其對組內成員之間的相互作用的影響關係。

　　自然情境提供一個完整的現場，它不把小現場從大現場中隔離開來。自然情境提供給研究人員特殊的機會觀察人們自願來到的場合，從事一些在設計好的情境中難以出現的活動。譬如觀察學生們在圖書館的閱覽室裡搶占座位的情況，或是社區裡青少年的塗鴉情況，以及居民在社區裡的領域性行為等。自然情境特別適合於探測式研究，經過此種研究，研究人員要了解實際發生了什麼情況，其中哪些因素、關係和相互作用是重要的。如果情境的某一部分在研究裡被去掉，這就轉變成模擬的環境、經設計的情境，於是便無法觀察到在此情境下的全部行為。

(2)模擬環境

　　這是讓受試者對模擬的環境進行評價或解釋。模擬的環境通常是經過計畫的可有效控制的研究環境。此種環境之一就是實驗室。研究人員隨機選出受試者，有效地控制整個環境並改變它，測量研究對象的某些特質。

　　除了實驗室之外，模擬環境也可以是帶有重要特徵的照片，並可由主試者增加或減少照片上的特徵，此種方法在環境評價中特別是在喜愛度評價和景觀評價中用得較多，它的麻煩在於儘管不少研究說此方法是可靠的，但有的研究（Hull & Stewart, 1992）說此種模擬的準確性與真實環境中的情況相比有值得關注的差異。

　　另一種模擬環境與照片、圖片等相比複雜一些也可靠一些。譬如Berkeley 大學有一環境模擬實驗室，裡面有一套複雜的光學系統，可用三維模型重現一個景觀中可能發生的一切變動，所以這種環境模擬所提供的現場感當然令幻燈片望塵莫及了。目前電腦的虛擬現實技術更是為模擬環境提供了方便，如果讓受試者分別置身於真實環境中和模擬環境中進行比較，可以發現模擬環境的「真實性」是很高的。現在一些尋路研究就借助電腦模擬複雜性各不相同的環境，然後讓受試者在裡面走迷津，由於事先編製了程序，所以主試者可以系統地調節

環境並測量它們與尋路之間的關係。

　　簡而言之，在模擬環境中，我們既能研究人為分開的環境的某一方面和行為之間的關係，也可預言一個環境在現實世界裡可能的評價。然而在此種情況下，這種環境喪失了它們的社會、文化和時間的相互關係。在實驗室裡的研究缺少了大現場，因而不可能研究環境的全部和真實的狀態，我們必須承認這模擬環境有它們的局限性。實驗室提供了詳細研究的條件和心理過程的鑑別，然而實際上相互之間的關係依然是相當複雜的，即使實驗室中已經證明並提供了這種不完善的聯繫，我們仍不能建立一個全面的人—環境現象的系統。所以真正的現場研究是絕對必要的，因為它讓我們看到變項的全部範圍，以及它們在活動中的結構，並且它還包括了時間的和社會的參數。

3.方法的選擇

　　許多人以為自然情境與探測式的個案研究是相聯的，而模擬環境又與描述或理論性的實驗相聯，這種想法過於簡單。研究人員有時可以選擇各類組合，哪一種組合最合需要，就最能解決他們的問題。與此相似的是，必須根據所研究現象的假設來選擇方法，因為每種方法都有它所適宜的數據類型。所以往往是根據所需的數據類型來選擇方法。表 1-1 是環境心理學研究中所用的方法和數據類型，表中說明了每種方法能直接得到的數據。見表 1-1。

　　數據共分為六類：

　　⑴對環境的看法，個體對於他的生活質量和環境能否有效地滿足需要的期望；

　　⑵對環境的評價，個體對於環境不同方面的品質（美學、衛生和功能等）的判斷；

　　⑶對環境的認知，個體把從外部世界獲得的訊息綜合起來的方式；

　　⑷主試者與環境變化的影響，但是這些影響對受試者來說並不是立刻能感覺到的；

　　⑸能察覺到的環境對行為的影響，即個體能結合他對環境的體驗說出來的影響；

表 1-1　環境心理學研究中常用的方法和數據的類型

方法	數據類型					
	對環境的看法	對環境的評價	對環境的認知	環境對行為有難以察覺的影響	環境對行為有能察覺到的影響	對環境的行為
直接審慎的觀察				✓		✓
系統地觀察				✓		✓
環境行為						
效能觀察				✓		
直接提問	✓	✓			✓	✓
標準化問卷	✓	✓	✓		✓	✓
間接法	✓	✓	✓			
遊戲	✓		✓			✓

(6)個體在環境中的動作，這可包括其個人空間的安排和參與公共空間的活動。

研究人員可用七種方法（三種是觀察性的，一種是用模擬，另外三種是依靠問卷）進行研究，每種方法得到的數據不同。

(1)直接審慎的觀察

直接審慎的觀察是指有系統地注意實質環境，找尋過去活動的痕跡，這些活動不能因為研究人員要測量而促使它出現。有系統地觀察實質線索是很新鮮的一種研究方法，經過適當的調整，它可以由普通的技巧轉變為很有用的研究工具。很多領域性研究就是藉此法展開的，例如觀察人不在時如何表達空間的所有權。藉此法也可以考察個人空間，當年 Sommer 就在每天早上在清潔工打掃以後訪客出現之前，去觀察精神病院和病房走廊裡的座椅安排，並發現兩者的布置是有差異的。

蒐集有關實質遺蹟的數據，應分類記錄下來，或製成表，繪成圖。此種方法特別適合於探測式研究。

⑵系統地觀察環境行為

　　系統地觀察環境行為是指有系統地看人們如何使用他們的環境，他們在做什麼？各種活動在時間與空間上如何關聯起來？空間布置如何影響其中的參與者？等等。觀察在實質環境裡的行為，可以獲得關於人們活動以及支持活動所需要的情境資料，或者有關場所規則、行為規範、預期功用、新功能的資料，也包括錯誤資料，或者某些行為場合提供的行為支持或限制等的資料。現場的直接觀察是按既能儘量客觀地蒐集數據，又能便於使用統計分析來將數據分類。Barker 可能是這種方法的創始者，他將受過訓練的觀察者安排在特定的點上，每一個觀察者觀察 30 分鐘，並記下這段時間內所發生的事情和「行為表現」。顯然這種觀察的時間須視所選的現場和所觀察的行為而定。如果欲使觀察更加嚴格和客觀，建議可用照相或行為標記法來代替。行為標記法由Ittelson提出，即按一項先導研究編製一張可能觀察到的行為清單，並將它們分類，以便得到一張活動類型的一覽表。觀察者經過訓練後記錄觀察到的行為，並將其分類。這樣主試者就可按不同的要求（譬如現場、時間或個體）將數據進行比較。Winkel 和 Sasanoff（1976）曾建議採用方格網來跟蹤受試者，此法可描述訪問者來到一公共場所（如博物館）後，在裡面的詳細活動，並以此方格網複現他們活動的次序。

　　系統觀察環境行為時要注意實驗人員參與的程度，在各種情況下，為了避免實驗人員對別人行為的影響，他可以選擇：一是秘密的（遠距離的觀察）或是大家知道的外來者。二是作為環境的參與者，既可以是邊緣的參與者（如地鐵中的一位乘客，或是閱覽室裡的一位讀者），也可以是完全的參與者（如餐廳中的服務生或是社區裡的管理員）。無論採用何種角色，其目的都是在不惹人注目和不影響被觀察者的情況下蒐集數據。

　　適合記錄行為觀察的工具，包括口頭描述、繪圖、檢查計數表、平面圖、地圖、相片、電影或錄影帶等。選擇什麼工具主要看研究的課題需要多詳細的資料，以及觀察者對所要觀察的行為了解多少。

(3)效能觀察

效能觀察包括蒐集受試者在不同場所的工作效率或學習曲線，以及學校中的進步等資料。這類資料主要是在實驗中用來研究物理條件對工作的影響和空間布置對交流網絡的影響，這些研究也可在現場進行。Glass 等人研究了住房中噪音與兒童的學習成績之間的關係。這裡必須注意每個人的效能是由包括動機在內的許多因素決定的，Elton Mayo 在 Hawthorne 做的實驗是最早的例子。他證明物理條件對工作效能的影響，只有透過環境對工人的心理涵義方能起作用。

(4)直接提問

直接提問指的是向研究對象系統地提出問題，來發現他們所想、所感和所行，知道、相信及期盼什麼。事實上，直接提問是極具潛力的研究工具，用這種方法可以蒐集到各種數據，可以要求受試者描述或報告真實的情況。譬如發給受試者一張活動表，要求他們說明每日生活中各自的時間分配，或者他們中有誰受到環境的干擾，按此方法得到的時間安排可以用來比較不同的組和不同的時間。

一般而言直接提問有以下步驟：

①研究人員知道受訪者曾參與「某一特定的真實情況」，譬如他們曾在一幢辦公樓裡工作，或居住於同一社區，或是一位母親，或是家裡剛被小偷洗劫過。這種特定的真實情況正是所要研究的內容。

②研究人員對這一特定的真實情況完成了情況分析，暫時找出其中的一些重要元素、模式和過程，也就是說研究人員有了一組假設，關於此情況的哪些方面對參與者是重要的？這些方面的意義如何？它們對參與者有何影響？

③基於上述分析，研究人員制定提問指南，訂出假設和研究的主要範圍。

④訪問曾參與此情況的人，追究他的主觀經驗，設法確認他們對該情況的看法。

直接提問需要一些技巧，其宗旨是既要讓被採訪人暢所欲言，又要讓他們集中於研究課題，就是既要廣度，又要深度和準確性。對前

者而言，可以採用鼓勵式詢問、反映式詢問和轉移式詢問。對後者而言，可以採用情景式詢問和個人性詢問。當然也要注意發言時間和身體語言。Lynch 在讓城市居民描述他們的城市時，他發現有的居民情緒激動，難以抑制，這說明城市在受訪者心中的神聖地位。

(5)標準化問卷

標準化問卷就是以一組相同的問題問數目眾多的一群人，然後比較他們的回答，從中既可以發現共同性，也可以比較其中的差異。問卷可以郵寄，如果短的話還可以電話回答，很多情況下是由受過訓練的訪問者進行專訪。

標準化問卷提供的是量化的資料，所以它比定性的資料具有更大的說服力。標準化問卷分為兩類，一類是以語言訊息為主，一類是以視覺訊息為主，包括地圖、圖畫和相片等。前者就是狹義的問卷，所有關於環境的態度和意義都可以採用此類經典的方法，如形容詞對表、語意差別量表、Likert 量表等。採用標準化問卷尤其應注意研究的品質。首先，研究人員要對訪問和問卷有控制力。如果問卷是郵寄的，或是其他不是直接由實驗者親自付予的，那麼某些控制力就喪失了。因此為了增加控制力，郵寄的問卷通常篇幅較短，組織更嚴密。第二，細心地制定問卷內容，比較理想的是測量項目由研究模型制定。實際上用標準化問卷做研究，最令人沮喪的事情莫過於花了很多時間和精力去蒐集資料，卻發現少了一項重要的資料，它本可以用來解釋重要變項之間的關係。另外還要防止結構性的誤導，但小樣本調查可以在事前發現此缺點。

受試者對實質環境的認知、感受等訊息，有時以視覺媒體表達要比語言表達的要好。所以就不必使用預先編碼的技巧，可以徒手繪地圖、素描、基地示意圖和受試者自己照相等。目前在空間認知研究中廣泛使用此方法，如果此法能與問卷結合起來更能提升研究的品質。

(6)間接法

間接法試圖探索和揭示與人們對環境的態度、認知和結構的隱含見解有關的無意識過程，所以間接法透過揭示這些隱含見解來探討這

些無意識過程。投射實驗曾被用來構築個體在環境中的需要表和分析對於自然災害的看法。Kelly 的角色構成匯總表與前者相似，此表要求受試者以三個要素為一組（譬如廚房、繪圖室和辦公室），透過比較這三者中的兩個在哪一方面是相同的，但是與第三個是不同的來作出反應。這個方法的優點是受試者透過自己的思維來感知和評價環境。與此相似的還有自由分類技巧，要求受試者把研究對象分類，每一類中的元素是相似的，但與別的類別裡元素是不同的。這種分析技術既避免了語意上的問題，又探索人們的場所概念。

(7)遊戲

環境與行為研究中還有一種有趣的方法就是設計各種遊戲，在遊戲中，受訪者做一連串的相關選擇，表達自己的想法。目前此法用得較多的是在居住研究方面。譬如這些遊戲中最老的一個，是 Wilson（1962）的「鄰里遊戲」。遊戲中各種要素的重要程度，像社區的實質品質、衛生、管理等，都有一個價碼。受訪者收到一組小紙片代表他們所有的錢，可以購買遊戲板上所說的各種「舒適」。拿著這些錢，受訪者必須確定各種要素的優先順序。最後，他們的判斷並非集合了一系列個別的決定，而是同時達到平衡的一組決定。

Zeisel 和 Griffin（1975）也做了一次住房調查，他們發展了一套住宅單元的平面遊戲。他們請受訪者做一連串簡單的決定：房間的進口應該放在哪裡；你喜歡廚房和就餐的地方兩者相對位置如何；起居室和就餐的地方又如何；還有陽台的位置等。每項決定在先前一個抉擇的情境（context）中被提出來，有三種不同但相關的可能性中做選擇。所有的選擇加在一起，成為一個完整的平面。當然除此最終結果以外，訪問者可以在遊戲當中，詢問受訪者做這些決定的原因，繼而追究做這些選擇是為了獲得行為上和認知上的哪些效應。

總結　上面簡單介紹了環境心理學的理論和方法，使我們對這門學科的多變項和跨學科的特點有所認識，每個問題都同時涉及實質的、社會的和心理的參數。因此可以得出下列結論：對環境來說，並沒有什麼一般規律，環境心理學不能單純地被看作為外部世界及其心理功

能的分析。環境的確具有環境的作用，但它是由個別變項參與其間促成的，並且與它們是交互作用的。這樣我們就可集合兩種方法：首先，從整體來觀察環境行為（人—環境系統），以便了解它們的結構和組織。第二，分析將共享環境轉變為個人自身環境的各種個人因素，以便了解每個人是如何解釋他的環境的。因為這種「情感—認知」的表象是中間變項的源泉，這是由個體和環境兩者決定的，這反過來也就影響了環境行為。此雙重傾向說明為什麼在這個領域中很大一部分研究是涉及知覺和評價的。

第一篇

環境認知

本篇有兩章，探討的是人們感知和了解他們所處實質環境的方式。

第二章具體描述了環境知覺和空間認知的過程及其性質。環境知覺是環境訊息的最初集合，是我們捕捉並解釋環境訊息從而產生組織和意義的過程。空間認知指的是對環境中空間訊息的排列、儲存和回憶的方式方法。本章基本上是在理論的層面上探討這兩個相互有關的過程。第三章則介紹了空間認知的一些專題研究，它們是空間認知不可分割的部分，即城市意象、尋路、距離估計等。由於學術研究的淵源不同，我們有意把環境認知的另一個階段——環境評價，從這一部分分離出去，並自成一個獨立的領域。

語言、感覺和思想是人的主要功能，因而人們如何理解、思考和記憶他們的環境是很能說明問題的。人們思考和感覺環境的方式是以心理過程為媒介的，因而它們通常被看成是發生在頭腦中的過程。很多環境心理學家認為這一部分位於環境心理學的中心。

第 2 章

環境知覺與空間認知

一、環境知覺

我們要想在環境中有所行動，所做的第一步就是要了解環境。我們用視覺、聽覺、嗅覺、觸覺和味覺等感覺接收環境訊息。我們觀察道路、地物、界限和其他環境特徵獲取某一地方的訊息；我們聽掠過樹林的風聲、沙漠的風沙聲、瀑布的水聲，可能更多的是各種各樣的噪音，譬如大街上的車輛聲和熙來攘往的行人聲；我們還嗅到樹木花草那沁人心脾的清香和大自然界的各種氣息，有時也嗅到令人噁心的腐爛物的惡臭味。所有這一切都能讓我們開始明白一些事物的位置和環境的屬性。然而，環境的各個方面是一個整體，各個感官也必須同時起作用。我們觀察並傾聽各種環境及其各種聲響，觸摸並體會各種事物。浪花之柔軟，嘗起來卻十分苦澀；蘋果之光滑，入到嘴裡卻是甜甜的；雨絲之冰涼，溜到唇邊卻是無味的。我們各個感官接收環境不同特性的第一手資料，幫助我們在頭腦中建立起一個個環境的畫面。盛夏，當我們進入一座教堂時，看到的是充滿宗教氣氛的祭壇和高曠的空間，伴之以陰森森的感覺和較長的混響時間。如果這三種感覺中缺少任何一個，就會感到不自然。

1. 環境知覺的性質

把外界環境的訊息透過感官傳入大腦，並由大腦對這些訊息作出解釋，它涉及一系列複雜的心理過程。認知心理學認為知覺是一種解釋刺激訊息從而產生組織和意義的過程，是人腦對直接作用於它的客觀事物各個部分及其屬性的整體反映。

環境知覺依賴於兩種不同形式的訊息：環境訊息和知覺者自身的經驗。環境知覺包含的過程是：感官從外界獲取訊息，從外界刺激中抽取廣泛的特徵，知覺對象的前後關係和背景參與形成人們的知覺。一道實牆上的某些部分被識別出是一道玻璃門的知覺，可以解析為下面三個過程：(1)感覺登記，即發現了牆體提供的各種訊息；(2)模式識別，發現其中的某些部分是與整體不同的，它是透明的，上面有個把手，形狀和高度也有差別等。此過程的主要內容是特徵抽取；(3)知覺

處理，我們根據它在牆上的位置（否則可能是窗）以及與行走的關係確定這是一道玻璃門。此過程的特點是處理並聯繫上下文。

類似於識別一道門這樣的過程我們現在是很熟練了，可以在瞬間完成上述的三個階段，這應該歸功於我們的經驗。在人類的各種感官中視覺最為重要，人們從外界接受的訊息中，有 87%是透過眼睛捕獲的，並且 75～90%的人體活動是由視覺引起的（楊公俠，1985）。

(1)從目標知覺到環境知覺

幾十年前當心理學家開始研究知覺時，他們很快意識到擺在面前的任務是艱巨的，很多人相信在知覺研究中必須對日常生活進行簡化。簡化的方式之一是呈現給觀察者一個簡單的刺激。典型的知覺實驗就是在黑暗的實驗室裡，受試者把頭放在頜托上蒙上一隻眼觀看前方的一盞白熾燈，這種研究純粹是為了發展知識。傳統的知覺研究認為，理解人們在簡單刺激下的知覺是通往理解複雜刺激下知覺的橋樑。但是一些環境心理學家告別了這種研究方法，他們在工作中故意給受試者呈現多個刺激或是模擬真實的環境，譬如把建築物或景觀作為實驗的場景。有時受試者不會被固定在座位上，他們可以在場景中來回走動，他們就是場景中的一部分，這意味著必須以多視點來體驗。

實驗中研究人員請受試者在穿越場景的過程中或是之後，報告看見了什麼。這種研究方法可以了解受試者注意哪些元素，這些元素是活動的還是靜止的，是大的還是小的，是近的還是遠的，是前面的還是邊上的等等。Wargner、Baird 和 Barbaresi（1981，引自 Gifford, 1987）在研究中請受試者在小城中四處轉，受試者報告的元素絕大多數都在 40m 以內，而且在前方 30°視角之內。其中 40%在移動中，如人和汽車，而像建築師非常熱衷的窗子式樣，受試者提到的非常少，不到 5%，很多受試者對它們視而不見。

環境知覺研究的一個重要特徵是強調環境的真實性。無論在真實的環境中還是在實驗室裡，都要求所模擬的環境應盡可能地和現實生活一致。環境知覺研究超越傳統的可貴之處正在於試圖建立受試者和環境之間的情境聯繫。日常生活說明人們觀察環境時有許多企圖，騎

車時會格外注意紅綠燈和警察的手勢，去書店會直奔感興趣的櫃台，進酒吧會迅速看一下有沒有合意的座位，在迪斯科舞廳時對曲子的動感和音響的效果很敏感。

日常生活中的環境知覺有許多目的，我們可以把它們分為兩類，即功利性的和美學的。具有諷刺意味的是對建築和景觀的美學品質研究得很多，但研究工作發現至少在城市街道上，人們更關心環境中的功利成分，如商店的打折廣告、餐廳的位置或地鐵的出入口，而不是雕塑或是城市壁畫。同濟大學附近有一家大型的超級市場，每天都是生意火爆。它的對面有三幅大型的城市壁畫，不知到底有多少人提著大包小包走出商場時會留意街道對面的牆上還有三幅精心製作的大型壁畫呢？調查的結果肯定令人唏噓不已。

總體說來，儘管在方法論上還有些可疑之處，典型的是難以說明知覺過程中那些大量的和難以控制的影響因素，但環境心理學家還是希望在日常生活的場景中去探求普通人的知覺，這顯然要比在實驗室裡呈現非常簡單的刺激引人入勝和更切實際。

(2)環境知覺和評價

事實上我們一切經驗的、知覺的和情感的各種因素都是同時在起作用的。無論對於行色匆匆的過路客，還是對於常住居民來說，每個環境都是作為一個特殊性質的集合而同時被感覺到的，它們不能被割裂開來。一座山是高的，一個城市是新的，一個房間是小小的，樹影是淡淡的，太陽是暖暖的，天空是藍藍的。這些一般的定性特徵也可以用像「魯莽的」、「高貴的」、「悲傷的」和「壓抑的」等形容詞描述和表達，換句話說環境的物理特徵不能與感情的、美學的評價分開，這種社會性的評價依賴於知覺，但在複雜性和重要性方面超出了知覺。

一個環境是好的還是壞的，是漂亮的還是醜陋的，是有意義的還是無意義的，是令人愉悅的還是令人不快的等等。環境的評價是與知覺緊密相聯的。沒有比較就沒有鑑別，也就不可能去評價。相反，環境的評價，無論是美學的還是情感的，都會改變知覺和以其為基礎的

心理表象。廣義的環境知覺還包括環境的評價，在這裡，我們分離它們，以便於研究它們。環境評價涉及人們對環境感受的諸多方面，譬如美學的、質量的和情感的等等。當人們對環境的這些品質有良好的品評時，我們就會說環境是美觀的，它是令人滿意的和令人愉快的。有關環境評價的知識我們將在第八章予以討論。

2. 環境知覺的特點

照相機會拍下一張質量或好或壞的相片，但無論如何在物理上它是正確的，並與實像完全相同的，知覺卻可能包含著錯誤。譬如當我們在霧中看物體時會感到它離我們更遠也更大。當我們在水下看世界時，特別是在水色較暗的情況下，也會產生這種效果。球體效應會使登山者把鄰近海拔相同的山看得比自己腳下的山高。球體效應也會影響到人們對道路的知覺，有時明明是上坡路看上去卻像下坡路。又譬如，在同樣面積下，長方形房間的面積看上去比正方形房間來得大。

(1)知覺的意匠作用

儘管知覺不是完美的，但知覺是一個主動的過程，它有著重要的意匠作用。航行在大海上，我們知道大海與天空永不相交，雖然看上去是海天一線。同樣地，一條筆直的道路，雖然看似兩邊路緣石的延長線會交在一起，但我們卻知道它們是平行的。這些與透視有關的知識可以說明知覺實在是一件探測性工作，經驗與習得起著支配作用。所謂經驗與習得是我們不斷學習的結果。下面用一位人類學家引人入勝的故事來證明。

Colin Turnbull（1961）講述了他在剛果與熱帶雨林中的俾格米人交往的故事。這些人祖祖輩輩都生活在茂密的雨林中，他們的視線很難穿透樹葉而達到較遠的地方。一次，Turnbull 請他的俾格米朋友作嚮導帶他走出了雨林。在荒原之上，他看到了幾公里之外的一群牛。嚮導問「那種小蟲是什麼？」Turnbull 說那是草原上的牛，牠們要比俾格米人所熟悉的雨林裡的水牛大 2 倍。嚮導大笑著並說 Turnbull 愚蠢。隨後 Turnbull 和嚮導往牛群的方向走，當兩個人靠近牛群時，牛顯得越來越大。俾格米人卻確信這是巫術在作怪，馬上落荒而逃。

俾格米人缺乏遠距離視覺對物體大小常性干擾的經驗，對於大多數人而言，儘管隨著我們與物體的距離變化，物體在視網膜上的投影也會不斷變化，但我們依然有穩定的知覺尺度，俾格米人沒有這種習慣。真正的航海家可以不借助任何儀器判別出數海里之外的航船的噸位，或是判別航船與自己的距離。

(2)**知覺常性**

有確切證據說明廣泛存在著環境知覺的常性，就像一張方桌子，無論它在視網膜上形成何種圖形，它總是被看成方形的。感知桌子的是人，而不是視網膜。人們很小的時候就掌握了一些與距離相關的線索。這種常性不僅指的是與距離有關的知覺，而且，其他與建築學有關的環境知覺，在很多時候也不會因人而異。譬如，室內整齊地排列著一張張桌子和椅子，前面是一個講台，牆壁上掛著黑板的房間是教室而不是教堂。大片森林所包圍的一片空地，當中有一圈石頭，其中燃燒著熊熊烈火的地方是野營地而不是辦公大樓。諸如此類的，即使教堂在戰時成為一個臨時醫院，或是已經改用作倉庫，教堂仍會被看成是教堂；足球場依然會被看成是足球場，而不是圖書館，即使曾用來作為書市。

這些知覺常性是人類不斷學習並反覆強化、建立牢固的心理表象的結果。這種強化的一個負面影響就是標籤化和僵化。對建築和行為兩者關係研究多年的蘇格蘭建築效能研究小組 BPRU（1972）的一份報告說明，這種附加在環境上的標籤對人們的使用之影響有多大。他們報告說，人們拒絕在掛有實驗室牌子的房間作演講，儘管這個實驗室的室內可以布置成一個很好的講演場所。當然這種強化的結果更多地可以作為一個積極因素。講演廳的尺度可以幫助人們確認它的位置，即使它處於一個複雜的會議中心的某一地方。就像我們所看到的肯德基爺爺那標誌性的笑臉，我們就知道速食店就在附近。

(3)**完形心理學**

知覺活動意味著辨認型態，這方面有傑出貢獻的是完形學派，他們提出的最重要概念就是言簡意賅。它的涵義是任何圖形都以盡可能

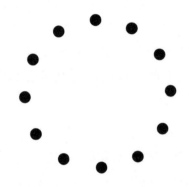

圖 2-1　封閉式圖形的圖解

簡單、清楚和易於理解的方式被感知。大家看下面的圖，你首先感覺
到的是一個圓呢還是十二個點。見圖 2-1。

　　人們傾向於將物體解讀為背景上的圖形的觀點是完形心理學家的
最主要貢獻之一，而且他們認為這也是言簡意賅原則的先決條件，很
清楚，圖形與背景這一現象有助於我們看清這個複雜的世界。形體之
言簡意賅有幾個規律。楊公俠（1985）曾以照明設計為例，對此做過
具體分析，它們是接近律、相同律和連續律。

　　接近律　這個規律說明當一些對象的位置靠得很近時，人們在感
覺上往往把它們當作一個整體來接受。在實踐中，這種效果常被設計
人員採用，即將若干燈具組合起來形成一個單元，目的是在視覺上使
布置簡化。採用此做法時，燈具的形狀應和空間中的其他構件，包括
頂棚、樑和柱的模數，甚至是家具的布置相協調。

　　相同律　此律說明人們可以立刻辨認出相同的形狀或圖案，並且
理解成一組，見圖 2-2。形狀越是不相似，成組的概念越是清楚。這種
現象還可推廣到其他方面，即燈具顏色的相似性，甚至根據光的出射
表面的顏色外觀的相似性，都可理解為成組的。根據此律可以得知，
為了避免燈具布置的外觀含糊不清或是混淆，應盡可能減少需要辨認
的組數。

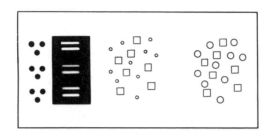

圖 2-2　造型的相同律（楊公俠，1985）

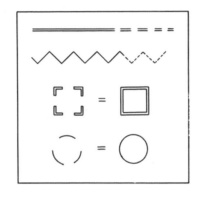

圖 2-3　造型的連續律（楊公俠，1985）

　　連續律　此律說明一個不完整的形體在有理智的眼睛看來是連續的或完整的，見圖 2-3。當這個形體在透視中看到時，這種效果還要加強。

　　這個圖形背景理論還告訴我們，人在感知客觀對象時並不能全部接受，而總是有選擇地感知其中的一部分。於是感知對象必然區分為圖形與背景，圖形最清晰，背景較模糊；圖形較小，背景較大；圖形是注意力的焦點，背景是圖形的襯托。同樣一棵樹，當它和其他的樹排列在人行道上時，它不容易被注意到，但當它成為這條街道上唯一的一棵樹時，你不注意到它反而是困難的，它或許已經成為這條路上的標誌物了。

　　一般說來圖形與背景差別越大，圖形就越容易被感知。沙漠中的

綠洲、大海上的島嶼幾乎捕捉了每個人的視線。在複雜的城市環境中如此鮮明的對比較少，但城市中可以作為對比的要素幾乎是無限的，如顏色的、尺度的、形式的和空間的等。較為重要的是運動著的圖形在靜止的背景上往往容易被感知，此點已有研究人員證明了。街道上的人和汽車、公園中的噴泉和人工瀑布、閃爍不止的霓虹燈以及滾動播出的廣告看板通常都能搶占人們的視線。不過動與靜是相對的，動背景前的一個靜物和靜止背景前的動者均為注意力的焦點。譬如 100 個電風扇中 99 個在轉而 1 個不轉，則這個不轉的就成焦點，反之亦然。

形成圖形和背景關係必然也就成為注意力的焦點，譬如一個用線條勾畫出的圖形就很容易辨認。圖形與背景的關係也是相對的，在某些人看來是圖形的另一些人會將它們看成背景。這裡有意識的作用，觀察者主觀選擇什麼作為注意的中心，那個中心就成為圖形，餘下的就成為背景。一般在要素比較少的情況下，完形心理學的圖形─背景理論在人們的知覺過程中起著重要的作用，在要素比較多的場合裡情況就複雜得多。不過作為美學基礎的型態研究，在歐美相當發達。

(4)認知容量

路上撒了一把五顏六色的小石子，你看一眼後能記住多少呢？心理學家早已注意到人的認知能力是有限的。早在 100 多年前 Hamilton 就發現人能立刻記住的石子的數量不會超過 7 顆。後來 Jevous 又進一步用黑豆做實驗，結果也發現人們的注意力不超過 6、7 個，一旦超過這個數字，正確率就低於 60%。Miller（1956）出色的工作也證明了 7 這個數字的神奇魔力。

人類處理訊息的容量是有限的，人類的環境知覺受到了這種有限性的影響。為了使人們能記住更多的石子，應該把它們分成組，最好是按顏色分成組。這種注意力的局限性對建築師有很大啟示。一個複雜的街景會讓路人看起來混亂不堪，如何把各視覺要素組織在少數幾個系統中是城市道路視覺型態設計的關鍵之一。與此類似，客人第一次來到大樓的門廳，當他發現面前有多條路通向建築物的各個部分時，你可以想像他的困惑。一個明確的門廳路線設計應該是讓使用者在門

廳作出的選擇限於合理的數字內，如 2 個或 3 個。Best（1970）對英國某一市政廳調查之後發現，市民在大樓內的迷路程度與他在大樓內行進時必須作出選擇的地點數目有直接關係。為了減少市民的迷路感，他為市政廳內每一個必須做選擇的主要地點都安排了一個指路牌，譬如告訴人們如選擇這一地點可以通往什麼地方，若選擇下一地點會走向哪裡等。如果建築師在設計時能為使用者多想一下，這種事後的補救措施完全可以避免，但事實上，過多的類似措施，會造成人們的視覺噪音。

(5)對環境的無意識

小到輕輕拂動的髮絲，大到氣魄雄偉的高山大川，我們都可以注意。然而，我們有時主動觀察環境的某些方面，卻同時忽略了另一方面。譬如人們會比較注意發言人的性別而不太注意發言的內容，除非他對發言內容感興趣。有時我們可能對環境太熟悉了，因而對周圍的事物不太注意。相反，那些提著行囊準備在這個校園內度過他艱苦又充滿想像的學習生涯的學子們，當他第一次邁入校門這一刻時，這一瞥是否與你我的匆匆瀏覽相似呢？

一句成語「熟視無睹」很能貼切地說明人的這一特性，我們的術語稱為「對環境的無意識」，用來形容對環境的麻木狀態，此情況的發生通常由於在環境的某些方面過於強烈而導致忽略其他方面。譬如我們的視聽器官被朋友的侃侃而談所吸引，或是為了某個技術上的關鍵問題日思夜想，就不關心其他方面所發生的事情。

對環境的無意識有很大的負面影響，它會使人們陷入一種不曾察覺的危險之中。最為明顯的就是環境污染。譬如空氣污染，像北京和上海已經成為空氣污染嚴重的城市，而大多數居民卻不了解，直到終於有一天政府不得不公開空氣品質指數之後，人們才驚訝地發現上海的氮氧指數有的天數已經接近 200（輕度污染），北京有時甚至超過了 200（中度污染）。現在我們哀嘆世界上十大污染最嚴重城市中有八個是在中國，個別城市如石家莊、太原和蘭州等地的孩子們已不知道藍天為何物，難道這就是現代化所必須付出的代價嗎？

人們注意空氣污染主要在於它的陌生感。當剛剛進入一個有霧氣的場所，或是所在之處霧氣的濃度突然增加，這種空氣品質的突然變化容易受到注意。如果城市空氣中有害物質慢慢增加時，除了環保專家和有監測手段的人以外，很少有人會注意到這些變化。當廣大市民開始感到空氣污濁，並時不時患呼吸道疾病的時候，這種困境已經形成了：他們的城市是個空氣污染區，藍藍的天空離他們越來越遠。因而可以說只有空氣被嚴重污染之後，人們才會意識到問題的存在。

水的情況又如何呢？大凡空氣污染的論述都適合於水的污染，大家現在也已經面對這樣的困境：科研機構的報告說中國面臨的水荒與其說是水量不足，還不如說是水污染造成水質下降不能使用所致。事實上，這樣的討論也同樣適合於噪音。

(6) 災害的知覺

對環境的無意識常使人對危險的環境麻木不仁，這個問題引伸開來就涉及自然災害的知覺和對它的態度。那些生活在自然災害威脅下的居民是如何看待此問題的呢？我們本來不準備討論它，但面對1998年長江、松花江和嫩江的大洪水中，數百萬災民雖得到政府照顧和各界捐助，有的也不免顛沛流離或是在大堤之上風餐露宿而深感不安，讓我們了解一些研究人員對此問題的研究必有所助益。

常常是地理學家在進行自然災害的社會調查時會間接接觸到此問題。著名的研究包括多倫多大學和芝加哥大學所做的工作。他們發現人們似乎有持續向遭受各種自然災害地區集中的傾向。有些地方儘管一再遭受地震、乾旱、洪水和龍捲風的摧殘和肆虐，但在災害過去之後災民們還會自發地返回原地。Burton（1972）說這種模式似乎非常普遍而且是全球性的。他提出了三種解釋：一是客觀上這些地區有一些有利條件，通常這些地方比較富饒。二是人類與生俱來的被動性。災民們常常無法克服移民至他處的困難，進而連勇氣也沒有了。三是低估環境的危險程度。災民們普遍有樂觀主義的傾向。

Kates（1962）曾經調查了經歷洪水的平原居民的洪災知覺。他與六個城市居民面談，這些地區都曾發生過洪水泛濫。他發現許多人對

災害的理解與事實不符。雖然有些居民相信洪水泛濫是一再發生的事情，而且多半也是將要再度發生，但他們還是有些特別的理由認為洪水將不再發生，這些人不是否定這種危險，如他們聲稱閃電不會在同一地方打兩次，要麼就是強調這種事情發生的概率極低，並且相信上帝或政府會給予保護。這是典型的對「百年一遇」的錯誤理解。

　　無論如何這種解釋使身處險境的人們感到了很大的「安全感」，可是這種安全感並沒有建立在對環境的任何客觀分析基礎之上。或許對還未身處其境的人而言，對有自然災害之虞的地區，其居民的態度和信念難以理解，他們明顯低估了災害的頻率和破壞程度，看來居民們已經各自形成了一套「巧妙」的信念和態度。

(7)個體差異

　　當一條眼鏡蛇來勢洶洶地瞪著你時，你會意識到大事不妙，心裡盤算著如何與之周旋並馬上離開這個鬼地方。而少不更事的幼童可能會對這冒著傻氣的樣子很感興趣，嘴裡「呀啊呀」的還伸出手去和這令人毛骨悚然的傢伙親近一番，更感興趣的是動物學家們，他們會告訴你蛇攻擊的時間、角度和此過程中的化學變化，並為蛇的榮耀之處嘖嘖讚嘆。

　　同樣的環境不同的人會有不同的知覺和反應。知覺活動離不開人的經驗和習得，否則將無法辨別所看到的東西，或是無法理解其中的涵義。感知環境的是人而不是視網膜，因而意匠作用的結果也因人而異。環境知覺不僅與感知對象不能分離，也不能和感知的主體分開。關於兒童知覺和認知發展的知識要大大感謝 Piaget 和日內瓦學派，但我們更關心成年人的環境知覺情況。

　　顯然不同的知覺能力導致不同的環境知覺。如果一個人的聽力或視力受到損害的話，那麼他的環境知覺是不太清晰的或是受到限制的。有的研究發現搖滾樂手和年老的工人比其他人在環境中所聽到的訊息少。一般來說老年人的知覺能力與其年輕時相比會下降，老年人的個人空間相對比較小也與此有關。

　　不同的經歷也會導致不同的環境知覺。剛果的俾格米人由於缺乏

透視知識而不能辨別遠處的牛群。愛斯基摩人對雪很敏感，他們能分辨出常人看來沒什麼區別的雪，如重雪、粉末雪、碎雪、冰雪和新雪等，這是因為環境中的這些部分對他們很重要，他們與之經常打交道。這樣的例子很容易找，一個阿拉伯嚮導可以在廣袤的撒哈拉大沙漠中找到道路，非洲叢林中的土著居民可以辨認並利用大象的足跡，剛多拉船夫能夠區別威尼斯的運河而穿過威尼斯，但這些運河在旅遊者看來沒什麼兩樣。從這點上說，環境知覺是由感知者的目標決定的，主動的探索產生了更豐富的知覺。

　　有意思的地方在於，即使是經驗方面極微小的差異也會影響人們的知覺。一般而言，當房間中家具太多時，房間會顯得小些；房間裡沒有任何家具時，房間會顯得大些；房間中家具陳設適當時，其寬敞程度在兩者之間，這是實質環境對知覺的影響。Edney（1972）發現那些僅僅在房間中待了 1.5 個小時的觀察者所估計的房間面積，要小於剛剛進入房間的觀察者的估計，儘管房間的陳設沒有任何改動。

　　比較重要的是不同專業人士之間的知覺差異，有些人一旦接受了正規的職業教育之後，他們看待世界的方式會變得很特殊。譬如工程師，別人只能看到山坡、小溪和山谷的地方，他能察覺到路和水壩，又譬如建築師，別人只能看到門窗、牆面和頂棚的地方，他能讀出其中的形式和主義。很多調查發現，設計人員和非設計人員在環境評價上有顯著差異，甚至不同的設計小組間也有分歧。以景園建築師為例，Valadez（1984）的工作說明他們和非專業人士在庭院的大小、樹木的高低、水色之深淺以及花朵之明暗等特徵方面沒什麼不同，但兩者在如何定義景觀方面，景園建築師就顯得很特別，比較迷戀於綜合性的和抽象的要素。

　　Feimer（1984）曾就此問題請了不少設計、規劃和環境管理的專業人士以及許多當地居民對美國加州馬丁郡的一個地方的景觀，做了一個相當詳細的交叉研究。他發現非常明顯的由於設計和管理的專業人士對環境中任何瑕疵非常敏感，故他們對環境的評價也比較低。

　　專業設計人員對環境的建設非常重要，其貢獻也十分突出，因而他們與普通民眾在環境知覺上的差異變得很微妙。有的學者甚至指出

設計人員在環境的理念上就與一般人有所不同。Wilson與Canter（1990）的一個研究報告說，建築系學生對建築的分類不是基於建築的功能或是使用者的經驗，而是基於建築的形式。這個分類研究最令人驚訝的結果是，建築系的學生從一年級開始就已經學會用風格來判斷建築了。

3. 環境知覺的理論

實際上環境知覺並沒有發展出特別的理論，所以指導環境知覺研究的還是一些傳統的知覺理論，這些理論非常基本也很有價值，經常提到的理論有Brunswik（1956）的透鏡論和Gibson（1979）的供給論。

(1)透鏡論

Brunswik 相信知覺是人類的一種從複雜之環境中篩選出一部分有用意象的活動。環境提供了大量線索，觀察者主動地、有意識地在環境中尋找那些能幫助他們的線索，而且觀察者應該能夠捕捉到它們。環境中通常只有一小部分線索對觀察者是有用的，觀察者關注著這一小部分的線索而忽略了其餘的大部分。一些人在環境中不知所措是因為他們被淹沒在環境線索中了，特別是幼兒和環境的陌生客，他們要麼還不知道如何從不重要的線索中篩選出那些重要的線索，要麼就是不知道哪些線索對他們有利。當人們反覆經歷一些環境並熟悉它們以後，知覺處理就沒有問題了。問題出現在奇異的環境裡，或是與所熟悉的環境提供的線索差異很大的環境中，譬如我們來到剛果俾格米人的世界，或是俾格米人來到我們的世界，我們或他們對環境都會有錯誤的認識。

透鏡論又可以稱為概率論，因為 Brunswik 相信沒有一條線索是完全可信的或完全不可信，一條能正確反映環境真實品質之線索的存在有一定概率。他以美觀知覺為例說明這個觀點。一個有山有水有樹有人當然也有垃圾的自然環境，人們產生的美觀知覺依賴於環境中的哪些線索呢？見圖 2-4。

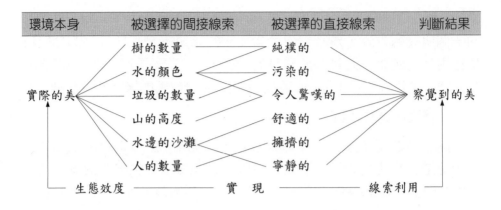

圖 2-4　關於美觀的知覺分析：基於 Brunswik 的透鏡模型（1956）

　　從圖 2-4 可以看到，Brunswik 相信環境本身的一些重要品質，如美──人們並不能直接察覺到，他相信環境首先向它的觀察者展現了一系列客觀的可測量的特徵，這稱為間接線索。觀察者對間接線索的主觀印象稱為直接線索，對環境美之判斷建立在直接線索的整合基礎上。生態效度（ecological validity）指的是環境和每一條線索間的實際關聯，如果觀察者知道這些線索並對其權衡後會產生有效知覺（很多時候人們對一些線索視而不見）。線索利用（cue utilization）指的是觀察者對每一條線索的實際權衡。實現（achievement）指的是觀察者對環境的解讀與環境本身相吻合。

　　察覺到的美如果和實際的美高度吻合，也就是高度實現的話，Brunswik 說要符合下面三個條件：①實際的美能被間接線索真正表達出來（生態效度高）；②直接線索與間接線索緊密關聯；③直接線索被緊密地用在了美的判斷中（觀察者有優異的線索利用）。

　　Brunswik 的方法指導了環境與行為研究中如何考察那些不能被環境直接體現的品質，如居住環境中對犯罪的恐懼感。按照他的方法，研究人員可以測量大量可見的環境特徵，以發現其中哪些與居民的恐懼感有關，這就是透鏡模型的左邊。在這些有形的項目裡，是前院的柵欄，還是窗戶上的鐵欄杆說明了居民的恐懼感？Brunswik 會說沒有一條線索是完全可信的（相關係數為 1.00）或完全不可信（相關係數

為 0.00）。研究人員的工作就是揭示前院的柵欄和窗戶上的鐵欄杆與恐懼感之間的聯繫。

在透鏡模型的右邊，Brunswik 的方法可以用來釐清觀察者是否正確地解讀前院的柵欄和窗戶上的鐵欄杆這兩條線索。觀察者既可能高估也可能低估兩條線索與居民恐懼感之間的關係。高度實現意味著觀察者對線索的權衡方式（透鏡的右邊）與環境真正的權重一樣。每個人都希望他的看法與環境本質相吻合，包括小偷，他必須準確地解讀面前的房子：有人在家嗎？這家人家有錢嗎？我能很容易地進入和逃走嗎？

(2)供給論

Gibson 的環境知覺取向與 Brunswik 的不同之處在於，他相信各條線索之間的組織給予觀察者直接的環境知覺。Gibson 認為世界由物質（substances）如泥土、鋼和玻璃等外表（surfaces）組成。外表的組織提供了供給（affordances）或是易察覺的功能。他說一個水平向的固體外表可以讓人站立或休息，一個延長的水平向固體外表可以讓人移動，但一個垂直的固體外表只提供了機械的而不是人的移動。

Gibson 聲稱此種供給的知覺，並非要求對察覺到的訊息做解釋，這根本上反對 Brunswik 提出的知覺是各種線索之權衡的觀點，也與正統的認知理論格格不入。傳統的認知理論認為，在訊息蒐集之後如果沒有訊息處理，我們根本分不清在看什麼，又看到了什麼。所以 Gibson 的供給論強調了環境本身，特別是日常環境，而非觀察者。

Gibson 另外一個出人意外的觀點是，他堅持認為知覺並非由對基本的建築體量（building bocks）之察覺組成，如顏色、形式和型態。建築教育憑藉的是傳統視覺藝術如繪畫和雕刻，強調把建築體量作為設計的基礎，於是，建築學學生被教育成以形式和型態看待世界。他認為這些是真正不應該被傳授的，絕大多數人在觀察場所時並沒有看到形式和型態，他們看到的是環境為人們活動所提供的各種可能性，看到的是場所能為他們做什麼，於是建築教育應該傳授的知識是關於外表和供給之間的關係。當建築被看成主要是一種視覺藝術而不是為

了人們的工作、生活和休息提供功能空間的時候,就會過分強調形式和型態。

　　Gibson 的供給論說明環境提供了各種功能,這些功能為人們的各種活動提供了各種可能性,知覺就是對這些可能性的直接認識,於是供給論也就強調了知覺的目的與功能。Gibson 的理論是很有潛力的,後來的一些以環境為取向的研究者繼承和發展了 Gibson 的思想,我們可以看出很有影響力的認知理論,如 Kaplan 的認知理論和 Canter 的場所理論都從中汲取了營養,這些理論的共同特點是強調了環境認知的目的。

　　總結　Brunswik 和 Gibson 的理論對環境知覺的研究和應用有著各自的重要影響,他們都是從傳統理論出發,豐富和發展了環境心理學。雖然人類首先是視覺的存在,但環境知覺包括藉所有感官蒐集訊息並產生意義的過程。在日常生活裡知覺是一個非常複雜的現象,也有很多特點,環境知覺研究中所得到的這些知識現在已經廣泛地應用在城市規劃、景園和建築設計等實踐領域裡,此種運用也拓寬並發展了環境知覺的研究工作。

　　我們的討論是以環境知覺作為環境認知的一部分為基礎的,環境知覺是我們對周圍實質環境的最初反應,認知則涉及了更多的心理過程,它包括知覺、注意、表象、記憶、學習、思維、語言、概念形成和問題求解等相互聯繫的訊息處理過程。環境心理學的認知研究之重點在於環境的表象(意象)、場所的記憶與學習以及空間問題的求解等。

二、空間認知

　　一個人在一個地方生活必須具備某些基本的能力,生活在城市中的人們應該了解自己家在城市的位置、家附近超級市場的地點、社區醫院的方向、孩子所念學校的路徑等。在較大的範圍內,他應該清楚自己的公司在城市中的哪一個地方,坐哪一號地鐵在哪個站下來。同樣地,剛從火車站出來的他,應該知道站前廣場上的哪一路公共汽車可以直達家門口,或是只要換乘哪一路車就可以看到窗前妻子秉燭以待的身影了。當他成為另一城市的陌生客,譬如一個上海人去北京,

或一個昆明人來上海，儘管從未到過這個城市，他還是能準確地到達他要去的地方。

　　人們多少了解所在地方的空間知識，並能識別和辨認環境，這樣他不僅能去他想去的地方，而且還能為他人指路。環境在人心理上的表達能力，以及記憶能重現環境的形象是人類基本的生存技能。

1. 空間認知的性質

　　空間認知是由一系列心理變化組成的過程，個人透過此過程獲取日常空間環境中有關位置和現象屬性的訊息，並對其進行編碼、儲存、回憶和解碼（Downs & Stea, 1973）。這些訊息包括方向、距離、位置和組織等。空間認知涉及一系列空間問題的解決，如在行進中測定位置、察覺街道系統、找路（或迷路）、選擇（或放棄）指路訊息、定向，以及其他各種空間問題的求解等。

(1) 空間認知的過程

　　空間認知首先依賴於環境知覺，人們藉著各種感官捕捉環境特徵，透過觀察道路、地物、界限和其他環境特徵獲取某一地方的訊息，並設法弄清楚事物之間的聯繫，了解不同地點間的距離，是否可以從此處到彼處，如何從 A 點到 B 點。人們聽各種聲音，嗅各種氣味，觸摸各種物體，所有這些工作，就能使人知道一些有關事物的位置和環境的屬性。

　　這些訊息不會從我們大腦的一邊進來，又從另一邊出去，它們是我們對環境理解的組成部分，是我們一再接觸和記憶的基礎。它們儲存在大腦裡，在不同情況下隨時供使用。由此我們漸漸認識了環境，記住了它周圍事情的各項特徵。如圖 2-5 所示，訊息處理是在各個感官接受到訊息時在大腦中發生的。訊息處理過程包括對訊息編碼和分類，分成適合於我們過去的經驗和個性的種類，如此，一個新地點不言自明地標上了「與另一地方的某事物相似的東西。」從嗅覺和觸覺獲得的訊息也會分成相似或不同的種類，譬如「這地方聞起來有鹹魚味」或「這東西粗糙得像橘子皮」。這時我們也為位置編碼，如「在郵局附近」、「在報亭對面」等。訊息是經過分類和組織的，與經驗

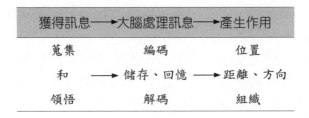

圖 2-5　空間認知的過程

中相似或不相似的環境相比較，並與環境的其他特徵相關聯。見圖 2-5。

　　這些被編碼的訊息一旦在需要時可以回憶和解碼。當我們在環境中走動時，向別人講述環境時，或是在確定事物和場所的位置時，這些訊息會被激發而重新整合，於是它們重新在大腦中浮現出來。

　　(2)研究的三個根源

　　人類對於空間的認識能力和活動引起了很多學者的興趣，來自三個不同專業的學者紛紛加入這場學術競賽，即城市規劃、地理學和心理學。空間認知的早期研究是由規劃設計人員和地理學家完成的，這兩個學科關注的是實質環境的不同形式對空間認知的影響。以 Lynch 為例，他感興趣的是城市中哪些元素容易被市民記憶，這些元素如何組織才能使一個城市容易辨認，他碩果累累的研究奠定了現代城市設計理論的基礎。

　　另一方面，心理學家比較關心空間認知的個體差異，如年齡、性別和經驗對空間認知的影響。因而地理學家和規劃人員強調的是結果，心理學家更關注空間認知的過程，特別是空間訊息編碼和解碼方式。近來一些研究記憶的心理學家投入此領域工作以後，研究方向又漸漸轉向了場所的學習過程。

　　這種多學科介入的性質使得不同專業的學者們互相激勵，並產生了特殊的效果，譬如概念、理論和方法的多元化，以及創造性地使用某些術語，認知地圖是其中一個突出的例子。認知地圖這一概念首先由心理學家 Toleman 提出，他以白鼠為實驗對象，研究牠們在迷津中的尋址能力，他強調場所學習不能簡單地看作刺激─反應的聯想過程。

Lynch（1960）假設人們頭腦中的環境心理表象像地圖一樣，他讓波士頓等城市的居民畫出他們城市的地圖，以尋找其中的共性元素，此方法非常成功，並被推廣到其他尺度的實質環境研究工作中，如建築物、區域等。

2.認知地圖

一個稍有生活經驗的人都會對居住的地方有許多空間知識，這樣他便能在環境中生活和生產，在環境中定向、定位和尋路，並理解環境所包含的意義。人之所以能識別和理解環境，關鍵在於能在記憶中重現空間環境的形象，很多著名理論家相信空間知識像一張地圖一樣儲存在大腦中，這張圖浮現在人們的腦海裡，人們使用它就像使用一張建築圖紙。認知地圖可以通俗地稱為心理上的地圖、頭腦中的環境，或是頭腦裡的城市。認知地圖強調了一種認知的效率，即人們是以一種簡化的形式儲存空間訊息的。

(1)認知地圖的性質

隨著研究工作的深入，人們發現認知地圖實質上不僅可以是視覺圖解，也可以是一段文字或語言描述。林玉蓮（1991）請中學生畫上海市的草圖，一些人把蘇州河改名為「臭蘇州河」，這種非視覺意象起到了強化（消極地）的作用，蘇州河畔有再好的風景，卻經「臭」字的強化而化為環境噩夢中的一幕。現在認知地圖的涵義逐漸擴大了，廣義而言，認知地圖不一定只是一張圖，一張紙上的圖，它更像是一個動態的過程，透過此過程，一個人對他每日生活的空間及其特性、相關位置有所感受、歸類、記憶、回想和闡釋。廣義的認知地圖等同於空間認知。

狹義而言，認知地圖是一種結構，人們的空間訊息將編碼在此結構中，或至少解碼以後整合在此結構中，此結構相當於它所代表的環境。認知地圖是空間表象的一種形式，它強調了圖解的性質。認知地圖主要以視覺訊息為主，同時又包含其他感覺訊息。狹義的認知地圖在理論上有一些缺陷，此點我們在後面將會討論。但無論如何，認知地圖這一術語很有吸引力，它既簡化了它的意義，又簡化了它在人們

日常生活中的作用。它既有直覺性又有形象性，人們透過常年累月的活動和體驗，構成並積累了這張大腦中的地圖。它包含廣泛的訊息，如街道景觀、建築造型、樹木流水和地物特色等。不同的人對同一環境，由於活動和體驗的不同，個性、年齡、社會地位和生活方式的不同，他們的認知地圖也不盡相同，但一群人對某一地區會取得一定共識，這在一定程度上會反映環境本身的特性，並對環境設計具有參考價值。從嚴格意義上說示意性的草圖並不是認知地圖，它只是認知地圖的一個譯本。

(2)認知地圖的特點

認知地圖不是儲存於大腦中的一張折疊照片，當我們使用它時便把它展平開來；也不是一個微縮的航海模型，當我們要校對航向時把它放在面前。它是經過大腦處理的產物，不精確、完形和簡化是這張心理的地圖的主要特色。

很多研究說明人們會把日常的實質環境知識轉化為相對簡單的地理形式。一個橢圓形的鐵路體系人們會把它看成是正圓形的體系（Canter & Tagg, 1975）。兩條斜交道路交成的十字路口，人們會把它看成是由兩條正交道路交成的（Pocock, 1973）。像泰晤士河和塞納河這樣蜿蜒纏繞於城市中心的河流，市民們會把它們看成僅僅是一條流經市區的平滑曲線（Milgram, 1976; Canter, 1977）。維也納建築師 Sitte（1956）說人們認為耳布廣場是規則的和直線的形狀，但實際上它是不規則的，見圖 2-6。瑪麗亞‧諾維那廣場明明是五邊形的而且有四個鈍角，但在人們的記憶中它是四邊形的，並且對各邊的角度是鈍角還是直角也不清楚，見圖 2-7。

夏祖華和黃偉康（1992）對太原市五一廣場（圖 2-8，圖 2-9）也做了類似的調查，他們請不同性別、不同職業和年齡的居民繪出廣場的平面圖。他們發現多數人的「實際感受」不同於平面圖上的客觀形象，也不同於地面上的客觀實物形象，在不同程度上都有變形和修改。其中兒童的認知與成人的不同，廣場上的交通警察又與其他人不同，其共同的傾向是忽略空間中微小的差別。兩個明顯的簡化是一條斜交

75°的路被簡化成垂直的，一個不完全對稱的廣場被完整化為完全對稱的。見圖 2-9。

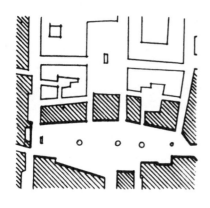

圖 2-6　耳布廣場

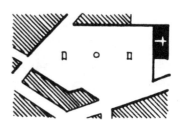

圖 2-7　瑪麗亞‧諾維那廣場

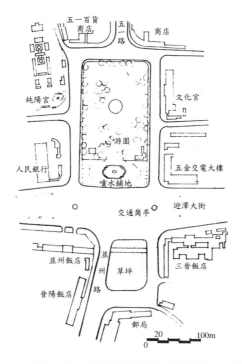

圖 2-8　太原市五一廣場平面圖（夏祖華、黃偉康，1992）

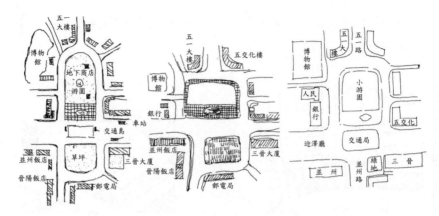

圖 2-9　太原市五一廣場認知草圖舉例（夏祖華、黃偉康，1992）

　　對以上這些認知地圖的研究說明，某些建築師為了追求圖形上的
整齊、規則和對稱，而在舊城改建設計時對環境大動手術是不必要的
和沒有道理的，也是代價高昂的。大多數人的空間表象會忽略圖形上
的一些細節，並將其自動簡化和完形為簡單圖形。所以當你很想創造
一個嚴謹的、對稱的空間時，卻因為基地條件限制而不能實現，但你
不必擔心，請看下面這個例子，這是東南大學建築系館前的庭院空間，
其中的四塊草地是不對稱的，但實際上又有多少人會察覺這一點呢？
見圖 2-10。

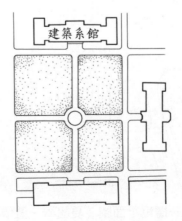

圖 2-10　東南大學建築系館前庭院平面

　　認知地圖中除了圖形以外，空間其他方面的表達也失真。距離和方向可能會畫錯，通道和路線可能會畫得過分突出（這可能意味著它的重要程度），放大後和原來的不成比例，或者可能畫錯了地方，場所的某些特徵不是強調過分就是強調不夠。這說明人們在空間訊息的處理過程中，在編碼、儲存、解碼和整合的時候，存在使環境的某些方面失真的傾向。

　　雖然這種認知圖式是不準確的、不完全的和不完美的，但它很有用。它說明我們描述環境時是有選擇的，是以對我們的生活有意義的方式處理和組織訊息的，其結果是產生了一個有效率的簡化的認知結構，這就是認知地圖。認知地圖可以幫助我們解決很多空間問題。認知地圖將幫助人們適應環境，幫助人們在環境中的定向、定位和尋路。它能幫助人們在記憶中對環境布局加以組織，提高在環境中活動的機動性，方便工作、學習、購物和休閒等活動。比較清晰的認知地圖有助於人們更加充分有效地體驗環境，使環境更有意義，為人們提供更強的安定感和控制感。已有的認知地圖也是進一步充實和擴大環境知識的基礎。當我們去一個新的城市，儘管對它一無所知，我們在機場時並不會束手無策，我們可以用自己所在城市的認知地圖為基礎，買一張當地的交通圖，嘗試一次新的旅行。如果我們走對了（通常是不會走錯的），便可以強化我們的空間知識。如果走錯了，也可以學習新的空間知識，並儲存或編碼在認知地圖中，我們會記住道路上的一些明顯特徵，如建築物、紀念碑、高架橋等空間特徵和組織。我們有選擇地記住了這些特徵並忽略其餘部分，所有這些都可以使這條道路從我們所認識的場所中辨認出來。

(3)認知地圖的構成要素

　　這些心理的地圖是由什麼東西組成的呢？這個問題首先由 Lynch（1960）提出並做系統研究的。他在堪稱里程碑式的調查工作裡，請波士頓、洛杉磯和澤西城的居民作為受試者，要求他們介紹自己的城市，隨之他分析並規定了用來構成城市表象的五個基本要素。

　　路徑　它是觀察者經常地、偶然地或可能地沿著它走動的通道。

它可以是大街、步行道、公路、鐵路或運河等連續而帶有方向性的要素。其他環境要素一般沿著路徑布置，人們往往一邊沿著路徑運動一邊觀察環境。對大多數人而言，路徑是認知地圖中的主要元素。

　　邊界　　兩個面或兩個區域的交接線，如河岸、路塹、圍牆等不可穿透的邊界，以及示意性的象徵性的可穿透的邊界。道路和邊界有時很難區分。

　　區域　　指具有某些共同特徵的城市中較大的空間範圍。有的區域具有明確的可見的邊界，有的區域無明確可見的邊界，或是逐漸減弱的方式。

　　節點　　它指城市中某些戰略要地，如交叉口、道路的起點和終點、廣場、車站、碼頭以及方向轉換處和換乘中心。節點的重要特徵就是集中，特別是用途的集中。節點很可能是區域的中心和象徵。

　　地標　　它是一些特徵明顯而且在地景中很突出的元素。地標是城市內部或是區域內作為方向的參照物。它可以是塔、穹頂、高樓大廈、山脈，也可以是紀念碑、牌樓、噴泉和橋樑等。有的地標可以作為城市的象徵，如雪梨歌劇院和北京天安門。

　　這五種要素是城市範圍內認知地圖的重要組成部分，然而環境的表象並不局限於城市範圍，它可以大到一個世界小到一個房間。我們可以發現至少在區域這樣的等級內，如社區，此五項要素也是適用的。如社區內的各種道路，包括穿越空地的非正式通道，甚至是住房內部的通道就是路徑。社區的圍牆、大門，道路上的行道樹，鄰居家的圍欄，甚至是合用宿舍中學生們分隔空間用的簾子都屬於邊界。社區中的每一個組團都是不同的地區。中心綠地可以看成是一個地標。或許對你來說，社區裡的報亭和水果攤就是一個地標。我們如此說的意思是 Lynch 的五個要素是一組空間認知的取向，在不同的層次上有不同的規模。

　　Canter 曾用一個既簡單又靈巧的觀察方法，說明城市的認知地圖是如何建立的。他在倫敦機場碰到一位美國青年 Nick，此君從未來過英國。Canter 請他分別在訪問倫敦之前，到倫敦一天以後，住了一星期以後，以及住了三星期以後各畫一張倫敦的示意性草圖。Canter 將

這些草圖做了分析。首先是可以分辨的點（地標、節點）的數目增加了，如國會大樓、威斯特敏斯特大教堂、海德公園、維多利亞車站等。隨後連接這些點的線（路徑）也出現了，如牛津大街、Piccadilly、Paddington和Euston Road等。一般而言，如果一個地方的地標之間距離不太遠的話，人們會首先學習地標和場所，隨後學習路徑和區域。但Lynch和Appleyard認為人們首先學習路徑和區域，隨後才用地標確定方向。可能兩者都是正確的，這取決於城市的實質特徵。如果一個城市道路系統比較複雜的話，可能是先學習地標。一個方格網的城市，其道路像一個棋盤，路徑就比較容易學習。無論如何，此五項要素中，路徑和地標是城市空間認知中最為重要的。

Lynch 的認知地圖要素的分類法已被廣泛用於研究，它的優點無可爭辯，當此種方法用於研究環境意象，以及將它們與其他實質的、社會的各方面聯繫起來並進行比較時，此種方法同樣出色。Lynch 以此五種構成要素為基礎，建立了城市設計理論中最重要的概念，即城市的認別性（legibility）。

(4)認知地圖理論的缺陷

認知地圖在理論上有一些缺陷，至少有幾個可疑點。

從定義上說認知地圖是一種結構，它既包括視覺訊息，也包括其他感覺訊息。狹義而言的認知地圖可以認為是環境的簡約圖解，是環境在人們心理上的投影，人們的空間知識編碼在這個結構中，或至少解碼以後整合在這個結構中。我們的疑惑就從定義開始。

圖解與說明　一個人具有很多空間知識，且不說這些知識被編碼到了何處，這些知識被記憶起來時，是否能迅速整合成一張認知地圖，如果能，這些知識也是有限的，否則認知地圖的容量實在太大，根本不可能在短時間內整合起來。一個人做空間判斷時，並不總是需要調用這張圖，他必須做的就是目標再認，譬如他看到圖書館就向左轉，因為要去的教學樓在圖書館的左邊，也就是說這張圖不必每次都在人們的腦海中浮現出來。所以認知地圖中的圖解訊息必須和其他形式的空間表象聯合起來，才能解決空間問題。早就有學者呼籲要認真對待

語言意象，因為此種訊息既可靠也有價值。況且認知地圖理論也無法說明視覺訊息是如何與其他感覺訊息相互作用的。在某種程度上，認知地圖理論是被迫接受「頭腦中的這張圖以外，還有語言訊息」這一主張的。

另一方面，頭腦中的這張圖是二維的，它遵守歐幾里德原則，儘管 Lynch 的工作主要是二維的，但城市環境是三維的，如何以二維的訊息去表達三維的環境呢？已經有工作說受試者報告的意象是立體的而不是平面的。

我們相信每個人的腦海裡都有關於環境的「圖像─認知」地圖，它所儲存的空間知識是圖解的、簡明扼要的。它包括的就是一些主要地標的知識，包括它的位置、方向和總體特徵。除了地標以外，還包括一些線性特徵，如道路以及區域特徵，這些可以看成是地標之間的空間關係。當然除了 Lynch 所揭示的認知地圖五種構成要素以外，還需要更多的工作。

我們相信認知地圖是一種結構性知識，它告訴我們這個世界在空間上如何組織，我們要去的下一個地點在哪裡，它的主要特徵是什麼，但當我們構成行動時，譬如從此處到彼處，僅憑認知地圖是不夠的，需要更為詳細的知識，它們部分以語言為取向，更需要很多技能。「認知地圖並不反映它所代表的全部環境，它只是所代表環境的總體結構」，認知地圖是環境的一種簡約式圖解，是人們反覆體驗環境的產物，也是環境知覺的基礎。

認知地圖與分層結構　我們提出的第二個理由是空間認知的一個基本問題，即空間知識的編碼方式。認知地圖理論並非是空間認知理論的唯一競爭者，儘管它能解釋部分現象。譬如人們經常少估或多估距離，經常把面積估計得比實際的大或是小，經常把曲線看得比較平緩，把斜交的看成是正交的。認知地圖理論的支持者認為人們是以簡化的圖解形式儲存訊息，會有很多訊息被忽略，而且頭腦中的認知地圖的比例也不盡相同，上述現象是可以理解的，但如果讓它解釋下面的現象就很困難了。

請你不看地圖回答這個問題「多倫多和明尼阿波利斯，哪一個城

市更北面？」你一定會認為多倫多更北面。讓我們複述你的判斷過程。由於這兩個城市很難做直接比較，因而會經過推理。多倫多在加拿大，明尼阿波利斯在美國，加拿大在美國的北面，所以多倫多更北一些。事實卻正好相反。Stevens 和 Coupe（1978）已經證明當人們對兩個城市的方向做判斷時，是根據這兩個城市隸屬的州或省之間的相對位置來作出判斷的。也就是說人們是分類儲存空間訊息的。環境的主要方面儲存在第一級的類別中，第一級類別又分成很多第二級類別，儲存了大量進一步的內容，再往後是第三、第四、第五級……這是一個類似樹形的編碼結構。多倫多被編碼在加拿大這一類別裡，明尼阿波利斯被編碼在美國這一類別裡，當次一級類別做比較時，需以上一級類別之間的關係做參照。這個理論說人們將分類或分單元儲存訊息並組成一個層級結構，而並非是如認知地圖理論所說的那樣的圖解方式。

　　此理論可以解釋很多認知地圖理論無法解釋的現象，並能預測認知地圖理論所無法預測的事情。Allen（1981）的工作已經發現人們會把關於一條路的空間訊息分成若干段落，並以段落邊界作為啟發點來估計距離，這些段落越多人們主觀估計的距離就越長，所以一條路經過的十字路口越多，人們就感覺它越長，一條路線上的換乘次數越多，人們就越是多估距離等等。我們也可以做合理的預測，兩條路線其他方面都一樣，那條跨越幾個區的路要比只在一個區的路感覺上要長一些。

　　空間認知的原則是實用主義加經濟性，其基本信念就是人們將以非常有效、簡潔以及使用起來非常方便的方式儲存空間訊息。那麼這兩個理論哪一個實際一些呢？可能兩個都存在，認知地圖儲存了一個簡明扼要的圖解訊息，分類結構是說明性的，兩者相輔相成，不過在釐清問題之前還需要做大量的工作。

　　總結　沒有一種心理過程是與環境完全脫離的，但這部分討論的內容通常被看成是發生在大腦中的事情，即我們如何洞察環境以及實質空間是如何組織在我們的思考之中。我們並不是機械地獲得與回憶關於位置、距離和組織等的訊息，而且我們的這種工作是有效的，部分原因是我們建立了認知地圖。認知地圖研究顯示人類在蒐集和組織環境訊息過程中的步驟與策略。一個容易辨認的環境有明顯的路徑、

明確的邊界、區域、節點和地標。這些認知圖式當然會受到人們的年齡、性別、熟悉程度以及經驗的影響。本章空間認知的內容是作為理論部分闡述的，它可以看成是一個引子，更為具體的專題討論可以閱讀下一章：「城市意象和空間指認」。

第 **3** 章

城市意象和空間指認

　　城市的發展，影響了我們的時空觀念，影響了對速度和距離的估計，對方向和區位的判斷，也改變了我們的美感體驗。嶄新的物質陸續進入我們的視野，物我的關係不斷調整，重新影響了我們對外界的認知方法。同時城市也是一個包容異同的空間，裡面不只有一種人、一種生活方式、一種價值標準，而是有許多不同的人、不同的生活方式和不同的價值標準。就像一個個櫥窗、複合的商場、毗鄰的大廈，不是由一個中心輻射出來，而是彼此並列，互相連接。城市是人造的聚落，它具有開放、多樣、積極向上和便捷的品質，為城市生活的推崇者津津樂道，但作為一個壓力、緊張、喧鬧、污染和過分擁擠的根源卻為城市生活的批評者深惡痛絕。幾乎所有的人文學科都在關注城市環境，包括它的實質環境和社會環境。經濟學家、地理學家、政治學家、社會學家、心理學家，當然還有城市規劃學家和建築學家都在探索城市問題。本章將介紹一些專題研究，這些專題反映了在城市生活中環境心理學家感興趣的某些特徵。如同前章介紹的即使在這些專題之中，環境心理學家也得到了來自其他學科研究人員的幫助，有時這種幫助是至關重要的。

一、城市意象

　　城市與建築一樣，都是空間結構，但其尺度巨大，需要很長時間讓人們感受，無論城市多麼平淡無奇，注視城市仍讓我們感到愉快。每一個人都對其居住的地區留有印象。一個市民長期居住在城市中的某一地區，他的地區印象中必然含有各種記憶和涵義，進而建立城市的印象。即使一個城市的陌生客，當他來到這個城市，他也有機會建立關於它的印象。譬如他坐火車來上海，他看到了進站時兩邊破落的棚戶區，很不幸的，他就會形成一個關於上海的破落印象，儘管這和上海的總體情況不符。

　　那麼什麼是意象呢？從定義上說，意象（image）就是心理上的形象，這和表象在概念上沒多大區別，但是現在意象已經成為一種專門用語，那些探討城市實質環境在人們心中所產生之印象的研究都稱為意象研究。所以意象就是人們的生活感受中被記憶下來的部分，它複

雜且變化多端,斷斷續續又零敲碎打,還常與其他有興趣的東西相混淆,幾乎每一種感覺都在起作用。城市的風貌和布置,建築的色彩和形式,都對於人們的城市意象有重要影響。城市的聲音和氣味,市民的穿著打扮和語氣腔調,甚至是步頻大小也是形成意象的重要因素。為了能更具體而深入地研究居民的城市意象,研究人員已經設計出一些巧妙的方法,最典型的也是使用最廣泛的那些方法都依據下列假設,即城市居民都有一幅城市的認知地圖,它是由個人的個別特徵和城市的實質特徵二者共同形成的,研究人員所面臨的問題是發展出一些方法去辨讀市民各人頭腦中具有的許多地圖。從此意義上說,意象研究依賴於研究人員所發展的和使用的方法和程序。

1. Lynch 的研究

Kevin Lynch(1960)在他的著作《城市意象》一書中,詳細介紹了他對美國的波士頓、澤西城和洛杉磯所進行的意象研究。波士頓是一個很有特點的城市,形式生動卻不易確定方向。澤西城則是一個初次觀察印象性極低的城市。洛杉磯是一個特大城市,市中心有網格狀的布局。Lynch 在研究這些城市的意象時,採用了兩種主要的方法。在第一種方法中,由居民中抽樣並與之面談,探詢這些受試者對城市環境的意象如何。他蒐集了以下的訊息:每個城市對它的居民的象徵意義,從家到工作地點的方向,人們對這一段路程有什麼感覺,以及該城市中有特色的要素。另外還要求受試者畫出地圖和辨認各個地方的位置。在第二種方法中,Lynch 要求一部分受試者從照片中辨認一些地方,一部分受過訓練的觀察人員還到城市中去作系統的實地觀察,他們被帶到他們曾在採訪中描述過的路線上去,詢問他們所在的位置和所看到的東西。這些觀察人員利用曾經在示範分析中證明富有意義的資料,描繪出環境因素,其意象的優缺點等,這種方法能將抽樣人士面談所得資料與實地分析所得資料作比較。儘管很多因素都對意象的形成有影響,如當地的社會意識、風土人情、歷史變遷、城市功能,甚至是其名稱,但是從 Lynch 的方法來看,他所關注的意象限於實體方面。Lynch 以認知地圖的五種構成要素即路徑、邊界、區域、節點

和地標來分析這三個城市的。

波士頓半島在其市民心中是作為一個有區域（如波士頓公共廣場）、路徑（特里孟特街等）和重要的歷史地物（舊的建築和場所）的地區出現的。波士頓有突出的界限——水包圍著半島。人們認為波士頓半島有強烈和明顯的特徵，有明確的界線、地區和地標。雖然道路系統像一個迷宮，但主要道路還是很有名。見圖 3-1。

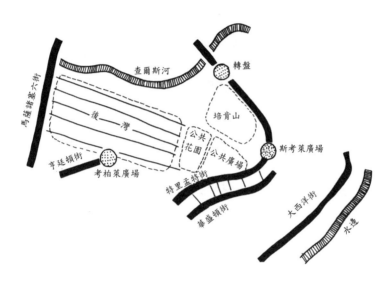

圖 3-1 公眾理解的波士頓視覺模式（Lynch, 1960）

與波士頓相比，澤西城過目不忘的有特徵的部分為數不多。澤西城的形象很貧乏，丘納爾廣場（Journal Square）因有集中的商業和娛樂而顯得較為突出，但它的交通混亂，空間無明確形狀。城西公園（West Side Park）是具有一定特徵的唯一大公園，多次被人提及，也是整個結構中一處放鬆的地方。伯根區（Bergen Section）主要是因高等住宅區而突出，新澤西醫院像一位白色巨人雄踞山頂，異常醒目。還有令人注目的紐約城的遠景輪廓，除此以外，再也沒有值得一提的東西了。一位婦女這樣說：「很遺憾，澤西城沒有什麼地方值得我對遠方的來客說：啊！我多麼希望你能去那兒走走，那兒多美啊！」。Lynch 認為，在他的受試者中無人對他們居住的城市有全面的了解。

他們所繪的圖都是零零碎碎的，且留有大塊空白，只是集中於很小的宅地範圍，這個城市缺少可識別的區域和標誌物，缺乏公認的中心和節點。它可以說是以一些明顯的邊界來標誌的，如高架鐵路和公路、峭壁和兩個河濱。即使在長期居住的市民的印象中，它的形象也是很不顯著的，難以定向，無法描述和區別各個部分，結果令人不滿。見圖3-2。

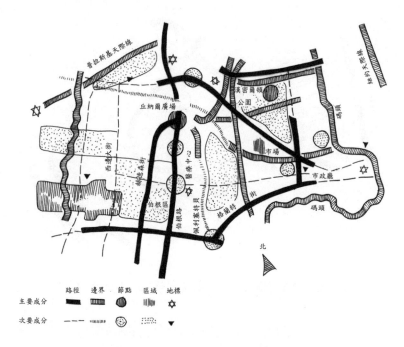

圖3-2　根據現場觀測而繪製的澤西城視覺模式（Lynch, 1960）

　　第三個城市，洛杉磯，為與波士頓和澤西城相區別，研究只限於中心區。最明顯的特徵是市中心和圍繞市中心的明顯的公路。在這個中心區內，潘興廣場（Pershing Square）在所有的構成因素中形象最突出。在地標方面，市政中心的形象最突出，沒有人不被它吸引，百老匯的形象也很鮮明。在路線方面，除了潘興廣場附近的幾條主要街道外，人們對街道只有模糊的感覺。人們對商業區的感覺是散、不成形狀。從大一點的範圍來看，某些地段和許多免費公路以及作為界線的

海洋是有特色的。但是除這些地方以外，洛杉磯和商業區在受試者頭腦中沒有什麼特別生動的印象。見圖 3-3。

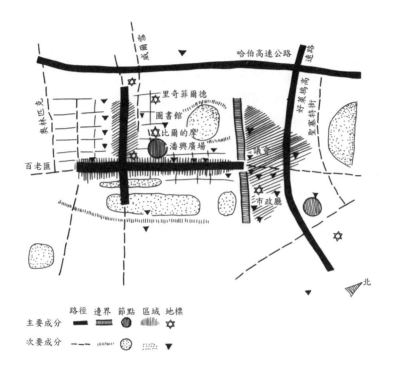

圖 3-3　根據現場勘測而繪製的洛杉磯視覺模式（Lynch, 1960）

2. 可辨識的城市

Lynch 透過對市民的心理形象的調查來討論美國城市的視覺質量，並在此基礎上提出這樣一個問題：怎樣的城市形式是市民容易記住和辨認的。Lynch 認為，城市景觀的認別性（legibility）指的是一些能被識別的城市部分以及它們所形成的結合緊密的圖形。就像書上的每一頁，只要字跡清楚易辨，就能以一種由可識別的符號所組成的模式而被人理解。所以一個可辨識的城市就是它的區域、路徑、地標易於識別並組成整體圖形的一種城市。所謂可意象性，指的是具體對象使一個特定的觀察者產生高概率之強烈意象的性能。對象的色彩、形狀、

排列促成了特徵鮮明、結構緊湊和相當實用的環境心理圖像。

因而，一個容易產生意象的城市，應該是有一定形狀的、有特徵的、惹人注意的。對這種環境的感知不僅是簡化的而且是有廣度和深度的。它將是一個各具特徵的、各個部分結合明確而且連續統一的城市，在任何時候都能使人理解和感知的城市。在此基礎上，Lynch 提出了一系列可辨識城市的城市設計原則：譬如，主要的道路應有明顯的獨特的特徵，從而能與周圍的道路形成差別而顯現出來，應用這些特徵時必須保持道路的連續性；又譬如，當一條邊界與城市其他結構有視覺和交通上的聯繫時，那麼它就成為一個重要的特徵；獨立性及其與背景的對比是一個有存在價值之地標的基本要求等等。

撇開 Lynch 的城市設計原則不談，儘管意象分析限於城市的實體方面，他的五種構成要素即路徑、邊界、區域、節點、地標，是否真的能涵蓋城市中實體的所有方面，以及這五種要素在中西文化上是否也有普遍性？還有待商榷。但是他的使環境圖式化的思想很有吸引力，至少一些偉大的古代城市以及有幸保留下來的古老城市都是非常圖式化的。另外，容易記憶的環境對每個人都具有感情和生活的多方面都有重要意義。清晰的意象便於人們行動，無論是探親訪友、購買商品還是尋找警察，有秩序的環境就更為便利。它可以成為一種普遍的參照系統，一種信念和訊息的組織者。清晰的可辨識的環境不僅給人們以安全感，而且還增強人們內在體驗的深度和強度。雖說人們並非不能在視覺混亂的城市中生活，但如有一種更動人的環境，同樣的生活在質量上會有新的提升。

在 Lynch 的基礎上 Evans、Smith 和 Pezdek（1982）總結了空間認知的其他研究工作，並推薦了創造認別性城市景觀的案例。第一，在道路系統中地標安排在主要的節點上；第二，為了保持地標的特色可以誇大它的視覺特徵，如拔高它的尺度，使之與相鄰建築分開，並使它包含一些較為公共性的活動等；第三，這些主要道路同時應該作為區域的界限以加強邊界；第四，當一個區域進行再開發時，保護性建築應該成為良好的地標；第五，同一性質的區域裡應該構築地標。

《城市意象》一書是二次大戰後建築學界最重要的著作之一，它

無論對設計人員還是對在校學生都有重大影響，特別是 Lynch 所使用的分析方法作為描述工具時十分有用。《城市意象》是西方每一個建築學學生的必讀書籍，在書裡 Lynch 創造了一個架構，可以提供人們觀察的方法，他是成功的。至於為什麼現在這個理論在中國被公式化和程式化地套用，在我們看來，是因為很多人僅把它當作一種設計上的方法論來看待。

3.圭亞那的意象

　　Appleyard（1969, 1973）對於委內瑞拉的圭亞那市的意象調查則把城市意象體系推進到更精細一層的分析。Appleyard訪問了從這個城市的 4 個區中隨機選出的 75 人，其中包括 2 個傑出人員組，1 個是鄉村俱樂部（country club）的 20 人以及負責城市發展的工程師 20 人。Appleyard對受試者提出了一系列問題，以了解他們的城市知識範圍和性質。他請他們畫一張城區的地圖並回憶重要的特徵，描述穿過城區的路徑以及特殊的建築物和區域等等。Appleyard發現，規劃工作者的城市知識更加廣泛和複雜，因為他們都進行過現場和書面的調查，他們比一般城市居民到過城內更多的地方。而其他受試者的草圖以家為基地，並偶爾有一些圍繞購物中心、工作場所、或早先居住過的地方的島狀地區。它的形狀像一個星或星座，帶著交通系統的觸角狀。他們的城市知識與其城市生活密切相關，其認知圖式是一塊熟悉的領地，邊界上的情況不太清楚。設計人員的草圖在中心很薄弱，但卻以河流和城市發展的輪廓線作為邊界，用心理學的術語說，居民看到了圖形而設計人員看到了背景。

　　非常明顯的特徵是，受試者強調的都是路徑和地標，只有那些畫得較為詳細的地圖才出現了邊界、區域和節點。發現這一點很重要，這說明認知地圖的五個要素並不是均衡發展的。人們在熟悉新環境的過程中，總是從重要地標開始沿著某幾條路徑探索，首先形成環境的路線型意象。人不是天上飛的鳥，不能短時間內對大尺度陌生環境建立起整體的意象，只有當路線型意象不斷豐富發展，積累到一定程度時才能形成較為全面的城市意象，如果環境附近有登高遠眺的制高點，

就會加速形成整體意象。而該制高點則成為環境中的控制性標誌，並與環境的各部分形成有機的聯繫。

　　與一些在美國進行的研究不同，Appleyard發現收入低、受教育少的群體對他們的城市比上層群體有更多更廣泛的了解。這似乎可歸結為低收入群體的住宅區位置和他們更需要在全城走動以取得必要的用品和服務。社會經濟地位和教育程度較高的人所居住的地區往往配套設施和相關服務比較完善，他們所畫的地圖更多地集中於地區的結構、形狀和輪廓，而不是表面上形式的特徵，他們選擇要素時屬性範圍較窄，較為抽象並且更多地注意意義。另外，他還發現改變人們環境表象最有力的影響因素之一是集體運輸系統的發展，特別是新的跨河橋樑的開通，具有決定性的意義。透過實地勘測還發現一個令人感興趣的地方，那就是城市中由專業設計人員設計的部分與非專業設計人員建造的鄉土建築之間的比較。前者從外觀上看，精確地決定朝向和布局以獲得空氣和陽光，但與其基地的配合並不是很好，後者從飛機上看有些亂七八糟，像中世紀的村莊，但它們就像是從土地上自然生長出來的一樣，與其文脈配合得恰到好處，這二者都是其創作者心理表象的清楚體現。Appleyard在他的研究報告中還提出了一些建設性的意見，他認為總體上說個體所畫的地圖主要取決於他的教育水平、不同的經歷等，但居民在心理上都以同樣的方式構成城市，其中地標和道路是最重要的，並且透過活動、形體、可見程度和重要性來構成其關係。他認為城市設計的型態應該圍繞環境和人們不同旅行方式的慣常路線來設計，應該選擇有名的和看得見的區位、天際線、山頂和懸崖，來發展可以在很大範圍內看得見的地標。此外，社會意義的形式和有關的名字（如路名、區名、物名等），都是城市設計應該包括的部分等等。

　　Appleyard總結道，建築物如果想被大多數人了解，也就是建築物的可意象性可以歸納為三方面的要素，即形式、可見度、使用與意義。

　　在建築形式上，他說：

　　(1)突出的輪廓線能幫助人們將建築物從環境中識別出來；

　　(2)有變化的、動態的東西惹人矚目；

(3)與周圍建築物在體量對比上有明顯差異的建築也容易辨認；

(4)建築的形式應該有自己的特色，特別是與周圍建築物應有對比關係，因而一般而言在城市中那些非常簡單、或是極度複雜，抑或是獨一無二的形式總是使人印象深刻；

(5)建築外表面裝修材料的顏色、明度、肌理和細部的精緻程度，以及建築質量的高低對可意象性也有影響；

(6)廣告牌是較次要的因素，但也須注意，因為過分突出的廣告牌和交通標誌牌也會導致人們看不見一些重要的設施。

在可見度方面，即使意義一般、形象不十分突出的建築，如果它位於一個非常重要的位置上，四面八方的人們都能看到它，那麼它通常也會被人們記住。所以人們通常不會忘記在主要交叉路口附近的、廣場中心或其盡端的建築。在使用和意義方面，Appleyard說使用率高的、功能單一的、有很多人在裡面的大樓通常在人們的認知地圖中占有很重要的地位，譬如醫院、圖書館、劇場等。另外，具有文化和歷史象徵意義的建築一般也不容易忘記。

4.其他學者的工作

在 Lynch 的鼓舞下，其他一些研究人員調查了世界各地一些著名的城市，譬如，Francescato 和 Mebane（1973）分析過義大利的米蘭和羅馬，Milgram（1972, 1976）調查了巴黎和紐約，Orleans（1973）研究了洛杉磯，幾年以前，Hanyu（1993）也做了東京的城市意象分析。此外，荷蘭的阿姆斯特丹和海牙也由 De Jonge 做了比較研究。

Francescato 和 Mebane 採訪了米蘭和羅馬兩個城市中的男女老少各種社會經濟階層的市民，向他們提出的問題有：對他們的城市喜歡和討厭的各是什麼？他們記住了什麼？如果他們遷走，他們可能記住些什麼？對他們來說什麼是重要的？他們如何向別人描述該城市有特色的部分？還要求他們畫一張城市地圖。許多結果與Lynch的結構一樣，譬如，米蘭的統一和放射狀的街道布局（路徑）明顯地占有突出的地位，街道比地標和區域要突出得多。市中心有名的天主教教堂出現在地圖上，市中心還經常作為一個重要地區被提到，大教堂是這一地區

的中心，它不僅被作為地標，而且還是節點，從它延伸出許多通道和街道。

對羅馬的認知意象則很不相同。羅馬散亂和多中心的特點在受試者的回答中反映得十分強烈。很少有人用單個焦點來形容羅馬。而是識別出三個主要場所（地標或節點）──城中的兩個廣場和梵諦岡。羅馬的中心區也很突出，但比不上米蘭。在羅馬提到最多的要素是台伯河、一些地標（圓形劇場、一個公園、一座橋）、梵諦岡和上面提到的兩個廣場。街道也常被提到，但比不上米蘭。地標常被用來象徵羅馬，卻不用來象徵米蘭。簡單地說，米蘭給人的印象是組織得比較好，以市中心為基礎，街道系統有條有理，羅馬則給人一種散亂的形象，只是點綴著一些著名地標和節點。

研究說明，環境意象會隨著受試者的年齡、社會階層以及是否在這個城市出生之變化而變化。羅馬的中產階級和下層階級對羅馬的城市意象有明顯的差異，除了沿主要河流的路徑和由此形成的邊界（濱水地帶）較為一致外，對其他四個要素：區域、路徑、節點、地標的認知均明顯不同。在中產階級的草圖中有兩個相當完整而獨立的區域，分布在河流的東西兩岸，均處於城市的中心區，這說明他們有較為固定的活動範圍，他們經常通行並熟知的道路多達十幾條，且都是通向市中心或中心區內的道路，道路的路線清晰完整，長度也比較長。從節點和地標來看，能形成穩定意象的數目也比較多，分別為 7 處和 12 處。這說明由於社會地位高並有相當的經濟基礎，這部分人在城市中的活動範圍較廣，有較多的出行機會，能接觸到城市空間的諸多方面，因而能形成較為完整和穩定的認知意象。而下層階級的草圖中，根本不存在區域的意象，這說明他們並無固定的活動範圍，流動性大，能形成一定意象的道路只有 4 條，且十分不完整，道路的長度也短。可見由於社會地位低下和經濟實力有限，這部分人在城市中活動的範圍小且不固定，難以形成完整的城市意象。見圖 3-4 和圖 3-5。

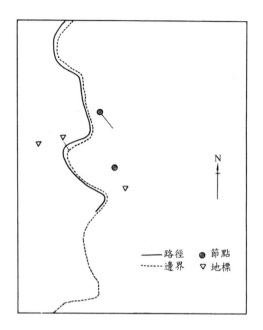

圖 3-4　羅馬中產階級對羅馬的意象圖（Francescato & Mebane, 1973）

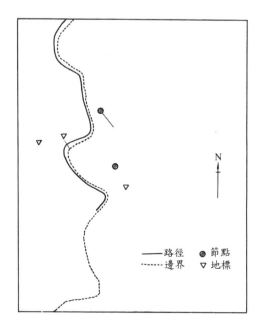

圖 3-5　羅馬下層階級對羅馬的意象圖（Francescato & Mebane, 1973）

　　Orleans（1973）比較了不同社會階層的受試者對於洛杉磯的意象。他的研究也發現那些具有最廣泛社會接觸的回答者，才能夠作出這個特大城市的較為完整的草圖，而那些社會生活比較有限的人，只對這個特大城市的有限部分具有一幅清楚的圖畫，也許只有幾個街區。另外種族和文化背景上的差別，也會造成認知上的差異。從圖 3-6 可以看出，歐洲裔居民由於其在社會地位及經濟實力上的優越性，因而對城市空間的認知較為完整，活動的範圍大，能形成穩定意象的區域多（34 處）、道路多、線路長、空間邊緣明確。節點、地標分布廣、數量多，其較為熟悉的路徑和區域較為固定，且均集中在市中心一帶。

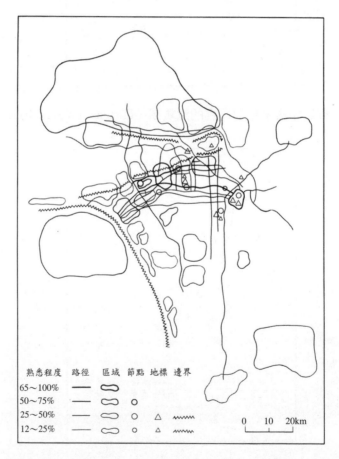

圖 3-6　居住在韋斯伍德的歐洲裔居民對洛杉磯的意象圖（Orleans, 1973）

　　非洲裔居民的草圖完整性大大降低，圖 3-7 中根本沒有較為熟悉的要素，這說明形成的意象不深刻。此外，區域數量也少（只有 11 處），彼此孤立。節點與地標的數量極少並較為集中，特別是在歐洲裔居民的草圖裡十分明確的邊界在非洲裔居民的草圖中並不存在。道路長度明顯縮短，並呈現東西方向疏、南北方向密的特徵。這恰好與歐洲裔居民的草圖相反，說明兩者的活動範圍和路線具有較明確的分界，體現了不同種族間的隔離性。與前兩者相比，西班牙裔居民對洛杉磯的意象甚至連零散都談不上，他們對整個城市空間的認知僅僅限於很小的範圍之內，由一個區域、三個地標及若干小路組成。見圖 3-8。

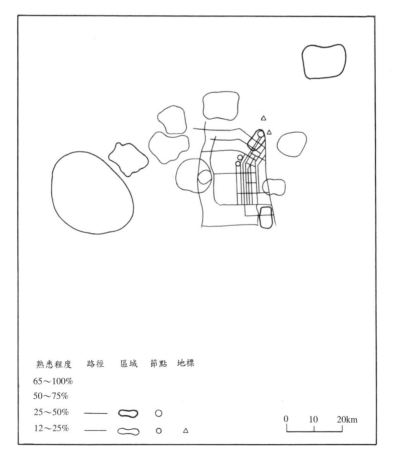

圖 3-7　居住在艾瓦廊的非洲裔居民對洛杉磯的意象圖（Orleans, 1973）

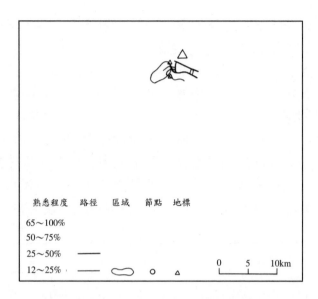

熟悉程度　路徑　　區域　　節點　地標

65～100%

50～75%

25～50%

12～25%

0　　　5　　10km

圖 3-8　居住在博伊爾的西班牙人對洛杉磯的意象圖（Orleans, 1973）

　　相對來說，Lynch 所採用並為後繼者效仿的認知地圖描繪技術是相當沒有系統的，接受面談者對問題或指示的回答也是很自由的。倒是 Milgram（1972）所用的認知地圖描繪方法是比較有組織的。他以紐約的許多彩色風景幻燈片放映給受試者看，要他們辨別出該風景的地點。風景的選定係採取客觀的直角坐標法，以縱橫坐標之交點作為一處風景點。受試者由《紐約雜誌》公開徵選。受試者按組接受試驗，各人發給答案冊一本和鄰里地圖一份，並告訴他們要看熟地圖，這些受試者事先得到通知，這次試驗的主要目的是探知大家對都市內各處風景認識多少。接著放映幻燈片，要求受試者在答案冊上寫下每一處風景所在地點屬於哪一個地區，哪一個鄰里，哪條街。Milgram 發現，在風景地點回答正確鄰里的比例，各區有很大差異。在曼哈頓的風景地點，其答對的比例是在布朗區或在斯塔騰島的 5 倍，是在布魯克林區或昆斯區的 3 倍。在辨認風景地點所在道路方面，情況也類似。Milgram 認為，紐約作為一個心理空間，是非常不均衡的，它完全不清楚，與倫敦、巴黎、東京和莫斯科相比，其心理感知是那樣的不均衡。

Milgram 曾用一個公式說明城市中任何景觀被人們識別的可能性：

$$R=f\,(\,C\times D\,)$$

R——可被識別的程度；

C——景觀接近中心的程度；

D——在建築形象與社會意義方面該景觀特色的鮮明程度。

中國學者也曾經對國內一些著名城市做過意象方面的分析研究。在 20 世紀 80 年代初期，台灣的夏鑄九和葉庭芬曾對台北市做過台北意象的調查，80 年代後期，林玉蓮對上海和南京也做過意象分析，她還對武漢的東湖風景區用類似的方法做過公眾意象和風景質量的評價研究，此外，她也曾比較過清華大學和華中理工大學校園的公眾意象的異同。

最近，林玉蓮（1999）就武漢的城市意象調查了來自漢口、漢陽和武昌的總共 147 名受試者，並請他們回答哪裡是武漢最美的地方，作為武漢市象徵和值得自豪的地點是哪些，城市的中心在哪裡，以及對武漢的總體印象等問題。林玉蓮指出，儘管受試者對城市的記憶多偏重於自己所在的區域，但公眾意象圖中出現頻率最高的要素集中在漢水與長江交匯處，特別是長江大橋、黃鶴樓和電視塔不僅是受試者最清晰的公眾意象，也是城市的象徵和值得自豪的地方，而且三者的巧妙結合構成了三鎮交界處一組絕對控制性的標誌，見圖3-9至圖3-13。

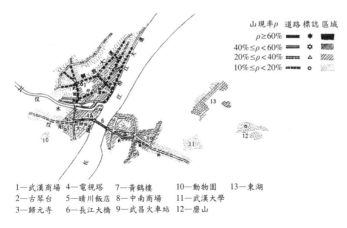

1—武漢商場　4—電視塔　7—黃鶴樓　　10—動物園　13—東湖
2—古琴台　　5—晴川飯店　8—中南商場　11—武漢大學
3—歸元寺　　6—長江大橋　9—武昌火車站　12—磨山

圖 3-9　武漢市公眾意象圖（林玉蓮，1999）

從城市的識別性角度來看，儘管武漢不像北京那樣有明確的方向感，市內跨區域的意象也存在許多模糊之處，然而由於武漢的地理位置突出，三鎮交界處的標誌群起了絕對的控制作用，三大區劃分明確，主幹道骨架清晰，城市的總體結構和大致方位不難把握。另外，受試者傾向於把商業繁榮、交通便利的地段認為是城市的中心。

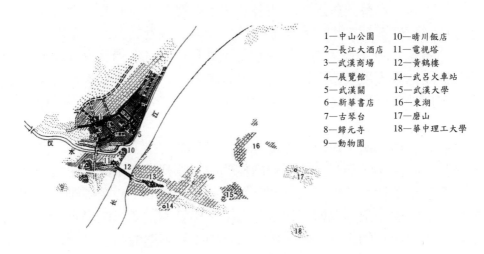

1—中山公園　　10—晴川飯店
2—長江大酒店　11—電視塔
3—武漢商場　　12—黃鶴樓
4—展覽館　　　14—武呂火車站
5—武漢關　　　15—武漢大學
6—新華書店　　16—東湖
7—古琴台　　　17—磨山
8—歸元寺　　　18—華中理工大學
9—動物園

圖 3-10　漢口受試者的武漢公眾意象圖（林玉蓮，1999）

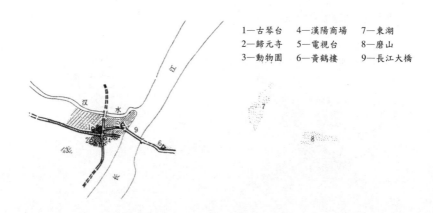

1—古琴台　　4—漢陽商場　7—東湖
2—歸元寺　　5—電視台　　8—磨山
3—動物園　　6—黃鶴樓　　9—長江大橋

圖 3-11　漢陽受試者的武漢公眾意象圖（林玉蓮，1999）

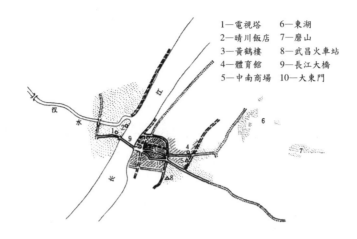

1—電視塔　　6—東湖
2—晴川飯店　7—磨山
3—黃鶴樓　　8—武昌火車站
4—體育館　　9—長江大橋
5—中南商場　10—大東門

圖 3-12　武昌受試者的武漢公眾意象圖（林玉蓮，1999）

圖 3-13　黃鶴樓、長江大橋和龜山電視塔之間的關係（林玉蓮，1999）

　　城市的公眾意象為城市居民的公共活動與社會交往提供了必要的公共符號體系。城市的重要特徵之一，就是其中的居民被透過共同的符號體系和共同的交往模式聯繫起來。公眾意象越清晰的城市，這種公共符號體系的作用越突出，居民的公共活動與社會交往越活躍，活躍的社會交往又提高了居民城市公眾意象的清晰度。

二、鄰里意象與孩子

　　雖然 Lynch 相信對於設計人員來說，知道環境的公眾意象比個體

差異更重要，他在研究中不使用有顯著代表性的受試者，也沒有從總人口中獲得有代表性的樣本，但個體差異在心理學中是十分重要的，我們在Appleyard和Orleans的分析中已經發現了各種人群的顯著區別。在介紹兩個涉及孩子的認知研究以前，我們先把注意力集中到一個較小卻重要的規模上──鄰里。

　　Lee（1968, 1970）與200多名來自劍橋地區不同類型家庭的主婦交談，請她們畫出自己鄰里的草圖，並在圖上標示她們的好朋友、親戚和熟人的地點，描述她們出行時的習慣，表達她們對自己的地區的看法。而且每人都被要求說明自己的年齡、職業、居住時間、文化等背景資料。Lee從這些材料中發掘並總結出三個層次的鄰里。見圖3-14。

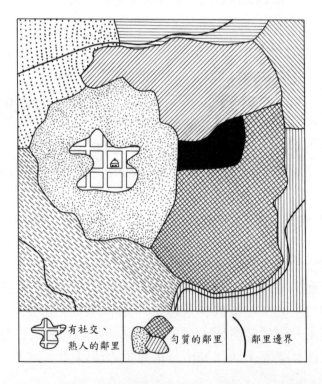

有社交、熟人的鄰里　　匀質的鄰里　　鄰里邊界

圖 3-14　Lee（1970）的鄰里層次（引自 Environment & Behavior）

(1)作為社交關係的鄰里。鄰里是由社會關係的總體構成，在這一層次鄰里的規模小於 500 戶，人們住得比較近，有可能知道彼此的名字。這一層次鄰里的邊界限定在有社交關係的範圍內，差不多是在 6 條路之內。

(2)匀質的鄰里層次。這一層次的鄰里包括所有人都屬於同一群體，並與回答者的生活方式相似。此鄰里的邊界比前者擴大了許多，由房子的質量與居民的類型決定，在此範圍內居民之間的社交已較少，但多數居民還是彼此知道的。在這個層次的鄰里中，居民們屬於臉熟但不認識。它的主要特點就是居民們非常相似，住房也很相似。

(3)大鄰里單元。此層次的鄰里在某種意義上與規劃師所使用的非常相似，它的範圍更大，其中房子與住戶有不少類型，有學校、商店和娛樂活動等設施，在這個層次上，朋友和熟人是分散的。

透過研究，Lee 認為鄰里規劃應考慮兩個層次，即作為城市單元的鄰里和作為社會交往的鄰里。前者主要與規劃中合理安排公共服務設施有關，它所關注的問題是在什麼位置上布置服務設施更合理，但在這一層次上居民們要發展緊密的社交關係是困難的。因而要想促成居民們的社交活動只有把鄰里劃分成更小的單元，在這些小範圍的鄰里中，應更多地關注提升實質環境的設計質量以促進社會交往，當然這些都與小商店和小活動場地的配置有關。此外，Lee 還構成了一個量化指標——鄰里商數（neighborhood quotient），它是這個鄰里中所包括的住宅、商店和公寓的數目與當地所有這些的總數之比，Lee 說這個指數可使我們描述如何從感情的和社會的觀點來感知環境，說明居民感覺到他自己被包括在社區中的程度。

鄰里和孩子在研究中似乎密不可分，有人建議鄰里應該以孩子們活動的區域來定義。我們來看一下孩子們是如何看待鄰里和世界的。

Maurer 和 Baxter（1972）研究了孩子們對他們的家庭、鄰里、到學校去的路程、城市及他們喜歡的和不喜歡的地方的表象。他們不僅檢查了 7～14 歲的男孩女孩，而且還包括了黑、白和墨西哥裔的美國兒童，樣本總數是 96 個兒童，透過試驗可以釐清性別、年齡和人種的影響。不過實驗並沒有控制智力、社會經濟水平及家庭背景，因而他

們所發現的表象中的變化，有可能是由於上述因素引起的。

　　這些孩子都是由一個與他們相同族裔的青年女子作個別訪問，要求他們畫一張關於他們的鄰里和住的地方的地圖，表示出它的界線並標出他們的家，如畫一張休斯頓城的地圖，同時講出其中的幾個項目，描述從家到學校的路程，並說明哪裡是他們喜歡玩耍和不喜歡玩耍的地方。與預料的情況相反，發現年齡對孩子們的意象影響很小。各組間唯一顯著的差異是年幼的孩子畫的鄰里，比年齡大的畫的小得多。但種族的影響很強烈，與墨西哥裔特別是黑種孩子相比，白種孩子的意象要廣泛得多，他們中的多數人能畫城市的地圖，他們所畫的鄰里覆蓋了較大的一片地區，並且他們還提到了較喜歡的玩耍場所。Maurer 和 Baxter 觀察到白種孩子的親友住得離他們的家較遠，孩子們上學更喜歡騎車而不是步行，並且他們住在現在住處的時間不長，這或許是流動性較大的原因。黑種孩子突出他們的家，常常是先畫家，並在鄰里地圖上占了很大的面積，像門、窗、煙囪和電視機等細節，更是詳細描述。

　　種族之間的差別不只是反映在孩子們到學校去的交通工具上，而且對他們的意象風格也有影響。乘大客車或小車去學校者受到建築物如商店、住宅、工廠和路上環境的高度影響。步行去學校的孩子們除了住宅外很少利用建築物，並且大大依靠各種自然環境，如草地、樹木、天空、太陽和動物。乘小車上學的孩子報告的意象與 Lynch 的成人受試者所報告的並無差異。Maurer 和 Baxter 並不願意別人把此不同結果看成是因種族差異造成的，他們認為此結果正好體現了成人和孩子在安全感方面的差別，遺憾的是他們並沒有把他們的論點結合到所研究的設計中去。

　　Maurer 和 Baxter 與 Lynch 一樣發現了花卉、蔬菜和水是孩子們表象能力的源泉。此外，孩子們也與 Lynch 的成人受試者那樣，常常講到道路和熟悉的路名，然而孩子們的描述非常詳細、生動和錯綜複雜。並且在地面上的交叉鐵路和主要道路，都絲毫不變地成為孩子們所畫鄰里地圖的邊界線。關於孩子們喜歡或不喜歡的玩耍場所，在種族、年齡或性別方面並無一致性，某些孩子喜歡的地方，另一些孩子可能

不喜歡。這些或許對鄰里規劃和住宅設計都有啟示意義。因為我們無論何時何地都應該關心孩子們和人群中條件不利的人們。

　　這個研究似乎加強了人們這樣一種印象，即四周圍繞鄰里的快速交通幹道是約束孩子活動的邊界，而且對孩子們來說，鄰里的中心是家而不是鄰里中的公共服務設施。這個研究可以認為是支持了Bowden等人提出的鄰里以孩子為中心的想法，後者的想法不僅對小鄰里即組團的規劃有意義，而且對大鄰里單元的規劃也有價值。儘管說學校、超市和電影院等服務設施在地理上是鄰里和社會的中心，但對每個家庭來說，這個中心恰恰是孩子活動的邊界。所以，學校、超市和娛樂設施等大型公共建築並不是一定要放在大鄰里單元的中心的。

　　圍繞兒童環境表象發展的討論涉及心理學界幾個最有威望的科學家，如 Piaget，他把兒童的心理發展過程劃分為四個階段：即嬰兒期完全以自我為中心的動作空間階段，在此期間內，嬰兒分不清自身與環境，並且沒有地形的表象，這稱為感覺運動階段。約 2～7 歲時形成最早的空間意象，大多數拓撲關係形成了，並且投射和歐幾里德關係也開始構成。以自我為中心的定向開始為一個固定的參考系統所替代，首先集中在家，然後集中到少量不並列的路徑、地標和熟悉的場所。這個孩子不再僅僅在動作空間中運轉，他開始描繪他的路徑（路線型表象），這是一個逐漸地把孩子從他的環境、把孩子的觀點與其他人，以及把要素和關係從環境中區分開來的時期，這稱為前運算空間階段。約 7～12 歲時，與具體的動作開始協調，產生許多其他重要的發展，產生了心理組織能力，開始形成直線、平行、成比例的間隔和角度等概念。他對這些關係的理解是透過同化和協調的均衡，將部分結構集合起來與整體協調的結果。現在這個孩子能夠調節透視，構成歐幾里德參考系統，這些對於他理解大規模的環境是最為重要的，這個階段稱為具體運算階段。

　　最後，約 12～15 歲的青少年早期，這些孩子還出現了抽象的邏輯思維、判斷和邏輯構成，並且不受具體事物內容的束縛，他可以透過假設推理解答問題，具有豐富的想像能力，不僅能根據直覺的想像，而且能根據抽象的命題想像，長度、距離、面積和體積等概念也能構

成和保存，這稱為形式運算階段。

根據 Piaget 的發展理論，Siegel 和 White（1975）在實驗觀察的基礎上提出，在大尺度環境中，兒童的認知地圖能力經歷四個連續發展階段：(1)首先注意和記住看見的標誌物；(2)識別和熟悉特定標誌物之間的路徑；(3)將彼此鄰近的標誌物和路徑結合成子群；(4)將各種環境要素綜合組織為統一的整體意象。儘管這方面的實驗研究還不是很多，但現在已經很明顯，這是環境心理學可以為心理學主流中的許多問題作出重要貢獻的領域。

3～6歲是中國兒童上幼兒園的年齡，這個年齡段的孩子們是如何設想自己的幼兒園呢？帶著這個問題，林玉蓮（1995）分析了學齡前兒童對幼兒園的環境意象。根據 Piaget 的理論，這一時期正是前運算階段，這時的兒童思維帶有極強的具體形象性，林玉蓮蒐集了以「幼兒園」為題的許多兒童畫，作者絕大多數是 4～6 歲的全國各地幼兒園的孩子。她對其中所調查的一所幼兒園進行了具體分析和討論。這些兒童畫分為兩類，一類是孩子們根據記憶畫出現實的幼兒園，另一類是孩子們畫出自己想像的幼兒園。她發現，無論是記憶畫還是想像畫，自然要素的出現頻率明顯高於其他要素，其中太陽、花草出現頻率最高，其次是樹，動物中飛鳥的出現頻率最高。在記憶畫中樓房的出現頻率不少，但是在想像畫中樓房的出現頻率則下降了很多。孩子們對於樓房還進行了藝術處理，以屋頂為例，坡頂、尖頂的出現率很高，尤以西方童話色彩的尖頂最突出，半數的樓房加畫了煙囪。此外遊戲場中的活動器械、各種旗子和孩子們的活動出現頻率都非常高。

作者指出，在建築師眼裡，集教學、活動和休息為一體的主樓是幼兒園設計的重點，但事實說明，孩子們更喜歡外部鳥語花香的世界，幼兒園設計應該突出一個「園」字，綠化、野趣和遊戲場才是一個幼兒園設計成功的保證。見圖 3-15 和表 3-1。

圖 3-15　兒童畫──孩子們心目中的幼兒園（林玉蓮，1995）
（左側為記憶畫，右側為想像畫）

表 3-1　兒童畫中各種環境要素出現的頻率（林玉蓮，1995）

環境要素		出現頻率 = 出現某要素兒童畫份數 / 兒童畫總數			
		記憶畫（68 份）		想像畫（69 份）	
自然要素	太陽	66%		81%	
	天、雲	21%		25%	
	樹	49%		45%	
	花草	65%		68%	
	鳥	29%		58%	
	蝶	6%		20%	
建築物	樓房	44%		29%	
	小屋：平頂	10%		7%	
	坡頂	12%	37%	46%	61%
	尖頂	28%		43%	
	圓頂	3%		1%	
其他	黑板	4%			
	旗	26%		45%	
	水池、蝌蚪、魚			7%	
運動器械	滑梯	28%		29%	
	攀登架	28%		23%	
	浪船	3%		3%	
	轉椅	1%		7%	
	鞦韆	1%		1%	

三、尋路

　　建立良好環境意象的一個主要目的是便於人們的定向和尋路。如果人們很容易對城市中心的大致位置作出判斷，並指出主要交通路線的方向，那麼對觀察者來說，這個城市就是容易識別的。一個好的環境應使人容易了解自身所處的位置，並找到要去的目的地，這不僅指城市範圍，在小一些的尺度中，如在居住區、在建築群甚至在建築內，人們要做到這些也必須依賴清晰的環境意象。或許有人會認為在現代城市中的大多數人是不會迷路的，因為我們有地圖、門牌、路牌、汽車站等指路設施的幫助。但事實與人們的估計大有出入。許多現代建築大樓、著名學府、醫院、城市交通樞紐以及購物中心似乎專門與人的尋路能力作對，常常把人們搞得暈頭轉向。

　　Weisman（引自羅亮，1993）總結了一些美國的研究資料，他報告說，在密西根大學 10 幢建築物中對 73 位大學生的問卷調查發現，9.1% 反映經常迷路，14.1% 曾至少在一個場合完全迷失方向，既經常又嚴重迷路者有 8%，由於這些被調查的大學生對該校園或多或少都有些熟悉，因而這個結果是很令人吃驚的。此外，抽樣調查阿爾伯特兒童醫院的就診者，發現他們中有 23% 找科室時出錯，35% 難於判別如廁所、餐廳等附屬設施的位置。為別人指路成了工作人員的額外負擔，據反映 31% 的工作人員每天至少要遇到 1 次問路，15% 每天要遇到 2 次以上問路。密西根大學醫院的情況與此相似，被調查的工作人員中有 70% 在一週內曾不止 3 次為人指路。透過電話詢問密西根州費德拉大廈的使用者後發現，11% 的人反映難找電梯，15% 難找樓梯，30% 難找洗手間，超過 16% 的人難找要去的辦公室，甚至還有 7% 的人連找大樓問訊處都有困難。

　　交通樞紐也是人們經常尋路出錯的公共環境。在對達拉斯—福斯沃特機場的一項調查中，有 25% 的答卷人認為該港標識不清或混亂，也就是說在每天進出的 75000 人中至少有 10000 人要問路，於是航空公司不得不僱用 34 名服務員專門在機場內作嚮導。對紐約、華盛頓和亞特蘭大的地鐵系統的比較研究也說明，在初次進出車站的人群中（主

要是旅遊者和參加各種會議的代表），紐約有 23%有尋路問題，亞特蘭大有 20%，華盛頓有 15%，華盛頓有尋路問題的人中有的還相當嚴重，不是走錯了車站就是搭錯了車，在紐約這種人有 8.3%。這些大量的調查資料說明，在城市中的各類建成環境中不同程度地存在著定向和尋路的問題。

1. 尋路的過程

我們認識環境需要兩種基本的環境訊息，一是場所和物體的位置，二是環境的屬性和特點。位置指的是距離和方向，而環境的屬性或叫特徵，可以補充我們對位置的了解。譬如知道某住房在居住區的特定位置，或者了解某電影院在大街的盡頭（環境的屬性），都對我們的空間認知有幫助，這種屬性可以是描述性的，也可以是評價性的。空間認知研究，特別是人們關於大空間的表象研究，都緊密地與空間定向和尋路聯繫在一起。人們的方向感是很複雜的。地圖標明了東南西北四個基本方向，我們旅行時也常常依靠這四個方向。但在日常生活中，方向有多種表達形式，有些場合我們是以大家都知道的地標或節點來指明方向的。我們可以說「在徐家匯那個方向」或是「在王府井邊上」。按照早期研究人員的觀點，空間定向指的是準確描述空間，把環境訊息繪製在較大比例的地圖上並在上面確定自己所在位置的認知能力。但是近年來，空間定向逐漸被尋路所取代，這是因為人們的空間定向不是一個靜態的過程，而是在一個有目的的動態的過程中完成的。

Passini（1984）認為「尋路」指的是一個人在認知和行為上到達空間目的地之能力。這種能力是建立在三種性質截然不同的工作基礎上的，即尋路決定、執行尋路決定和訊息處理，所以尋路就是解決空間問題。

一個人從起點到目的地，會作出很多與尋路有關的決定，譬如他到 11 號大樓 1105 室拜訪一個朋友，從他到 11 號大樓門前開始，他會作出諸如「上台階」、「進大樓門」、「進電梯」、「在 11 層樓出電梯」、「在走道盡頭右轉彎」等一系列的決定。在一次尋路成功之後，

他就會把這些決定記錄下來。如果他第二次來而且記憶良好的話，他就不需要把這些空間問題再解決一遍。人們在日常生活中所做的大多數旅行實際上都是建立在這類被記錄下來的尋路決定基礎上的。每一個尋路決定都包括兩個部分，一是行為（上、進、出、轉彎），二是行為的地點或場所（台階、門、11層、走道盡頭）。當人們在尋路時，不僅記錄了從起點到目的地的行為序列，也記錄下與行為的發生相關聯的環境訊息，透過記錄尋路決定，人們不僅能夠組織和記憶從起點到目的地的行為序列，也能夠組織和記憶在空間情境中的環境訊息。所以空間認知和空間表象的一個重要功能就是為人們的尋路決定提供支持。反過來透過解決空間問題，又可以把尋路看成是空間認知的基礎。

尋路決定意味著在合適的場所會發生一個合適的行為。但尋路決定有時並不適合於執行，因為在一個不熟悉的地方我們不可能獲得所需的一切環境訊息，而且已有的環境訊息也可能是模稜兩可含糊不清的。如果找到了預料中的這個場所，接著尋路決定中的行為部分就執行了，如果預料中的場所沒有找到或不合適，就會產生一個新的尋路決定，所以執行尋路決定可以看成是一個「匹配—反饋」過程，日常生活中我們在熟悉的地方旅行時，這一過程通常是在無意識中完成的。在執行尋路決定過程中人們不需要回憶場所的所有細節，他所要做的是再認相關的環境特徵，即他只需要回憶他所面對的場所和物體，此種再認既有效率又可靠。這就是為什麼環境心理學和人類學的很多研究發現人們描述大空間或是繪製大空間的認知地圖不是很準確，但在其中尋路卻相當出色的原因。

2.空間的影響

如果一個人設計一條新的路徑他就需要回憶以前記錄下來的尋路決定。他必須再現以前的尋路經驗並把行為和環境訊息組織到一個新的合適的結構中，也就是在環境的測量型表象中把分散的目的地聯繫起來並形成路線型表象。影響人們迷路的因素很多，譬如人們對環境的熟悉程度，對目的地的態度，在路徑中所發生事件的密度，以及人

們的年齡、性別、職業等，但實質環境的影響也非常明顯。

Surrey 大學的研究生就迷路問題調查了該大學中的一些大樓，他們把想得到的迷路的各個方面組織成一張包括 21 個項目的問卷，並請在這些大樓走道上的 178 人回答（Agabani & Weaver, 1974）。透過因子分析發現存在著一個可解釋 40% 方差的共同因子，這些因子所涉及的是大樓中的混亂感覺、大樓中的方向感、大樓中的迷路感和大樓中找路所耗費的時間等方面，另外在大樓裡向人問路和為他人指路也在這個維度上有很高的荷載。值得注意的是不同的大樓在這個維度上的均值有很大差異，這說明有的大樓不易使人迷路，而有的大樓經常使人暈頭轉向。研究發現最不容易迷路的是那些平面開放、總體結構簡潔的大樓，而那些有很多短小且曲折迂迴走道的大樓最容易導致迷路。

迷路的原因可能是人們被迫在環境中做過多的選擇，Best（1970）用他的例子說明了這一點。他在英國的一個市政廳裡，考察人們迷路的程度與在該市政廳行走過程中人們需要做選擇的地點數之間的關係。他認為只要減少這些地點的數目，人們就不容易迷路，所以他就設計了一個指路系統放置在這些地點上給予人們必要的提示，這樣人們在該市政廳的行走中不僅減少了須做選擇的地點，也使人們的選擇很容易作出。透過這一措施，Best 成功地減少了人們的迷路感。這種指路訊息需要精心設計及合理布置，否則過多的指路標誌很可能成為新的視覺噪音。

獲得可靠的指路訊息以及建築空間組織簡潔是不容易迷路的重要原因。Weiseman（1981）用問卷調查了密西根大學的 72 名大學生在校園裡 10 幢大樓內的迷路情況。由於學生們對環境比較熟悉，總體上迷路不是一個很嚴重的問題，但其中有 3、4 幢大樓使學生們經常迷路和失去方向，平面圖形複雜和空間不簡潔是這些大樓的共同特點。

居住區裡也普遍存在迷路問題，除了以上兩點外，道路系統、門牌編號系統、地標系統以及鄰里布置、立面設計等對此都有重要的影響，特別在中國常年以來都採用標準化設計和行列式布局，地區沒有識別性，也很少有地標，缺少方向感，尤其糟糕的是其中見縫插針的某些新建居住樓並沒有按照傳統的編號，這給居民及訪客帶來很大的

困擾。居民們難以向他的朋友描述怎樣找到他們住的地方，建築設計也未能賦予社區和鄰里以特性。

在城市中尋路情況就更複雜一些，一般認為，具有固定結構模式的城市最容易識別因而也最容易尋路。地理學家 Wood（1971）熱情探討了墨西哥的一個城市 San Christobal。該城具有獨特的模式，而且在不同的規模上重現這個模式，每幢住宅中央有一個院落，周圍則是房間，許多這樣的住宅圍繞一個中心廣場形成鄰里，而這些鄰里又圍繞城市的主要廣場形成了城市。兒童遊戲主要在住宅院落，青少年活動主要在鄰里的中心廣場，成年人的公共活動則在城市的主要廣場，同時這些不同規模的場所都進行類似的政治、宗教和節日活動，在每個層次上都有娛樂的機會。該城居民不僅對城市有清晰的意象，而且對環境的滿意度也較高，在此分析基礎上 Wood 建立了「城市複製理論」。

一般來說，如果城市的道路系統比較規則，那麼尋路也就方便一些，譬如在北京尋路就比較方便，在上海就相對困難一些，因為北京具有明顯的城市結構模式，長達 10 公里的城市中軸線成為全城的骨幹，東單和西單兩條大街形成的次軸線貫穿南北，再配以南北向和東西向的次要幹道，基本上形成了正交的方格網平面布局，左右對稱，主次分明，方向明確，既有助於形成清晰的城市意象，定向與尋路也比較容易。

除了道路的組織形式以外，地標的作用也舉足輕重。有特徵的地標，特別是那些被安排在人們做尋路決定點上的地標會影響人們的尋路策略。尋路調查無論是針對室內的還是室外的空間，關注的無論是小尺度的還是大規模的環境，研究所使用的無論是定量實驗還是畫認知地圖等的內容分析，都發現在實際生活中地標既可以幫助孩子們也可以幫助不熟悉環境的人們定向和尋路。人們最容易回憶和再認的建築是那些使用頻繁和有重要象徵功能的大樓。輪廓鮮明、色彩明亮與周圍環境形成顯著的尺度對比等特徵也有助於人們的記憶。如果這些大樓在交叉路口附近那就更好了。這不僅有助於確定它們本身在城市中的位置，也有助於人們在附近區域尋路和定向。

Evans 與同事們（1984）在 Berkeley 大學的環境模擬實驗室中請

128 名受試者接受了一系列的實驗。研究人員根據道路系統和地標模擬了四種（2×2）環境條件和兩種實驗背景（有噪音和無噪音）。在看了模擬現實的環境以後，受試者根據要求在一張紙上畫出所看到的路徑，並把曾在畫面中出現過的九幅彩色場景照片按呈現順序排列，而且還按照在模擬環境中所看到的相對位置把它們放在一張大紙上，最後回答有關環境美感的問卷。實驗發現在實質環境方面，方格網狀的道路系統和地標都能有助於人們形成良好的空間知識，但兩者的影響是有差別的。方格網的道路系統提高了受試者對路徑記憶的準確性，然而對於場所的實際位置和空間順序卻沒有多大幫助，與此相反，地標對受試者的路徑學習幫助不大，但提高了對場所位置的記憶。這個結論很容易使我們聯想起 Bryant（1982）的工作，Bryant 請受試者站在校園裡的各個位置估計自己所在的方向，並指出一些看不見的地標的方向，他發現兩者的正確程度高度相關。這兩個研究證實了有些研究人員的假設，即地標的重要意義在於它為其周圍場所的位置編碼，我們記住一個地標並非是要在一大堆地標中識別它，而是要以地標作為參考點來為周圍其他空間訊息編碼。Evans 等人的研究還發現在非方格網道路的情況下，地標也能促進路徑的學習，倒過來說，在無地標的情況下方格網道路對於場所學習的幫助不明顯。

實質環境與人們在日常生活中的環境學習這兩者的關係是既複雜又有趣，而且也充滿未知。Lynch 等人所開創的意象調查儘管範圍很大，但還是在一個二維空間即地面層上展開的。現在看來這種工作還遠遠不夠，定向和迷路問題在三維空間中顯得更突出，典型的例子就是那些剛步出地鐵車廂的人們往往暈頭轉向，有時在一些大型購物中心裡人們也常常迷路。這不僅是因為增加了垂直構成和人們無法看到別的樓層的情況，而且是因為人們看不到室外的情況。Foley 和 Cohen（1984）讓學生們在一個高度為 5 層的建築中對處於不同樓層上的場所估計距離。由於這幢樓裡有一個中庭，所以從三維空間體系裡估計距離要比從二維空間體系裡的估計準確。其中一些受試者對於這個中庭部分所報告的意象是立體化的而不是平面化的。

3.熟悉感

複雜的建築空間容易導致人們迷路，但人們如果對該環境比較熟悉，迷路的可能性似乎將大大降低。O'Neill（1992）製作了複雜程度各不相同的 5 種平面圖示，並用電腦分別把這些空間模擬出來，他請了 100 名大學生隨機分成 5 組，每一組在其中的一個模擬環境中「穿行」並「走出」來，共做 5 次。這個實驗非常清楚地顯示出隨著平面複雜程度的提高，受試者拐錯彎的次數和走到出口的時間都大大增加。但是隨著重走次數的增加，無論平面的複雜程度如何，受試者拐錯彎的次數和走完的時間都大大減少了。所以對環境的熟悉可以完全消除空間複雜的不利影響。

但我們認為，熟悉環境雖然能降低迷路的可能性，但不能完全消除迷路，上面提到的 Weisman 在密西根大學的調查說明，大學生們儘管對所研究的大樓都比較熟悉，但是依然有 3、4 幢大樓持續不斷地使人迷路。Brill 等人（1984）在兩年時間裡詢問了在九個不同地方上班的工作人員的尋路情況，基本上在這個時間段內人們的尋路變得越來越容易，剛來到新環境的頭四個月裡，這些工作人員中有 40%尋路有困難，但在一年以後這個數字只下降到 24%，兩年以後感到尋路有困難的人還有 15%，可見，相當一部分人僅透過熟悉是不能在複雜的空間中消除迷路感的。我們認為O'Neill為什麼會取得這樣的結論主要是因為他所模擬的環境還不夠複雜。

四、認知距離

當我們對環境比較熟悉的時候，我們就會知道在起點和目的地之間可能存在多條路徑，這時空間的導向、我們的習慣與意圖、對路上可能發生事件的預測以及對距離的認知都會影響我們的尋路方式。當兩條路距離不同時大多數人會抄近路，但偶爾也會繞道走，那可能是因為我們預計在近程路上會發生交通阻塞。當兩條路的距離一樣時，多數人會走靠近目的地的那條。在一個交叉路口同時存在地面道路、地下通道和過街天橋三種過街方式時，多數人會選擇地面過街。

　　本書作者之一正在從事一個國家自然科學基金資助的研究項目，他與選修環境心理學的研究生一起對上海人民廣場迪美地下購物中心和徐家匯地鐵車站地下公共空間進行了大規模的調查（論文尚未發表）。徐家匯地鐵車站是一個公共交通樞紐和商業中心，它共有 14 個地鐵出口，周圍有東方商廈、太平洋百貨等大型商廈六七家，交通複雜行人眾多，在這個節點，上述三種過街方式都存在，且有好幾條通道。我們發現，儘管在地面過街不是很方便，而且地下空間可以通向各個商廈和各個方向的公交車站，但大多數人依然會走地面，特別是在上下班的高峰時段內，走地下通道的人有時僅占總人數的 10～20%，在非高峰時段內特別是在雙休日的下午，走地下通道的人數可以上升到 40%，只有在大雨如注時，地下通道的人數才會比地上的人多。在這個節點上，走過街天橋的人數要比走地下通道的多。我們發現時間的、空間的、商業的、行為的和氣候等因素都會影響人們的尋路方式。

　　地下通道和過街天橋儘管在平面上是和地面過街的距離是一樣的，但在人們的認知中它們的距離就不一樣，而且所耗費的體力也不一樣。實際上我們在日常生活中的出行方式大大依靠我們所具有的關於距離的知識，我們在兩點之間旅行時通常了解它們之間有多長有多遠，需要花多大的努力才能到達。環境心理學關於認知距離的研究從實驗開始，基本上是透過對環境中兩點間距離的主觀估計和實際測量進行比較，現在這種工作通常在現場進行。由於依然使用定量資料，我們就可以來探討下面的問題：是什麼條件和因素導致人們正確估計或過高、過低估計距離？以及人們是如何為空間中的距離編碼的？顯然過高或過低估計距離的因素很容易歸結於個人（他的經驗和他的活動）和環境（結構和情境），事實上現在的研究已經得出了三組決定因素：環境的結構，受試者做估計時的行為，「人─環境」關係中的情感方面。

　　Briggs（1973）調查了俄亥俄州大學地理系學生在 Columbus 所做的距離估計。研究的主要假設是朝向城市中心的距離可能會過高估計，這有幾個原因：那裡的交通繁雜，有較多的交叉路口，使行人和汽車慢下來，特別是因為有許多讓人感興趣的點，譬如房屋、紀念碑、櫥窗等，並且十字路口吸引注意力也會把距離分散，當然與此平行的還

有時間估計，因為在從事不連續活動時，時間似乎就長了起來。實驗的結果證實了作者的假設：朝向市中心的路程常常過高估計，離開市中心的路程常常過低估計。然而，Lee（1970）對他的大學生樣本調查則得到了與 Briggs 相反的結論，也就是說人們普遍低估朝向市中心路線的距離，並證明了 Brennan（1948）的定律。根據這個定律，城市中商店吸引顧客的地域範圍形狀像一個半圓形，主婦們傾向於到坐落在她們的家和市中心之間的商店購物，而不願到相反方向的商店去，即使後者實際上離她們的家更近。見圖 3-16。Lee 說這主要是因為她們覺得到市中心方向的商店去更近。

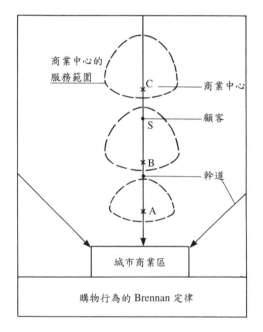

圖 3-16 城市居民購物行為定律
（居民 S 將到 B 去購物而不到 C 去購物，基於 Brennan, 1948）

Briggs 和 Lee 的研究出現了自相矛盾的結果，其原因可能是以學生作為樣本雖方便但不是最適宜，也可能是這樣的距離估計實驗雖方便但沒有很好的設計，更有可能是俄亥俄州的Columbus市和蘇格蘭的

Dundee市在城市結構和地形上有很大的不同。不過按照Canter（1975）的說法，似乎存在這樣一個折中點。他對倫敦市的調查發現，約10公里之內受試者會低估距離，10公里之外則高估距離，在10公里左右時受試者們能相當準確地估計距離。這也就提出一個問題，是否在一定範圍之內人們才能準確地估計距離，在有的調查中受試者必須估計實際有100公里的距離，這可能大大超過了人們的估算範圍。

　　為了揭示出城市結構中哪些元素影響了人們的距離估計，Canter和Tagg（1975）觀察了幾個城市，發現存在著一些主觀上的障礙，當人們估計一段涉及這些障礙的路程時距離就被誇大了。倫敦泰晤士河兩岸兩點之間的距離，要比平跨河的兩點之間所估計的距離大，即使二者實際距離一樣。這種過高估計可能是由於城市河流的空間表象傾向於減少曲線和彎彎曲曲所致，Milgram和Jodelet（1976）在巴黎地鐵也觀察到類似的變得平直的情況。這種障礙不僅指的是地理上的，也可能是交通系統上的。倫敦由不同地鐵線路服務的各點之間的距離，常常比沿著一條線路上的各點之間的距離感覺要長。在格拉斯哥、愛丁堡和海得堡諸城市進行的類似調查，以及Canter在東京觀察到在地鐵達不到的區域距離也是被過多估計等，都說明城市的複雜性和市中心的一條河流往往與感覺上距離變長聯繫在一起。

　　已經有很多關於距離認知的調查發表，使得我們可以對這些主觀上的障礙物做一個總結。一條路線，如果不是直線的而是成折線的話，那麼它將比成直線者感覺長；如果它有十字路口的話，它將比無十字路口者估計得長；在路線上如果人們看不清目的地的話，那麼它將比看得清者距離要多估，並且剛才談到的與城市中心的方向也有關係。在三維體系方面，有坡度的路線，無論是上坡還是下坡都比平的路線感覺要長。這些分析都說明障礙、曲折和所付出的努力程度都影響了人們對距離的估計。

　　除了城市中的實質因素以外，我們必須注意到認知、情感以及個人特徵的某些方面都參與了距離的認知過程。Canter訪問了住在倫敦的人，並且考察了他們使用的交通工具和所住的地方，比較了他們對距離的估計。對於乘公共汽車的人和不乘公共汽車的人來說，他們的

距離估計的準確性大致相同，經常乘地鐵的人低估距離，住在離市中心越遠的人越是低估他們的旅程長度。很明顯，一個人獲得的城市空間的經驗是學習和活動的函數，特別是他們外出時所取的一條習慣路線的函數。當然，越是熟悉的地方，人們也越是低估距離，有的實驗甚至告訴我們如果照片上的形貌是熟悉的話，人們就會覺得近些。以上我們只是明白了由經驗和行為所獲得的表象確定了人們的認知距離，但我們應該如何解釋這些發現呢？

可能 Allen（1981）所提出的路線分段假說是目前最好的解釋。這個假說認為，人們在判斷距離時，會把一條路線分成若干個環節並以各個環節的邊界作為一系列啟發點。這個假說非常符合認知經濟性原則，由於人們對一條路線上兩點之間距離所作的判斷，取決於人們在「大腦中」穿越這條路線時所處理的記憶中的相關環境訊息的數量，因而如果路線上的環境訊息是以環節為單位儲存在記憶中的話，這將大大提高認知的效率。

這個假說能解釋很多已有的發現，譬如一條中間轉彎的路線要比成直線的路線長，這是因為人們把中間的轉彎處作為界限把其分為兩段；穿過若干十字路口的路線比較長，這是因為人們把這些十字路口作為界限把其分為若干個片段；當人們在路線上需要換乘時就要比不需換乘的路線長，這也是因為無論其換乘的是公共汽車還是地鐵，每一次換乘人們都是把它作為這一條路線分段的界限。

人們在判斷距離時並不依靠所謂的「功能距離」，而依靠這些分段的界限，如果這些界限越少其認知距離就越短，反之則越長。那些與需要付出額外努力聯繫在一起的障礙導致人們過多估計距離，這是因為這些障礙就是路線分段的界限，無論它是一段樓梯還是一段坡道，一次轉彎還是一個十字路口，一座橋樑還是一次換乘，一個區域還是一個城市，甚至是一個省分、一個國家、一個聯盟，當一條路線穿越它們時，這些都會成為路線分段的界限。

有一些研究可以說明 Allen 的假說是有道理的。Hanyu 和 Itsukushima（1995）對 Nihon 大學主樓取了兩條路線做了距離的判斷，一條是該樓第 5 層樓的通道，另一條是從第 5 層樓的樓梯走到一樓。前者實際

距離要遠大於後者，受試者是該校的心理學系學生，由於他們系就在該樓的第 5 層，所以他們對環境非常熟悉。實驗證明，無論是距離估計還是穿越這段路線的時間估計，受試者對樓梯路線所做的估計都 3 倍於通道路線，前者的誤差很大，後者則與實際距離相當吻合。按照 Allen 的假說，樓梯路線被樓梯平台分成了九段，因而其認知距離大大增加了，不過受試者能在通道上看到路線的終點也對這個結果起了重要的作用。

五、理論總結

　　Allen 的假說能與其他重要的理論聯繫起來，一條路線上的環境訊息將被分段編碼在段落邊界周圍，人們在判斷距離時不在於路線上環境訊息有多少，而在於段落界限有多少，段落界限是解碼的啟發點，這與 Couclelis 等人的「參考點理論」同出一轍。Couclelis 等人（1987）認為一個地區是由其中的參考點（reference point）決定的，這些參考點是人們尋路和距離判斷的基礎。可以作為環境參考點的是那些在知覺和象徵性上突出的、人們與其特徵相互作用密切的、位於尋路決定點附近的、或是在某人生活中有重要意義的部分。在個體的空間認知中次一級的參考點將參照（anchor）最重要的參考點，再次一級的參考點將參照次一級參考點，以此類推形成參考點的序列。我們可以看到參考點實際上和地標非常相似。

　　一般認為，人們具有三個方面的空間知識，一是地標知識，二是路線知識，三是測量（survey）知識或圖形知識。認知心理學又把知識分為兩類，一是由事實組成，能用語言交流，也可採用抽象主題及心理表象形式的陳述性知識（declarative knowledge）；二是由技能組成的過程性知識（procedural knowledge）。兩者的主要區別是陳述性知識告訴我們環境是什麼，過程性知識告訴我們在環境中如何行動。前者可以用意象或是用視覺媒體表達，而後者就很困難。陳述性知識是具體的空間特徵在人們頭腦中的數據庫，人們把這些重要的空間特徵以陳述性知識的方式儲存。過程性知識包括那些有助於我們調整同環境相互作用的知識，這種類型的空間知識強調了行動中的場所規則與社

會規範。

　　透過對空間知識的分類，我們就可以把認知地圖理論的成功與失敗看得更清楚。它的成功之處在於其作為一種研究方法藉著使受試者用視覺媒體描繪出環境意象的途徑，使之像一張淘沙的大網，既把人們環境經驗中的與場所規則有關的空間知識全部過濾掉，又捕獲了人們環境經驗中的場所的大致結構。這一點受到了建築師與規劃師的熱烈歡迎，因為他們對這些空間知識極感興趣，而不太關心場所規則和社會規範。「成也蕭何，敗也蕭何」，認知地圖理論首先就不是很完善，由於大多數的空間知識都與場所規則與社會規範有關，所以認知地圖理論就難以與其他重要的空間認知理論分庭抗禮。但認知地圖作為一種研究工具還是很具效力的，林玉蓮以及國外的研究人員的工作大大豐富了我們對環境的認識。

　　總體上只有地標知識才算得上是陳述性知識，儘管地標有時也包括線形特徵（如道路），或區域特徵（如公園）。路線知識屬於過程性知識，它涉及一系列從起點或參考點開始（譬如家），包括路線上各個環節、前後的地標或尋路決定點到目的地再認等連貫記錄，這個連貫記錄還包括與決定點或地標相配套的行為要求，如轉彎或上車。更為詳細的路線知識還包括路線上或附近次一級和再次一級的地標訊息和地標之間的距離，將路線上的行為部分剝離掉就是路徑。Lynch幫助我們分辨出路徑與路線的區別。

　　在三種知識中圖形知識類似於地圖，它包括了一些幾何方面的知識，如角度、方向、位置和距離等。有了這些知識以後人們就能把場所聯繫起來，也能把分開學習的路線結合起來，形成了一個綜合的空間知識系統，形成一個路線的網絡。據此，即使在一個我們從未涉足過的地方，我們也可以抄近路或是組織一條有效的線路，或是可以直接指出兩個地標之間的方位。圖形知識可以看成是我們在環境中行動的總結，這包括在環境中尋路、計畫、旅行等的各種可能性。

　　在大尺度環境的學習過程中存在一個發展序列，我們首先學會的是地標知識，接著把各個地標組織在一個序列中形成了路線知識，最後路線知識積累到一定程度形成了圖形知識。因而這三種空間知識是

相互關聯的。如果我們具有一個區域的圖形知識,這說明我們對其中的道路系統非常熟悉,因而也對道路上的地標非常熟悉,其中最重要的是地標知識,我們記住一個地標並非是要在一大堆地標中識別它,而是要以地標作為參考點為周圍其他空間的訊息編碼。

第二篇

環境中的社會行為

這一部分我們將強調與環境有關的外在行為，關注的是人們如何分割與共享空間。

　　分析和解釋人在環境中的行為是無法避開社會行為的，這些社會行為在不同層次的公共空間中表現得特別明顯。在工廠和學校，在辦公室和休息廳，在地鐵和公園裡，人們藉實質空間來調整他們與社會和物質世界的關係，並把實質環境當做自己行為的擴展，所以行為在空間中的分布不是隨意的。

　　這部分的研究工作在三個方向展開，但卻緊密地聯繫在一起。第六章是個人空間，講述的是一個我們無論到哪兒都瀰漫在周圍的空間。第七章領域性，描述的是人們為了一些特別的目標而設置的較大的空間，這些空間常常有一些標誌物並對別人的侵入有所防衛。這個部分的核心是第五章，私密性，它是一種手段，透過它，個人可以調整自己與社會的交往，使自己與他人的溝通多一些或少一些。

　　於是個人空間和領域性可以看成是行為機制，藉此，人們來調整自己的私密性。個人空間和領域性的作用是創造一個人們渴望的對別人開放或封閉的層次。第四章，城市生活與擁擠，通常與環境壓力有關，但由於傑出的理論，擁擠現在可以看成是私密性不足的一種狀態，所以我們便有理由把它放在這個部分一同介紹。

城市生活與擁擠

　　城市的一個重要特徵就是集中，它包括人的集中、活動的集中和空間的集中。造成集中的主要原因在於人是一種合群的動物。一般人喜歡聚集在一起，他的行為大都受群體本能的支配。人類在生存競爭中，只要採取集體行動，對內就能獲得保護、鼓舞和歡樂，對外就能戰勝恐懼贏得尊敬。由於群體的本能，人類傾向於集體地感受和思想，宗教因此而產生，社會因此而出現。人們緊挨在一起生活，建立營地和村莊，村莊擴大而為集鎮，集鎮擴大而為城市，城市擴大而為大城市和大都會。

一、大城市與小城鎮

　　城市生活對人而言是好還是壞？人們為成功地適應城市生活要付出哪些物質和精神上的代價？這些問題一直都是學者、政治家和社會改革家多年來思考的問題。不幸的是並沒有簡單的答案。有些理論從一個極端認為城市生活對人是有害的，根據這種理論，人們假定城市生活有壓力並導致犯罪、精神病和其他多種社會弊端，城市越大越是如此。有些理論從另一極端爭辯說，城市生活是鼓舞人心的、有刺激的和有利於發展的。當然還有介於兩者之間的觀點，即城市生活有時好、有時壞，對有些人來說有問題，而對另一些人則不是這樣，它需要某種足以處理噪音和高密度等壓力的應付機制。城市生活中常被認為是壓力源的一個方面就是大城市中的人口密度高，但顯然城鄉之間和大城市與小城鎮之間不僅在密度上有差別，並且在其他實質和社會環境方面也有重大不同，不同環境裡人類行為上的差異是各種因素共同作用的結果。

1.「小就是好」

(1)決定論、構成論和亞文化群論

　　大城市的形象實在不佳，特別是在城市生活決定論者的鼓吹下尤其如此。城市生活決定論的觀點是，由於城市生活包含著超負荷刺激，要求個人具有特殊的適應能力，最後可能導致各種變態和心理失常。大城市由於密度高、多樣性和巨大的刺激迫使人們變得缺乏個性、超

脫和不關心他人的福利。國外的社會學和地理學的研究報告說明,與小城鎮裡的人相比,大城市居民的生活品質差。這包括隨著城市規模越來越大,城市居民的離婚率上升,酒精消費量增加,精神病發病率上升,對犯罪的恐懼感也大大增加。至少在美國,雖然大城市裡的人們收入高,但同時其生活消費也高。這意味著城市擴張所帶來的各種好處被種種原因而抵消掉了。城市居民收入也很不平均,常常是城市越大,高收入與低收入之間的差異也越大。在大城市中由於交通過度依賴小汽車,使得社會各階層間的交流變得越來越困難。

除了這些較宏觀的方面以外,在微觀的行為和社會水平上,大城市和小城鎮的人們也分別表現了不同的行為和態度。譬如城市大小不同,居民的生活節奏和走路速度也不一樣,通常大城市居民的步頻要快於小城鎮裡的居民。城市越大,人與人之間交流也越少,大城市人的家庭團聚機會越來越少,與朋友談天說地的情形也越來越少,甚至他們給予陌生人的視線、微笑和幫助也越來越少。

「小就是好」在預言居民的環境知覺和評價方面似乎也同樣有效。在小社區裡居民對城市設施的滿意度高,那些受過中等和高等教育的人士在小地方有更強的政治參與意識。隨著城市規模越來越大,居民報告的總體鄰里滿意度更低,某些地方問題會廣泛地在城市中傳播開來,居民對建成環境和安全狀況的惡化要比城市的交通堵塞更加難以忍受。

與城市生活決定論不同,城市生活構成論認為,不管什麼地方的人都生活和活動於小規模的首屬和次級群體──家庭、擴大的親屬群體、鄰居和小型社會中。即使在高密度地區,那裡的人們經常碰到陌生人,但其生活的重要部分還是限制在家庭內部、鄰居和朋友等這樣的小群體之內。所以不管城裡的人是 100 萬還是 10 萬,對一般的親朋好友群體來說沒有多大關係,這兩種情況對該群體的社會關係及其成員的個性和基本能動性沒有影響。人類學家 Lewis 和社會學家 Gans 就持此種觀點。後者享有盛名的著作《都市村民》(*The Urban Villagers,* 1962)中有兩個重要的論點。第一,住在大城市的人常常一開始就不同於那些住在小城鎮和鄉下的人,有些人移居大城市,因為這裡有他

們盼望的東西，如自由、刺激和經濟方面的機會。因此大城市與小城鎮和鄉村的區別主要不在於規模和密度，而在於作出選擇的人。第二，大城市的集中、人口的多樣性和高密度對人沒有直接影響。Gans堅持認為，城市是「城區村莊」的集中，或者說是小規模同類地段的集中。所以，構成論儘管否認城市的規模、密度和刺激對其居民有直接的影響，但它不否認它的間接作用，譬如人口規模可能使一個群體發展起自己的經濟和政治的權利基礎，從而為個人增加就業機會。

　　將決定論和構成論綜合在一起的一種相互作用的觀點，稱為亞文化群論。它同意「構成論」關於城市居民生活一般存在於特定的種族、職業、宗教等群體之中的觀點，但它又不同於構成論。亞文化群論認為，城市的生態方面包括規模、密度和多樣性對人有影響，城市的不同生態性質和亞文化群之間存在著複雜的相互作用。由於允許有共同興趣和共同價值觀念的人組成「臨界集團」的發展，大城市有利於亞文化群體和地區場域的形成。這種亞文化群體可以成為一個社會支持網絡並能為其成員提供親密的感情關係。因此城市能在種族、宗教、職業和其他特性的基礎上產生各種各樣的亞文化群體（儘管其中有些是異乎尋常的，如黑社會、邪教等）。當人口規模較少時，這樣的亞文化群體可能永遠也不會產生。

　　於是城市中的亞文化群體內部成員常常接觸，有時互相促進，有時也發生衝突。決定論者所描述的社會交往中的冷漠、超然和缺乏個性的風氣確實存在，它們存在於與陌生人和群體外成員的交往中，但熱情和有個性的交往也同時存在，特別是在亞文化群體之間。

　　亞文化群論非常符合我們的思想，它強調了文化、環境和社會過程的相互影響。城市生活不會產生精神崩潰或是無法無天的行為。但它也不否認農村、小城鎮和大城市對其居民確有影響，除了經濟、種族、生活方式以外，還有其他原因。

(2)冷漠與友好

　　對陌生人來說，大城市人和小城鎮人對他們的態度似乎是有區別的。大城市是冷漠的代名詞，其居民似乎不關心其他人，他們冷淡、

超脫和僵化，人與人之間的合作也較困難，這與相對友好的小城鎮形
成了鮮明的對照。其原因可能與前者密度高而後者密度小有關，在許
多不同狀況下研究人員比較了大城市居民和小城鎮居民行為的差異，
儘管此類工作中能稱得上實證研究的少而又少，所以很難得出明確的
結論，但下面的例子還是有趣和發人深省的，我們從中可以看出某些
跡象。

　　Zimbardo（1969）將兩輛沒有牌照且車蓋打開的汽車分別放置在
兩個地方 64 小時：一是繁忙的紐約大學附近，一是放在加州斯坦福大
學附近的 Palo Alto。在紐約，一家三口（父、母和一個 8 歲的孩子）
從工具箱和車尾的行李箱內取走了一切東西，連蓄電池和散熱器都拿
走了。所有的這一切都發生在實驗開始以後的 10 分鐘內。過了 26 小
時這輛車上已不存在任何可以利用的東西了。然而在 Palo Alto 則沒有
人去碰這輛車，只有一個人因下雨而將車蓋蓋上。

　　另一個例子是由 Altman 等人（1971）提供的，4 位研究人員（2 男
2 女）分別在紐約和小城鎮裡按住戶的門鈴，說明自己遺失了住在附
近的朋友的地址，想借用電話與朋友聯繫一下。每人在紐約做了同樣
的請求 100 次，在小城鎮做了 60 次。結果是，雖然女性研究人員在都
市和小城鎮獲得居民同意的次數都比男性者多，但這 4 個人在小城鎮
中獲得同意的次數至少是在紐約的 2 倍，而且對男性來說，獲同意的
次數有 5 倍的差別。兩個女研究人員在紐約只有 40% 的機會獲得幫助，
而在小城鎮她們則有 90% 以上的機會。除了記錄被允許的次數以外，
研究還觀察了小城鎮居民與大都市居民行為上的差異。他們報告說，
小城鎮的人比都市人友善得多，而且懷疑心較少，後者甚至很少向研
究人員開門，如果他們作出反應的話，也是透過門縫講話，或者透過
貓眼看來訪者。即使允許研究人員進入屋內，仍顯得有疑慮而不自然。

　　整體來講，大城市（特別是紐約）居民在各種情況下的合作，比
小城鎮的人少得多。大城市的人們似乎不願意為別人指路，不樂意開
門讓陌生人使用自己家裡的電話，對打錯電話的人不予以幫助，或是
不幫助一個正在看地圖的外國人等等。然而儘管將紐約和其他城市做
比較時這些結果是很明顯的，但在小城鎮和中等城市做比較時就不一

定是如此了。譬如在荷蘭進行了類似的實驗，將阿姆斯特丹、海牙與四個城鎮做比較時，卻得不到城市與小城鎮之間的區別，所以在此種關係中，很可能紐約人作出反應時必然考慮了自己的安全。

我們可以用社會學的理論來解釋上述大城市與小城鎮居民行為上的差異。社會學通常以角色分化、優勢技術和向居民提供經濟上的選擇等方面來分析。根據Milgram（1970）的訊息超負荷的觀點，都市裡的人們減少社會交往，並不樂意幫助別人的原因，可能是為了減少他所遭遇到的超負荷訊息。長期處於高密度環境中的人們，由於訊息過量，存在系統的訊息超負荷，所以對超負荷環境的適應最後演變成都市人完全不理會那些他認為的與其不相干的需要、利益和要求。於是，都市人迴避無關痛癢的交往並對別人的求助麻木不仁，這是長期處於高密度環境中「同情心喚醒度」（sympathetic arousal）提高所致。

Migram的理論有很深的城市生活決定論的烙印，他提出了許多這樣的高密度應付機制：①對每一種投入分配較少的時間，導致人們相互間態度粗暴，社會接觸匆忙，不允許有額外的時間來從事禮儀活動和悠閒的交往；②忽視低優先投入，或者只注意那些對自己重要的事情，不願意幫助別人。他們被忽視、遭到壓迫、受傾軋，幾乎被當作動物而不是當作人來對待；③把負擔轉嫁給別人，如商店不送貨，要求人們自我服務，工作更專一化；④阻隔刺激，如電話號碼不登記，對陌生人和尋求服務的人不友好、不接待，使用隔離裝置，如掛標牌、關門；⑤採用過濾裝置降低刺激強度，如把社會交往保持在表面水平並中斷那些試圖深交的聯繫；⑥建立專門機構，如警察和福利機構，由它們來照管市民的問題，從而在整體上保護公民不為他人負責。所有這一切的後果是，人們互相分離，形成符合城市人冷淡、超脫、冷漠和僵化的城市生活風氣。大城市裡的居民一般不願意糾纏到那些與自己沒有特殊個人關係的人和事件中去。一個常被引用的例子是1964年發生在紐約的一件謀殺案。一位年輕婦女被歹徒連續刺中數刀，當時她的喊叫聲有38個人聽到，卻沒有一個人去救她或是通知警方。

2.場所生態學

Milgram的解釋有籠統之嫌，如果用生態心理學的觀點來解釋都市與小城鎮裡的人們的行為差異似乎效果更好。生態學的研究是用城市的屬性（譬如大小、密度和異質性等）來定義，因而生態心理學的研究不根據個體差異或用心理事件作為中間變項來推導，它始終是在自然主義的情境下演繹的，這種方法對我們更有吸引力。

(1)行為場合

行為場合（behavior setting）是生態心理學的重要概念（Barker, 1968）。行為場合可以看成是最適合發生某些活動並且此活動模式不隨時間改變的地方，它可以是開會的辦公室或上課的課堂，可以是大街、步行道和公園，也可以是舉行比賽的體育館，是做禮拜的教堂，是辦婚宴的飯店，是開派對的大廳，是……一切與特定時間和特定活動聯繫在一起的天然的場所單元。行為場合具有一個與它拴在一起的明確的地點和特定的時間，在此時開始在彼時結束，更重要的是它有其參與者理解的固定的和重複出現的行為模式。行為模式、時間和環境中的實體共同構成一個不可分割的行為場合單元。譬如我們說課堂是一個行為場合，因為在課堂上教師總是在前面講，學生總是在下面聽和記筆記，儘管學生是一屆接著一屆，老師也是新人換舊人，教學內容也在不斷變化，但這個活動模式卻依然不變。

一旦人們了解了行為場合，就有可能預言其中任何個體和群體的行為，這在行為科學的各種方法中是前所未有的。Bechtel曾用行為場合調查法比較了小城鎮的居住區和兩個大城市的街區。他看到行為場合像天然產生的中心點，在調查中很容易辨認。他的另一主要發現是大城市居民能得到的行為場合，比小城鎮裡的居民能得到的幾乎多 3 倍，然而後者在可得到的環境中要控制他們的活動。在大城市的每一個行為場合裡的人又太多，人們常常傾向於做一個旁觀者，所以大城市或大環境裡的問題是人員太多，其結果是有許多人不捲入，造成參與程度低。

⑵環境的參與程度

人員過多、人員過少和對環境的參與程度這三個概念，在解釋大城市與小城鎮居民在行為之間的差異上很有說服力。在人員過少的環境中，平均每個人更大量地參與環境，於是在他對環境較為滿意的同時又感到對環境有更多的義務。所以問題的實質不在於環境的大小，而是對環境的參與水平。大城市居民的冷漠態度是環境中人員過多的結果，它迫使人們不捲入或成為環境中的邊緣人。

環境的大小和參與水平在其他生態學研究中也曾強調過。Barker和Gump（1964）第一次提出學校大小對行為的影響。在人數從50～2300人不等的學校中，他們應用行為場合調查法檢討了學生參與課程以外活動的水平。調查顯示出行為場合的多少並不是和學校的大小成比例上的關係。儘管學校的大小與行為場合的大小有關，但小學校中的小行為場合是人員過少的情況，它鼓勵所有人員成為場所的參與者並促進人員捲入的程度。與此相反，大學校裡的大行為場合只是產生了一些出色的參與者，卻使餘下的大多數人員成為環境中有名無實的觀眾。這些人在場所中藉無名並放棄了對人際交往的控制，對行為場合提供的有益的活動也無心眷戀。

大學校小學校，到底哪一個好呢？答案是明確的。你的教學目標是什麼，如果你想讓每個人都有成材的機會，那麼就要小學校，如果你只是要個別的優等生，那麼大學校要好得多。Gump（1987）回顧了美國關於中學規模大小之研究文獻以後指出，人數在500～700之間的學校是很有活力的。他建議那些大的學校應該把校園劃分成較小的幾個校區，他反覆強調說這些校區中的學生在從事課程以外的活動時，應該儘量避免共享活動設施。當然這是一種很好的設想，可惜檢驗該假設的研究很少，我們所能接觸到的研究報告由佐谷順彥（Sako, 1995）所做。他調查了一個與 Gump 的設想較接近的一個綜合高中，但並沒有發現該設計的優異之處。

3.大城市人與小城鎮人的場所經驗

一般而言，無論在社區還是在城市的規模上，大城市人與小城鎮

人的場所經驗既相同又有差異。較早一些由 Barker 和 Wright（1955）
領導的工作，主要是比較了小的（600 人）社區和中等（3000 人）社
區的差別。這個研究給孩子們一個遊戲，以分析他們的城市意象。分
析說明在中等規模的社區裡有大量的要素。儘管如此，住在小規模社
區裡的孩子對自己的環境有較廣泛的知識。接著對每個孩子在圍繞一
個區域散步過程中詢問他們後得知，這個區域被限制在最靠近他家的
50 幢房子的範圍之內。調查說明，小城鎮的孩子一般知道住在他家附
近的 20 個成人的職業，而中等規模城市的孩子平均只知道 7.5 個。

　　Wright（1967）的小組繼續研究這些差別是否與孩子的經驗有關，
又進行了一次調查，得到了關於孩子們所知道的地點的數目，在那裡
所花的時間等資料。從這次調查得知，這兩組孩子既相似也有差別。
他們在城鎮的公共區域所花費的時間很相似，但小城鎮孩子經常較多
地重複訪問同一個地方，並且在那裡花費 2 倍於中等城市的孩子們的
時間。這可能是由於後者有較多的去處，使得他們不經常到同一地方。
但無論如何小城鎮孩子們對環境有更廣泛的了解，不過這可能存在另
外的解釋，譬如小城鎮孩子外出時常常沒有大人陪同。

　　Bonaiuto 和 Bonnes（1996）比較了義大利兩個城市的居民的場所
經驗。他們在有近 400 萬居民的羅馬調查了 434 個人，在有近 10 萬居
民的萊切調查了 120 個人。羅馬的受試者來自各個階層，萊切的受試
者基本上都來自中等階層。調查採用了一張標準化問卷，請受試者回
答在各個場所進行各種活動的頻率，並以一個四點量表測量。

　　由於採用了多層次場所分析法，調查結果非常豐富。譬如從研究
得知，在社區裡，這兩個城市的居民最多的活動都是以家為中心的，
如晚上待在家裡、在家裡和朋友聚會等。比較多的活動是使用綠地（如
去公園）和到社區裡玩（特別是在大城市）。比較少的活動是參加社
區的社會和政治組織。但是兩個樣本的區別是小城鎮居民有更豐富和
多樣的社交活動，其中的三種社交活動即在家裡招待朋友，去朋友家
裡作客，以及和鄰居談話，要比大城市裡的居民多。

　　在市中心，這兩個樣本最頻繁的活動都是那些流行的項目，如逛
街購物和瀏覽街景。而參加政治（如遊行）和文化（去文化中心）活

動最少。但在小城鎮裡，高頻率的活動遠比大城市裡的要多樣（20個對9個）。

總體上，調查顯示大城市和小城鎮既相似也有區別。居民們在不同的場所活動，以多場所的活動體系建立了自己的城市經驗。兩個樣本中家裡的活動最多：對大城市居民而言，家是作為與周圍環境相隔離的一個封閉的場所；對小城鎮居民而言，家是向周圍環境開放的，作為社會化和社會溝通的地方。另外無論是在大城市還是在小城鎮，居民的城市活動體系的組織，是與居住場所（家和社區）的關係最為密切，也就是說，社區中的活動，要比在市中心和市區其他地方的活動更關鍵。

在一些具體特徵上，下面的結論我們很感興趣。第一，研究認為與大城市的居民相比，小城鎮的居民趨向於把不同的場所經驗結合起來，首先是家和社區，接著是家和城市，但從居民與市中心和市內其他地方的關係來看，這兩個城市沒有多大區別。第二，小城鎮居民有更多的交際活動，而且主要發生在社區中。第三，小城鎮居民的城市活動和情況，特別是對社會群體而言，封閉和隔絕的色彩較少。所以，這個研究支持了下面這個普遍的看法，即隨著城市的規模越來越大，總體上人與人之間交際的和社會的溝通在數量上是減少了。

由於篇幅有限，無法徹底討論這個讓人感興趣的話題，尤其在當前中國城市化大發展的時期，這個題目也很有價值。但我們應該認識到關於大城市和小城鎮人行為上的差別這樣複雜的問題，絕不是僅僅與密度有關，它實在是各種因素相互作用的結果。

本章的下面部分將討論城市生活中一個特殊而又普遍的現象——擁擠。在過去的60多年裡，社會學家、地理學家以及後來的環境心理學家一直透過調查研究來探討此問題，如果把社會學和政治學方面的思想家對人群的思考也包括在內，這一研究已持續了數百年。

二、擁擠與密度

人們創造了集中的環境，而這種集中的環境，又反過來塑造了典型的城市居住者。空間的集中可以帶來方便和舒適，並使生活緊湊而

豐富。把空間的集中與人數聯繫起來就得到了密度概念,那麼城市中的高密度環境是如何影響人們生活的呢?

1. 密度

在詳細討論擁擠之前,花一些時間整理研究中使用的術語是有必要的。此方面學者們曾有重大分歧。在 1977 年召開的關於擁擠的一個國際研討會上此問題十分突出。在這次會議的頭兩天裡,幾次正式和非正式的討論都沒有成功,以致一些與會者懷疑他們是否來錯了地方。與會者對於擁擠的本質和擁擠研究的目的和方法等基本認識上存在的重大差異,幾乎使會議不歡而散。幸好從那次會議以後,明確地澄清了擁擠理論上的不同觀點。

密度這一概念,現在被嚴格限定在物理學的範疇內,它指的是單位空間中的人數。擁擠指的是心理學上的狀態,它不是一個物理量,而是個人的主觀反應,是對空間太小而周圍人數又太多的感受。雖然就構成擁擠感受的眾因素裡,密度是必要條件,但並不意味著高密度必然導致擁擠。譬如參加一個同學聚會,雖然當時密度很高,但你卻沒有人太多或是擁擠的感覺。相反在同樣的密度條件下,你和陌生人在一起,你或許就會有擁擠的感覺。

值得注意的是密度有不同的計算方法,如每一房間裡的人數,住宅中的人數,社區裡的人數,甚至是城市裡的人數,這些密度是不一樣的。密度的不同計算方式常常導致不同的研究結論,這也是早先的擁擠研究出現混亂結果的原因。一般說來,最重要的密度應該是那些最能反映人們社會交往密切程度的密度計算。所以,每個房間中的人數遠比城市中的人數重要得多,一些工作也說明每個房間中的人數與社會病之間的關係最密切,如死亡率、出生率和少年犯罪率等。

近來的擁擠研究採用了比較複雜的研究方法,這些方法都強調了不同的密度分析,譬如 Rapoport 認為是知覺密度而不是密度本身影響了人們的行為。所謂知覺密度(perceived density)指的是人們所感覺到的場所密度。有的場所由於場域之嚴密、空間之雜亂、高度的活動水平和用途多樣等性質,可能使人對場所的密度有不同的認識,進而

對行為有不同的影響。

　　有的研究人員考察房間內或建築物內的擁擠狀況，有的則強調社區或是城市中的擁擠狀況，所以區分室內密度和室外密度就很重要了。室內密度指的是單位室內空間中的人數。室外密度指的是單位室外空間中的人數，這兩個變項是彼此獨立的。以人口稠密的上海為例，根據統計得來的市區人口密度很高，但有的一個人或許就擁有一套四臥室的住房。在農村室外密度可能很低而室內密度可能較高。在大城市裡，這兩個密度可能都很高。近年來國家興建了大量的城市居民住宅，實際上降低了室內密度，但室外密度可能在不斷提高。

　　空間和空間中的人數共同構成密度。假如一個房間中有 20 個學生，現在把這個房間的密度提高 1 倍則有兩種方法。一是在此房間裡再增加 20 個學生，另一是在人數不變的前提下把此房間的面積減小一半。在數學上此兩種方法會產生相同的密度，但McGrew（1970）證明此兩種方法所產生的心理效果是不同的。這就產生了另一對密度分析用語。如果擁擠研究關注的是固定空間裡的許多人（人／平方米），稱為社會密度。如果考察的是不同空間中的相同人數（平方米／人），則稱為空間密度。前者強調的是人太多，後者關注的是空間太少。區分社會密度和空間密度可以幫助我們研究因空間不足而產生的心理過程。

2.擁擠的涵義

　　哪些情境因素會使人們感到擁擠呢？人們在體驗擁擠時會產生哪些壓力呢？在這些心理過程產生以後人們會產生哪些行為呢？這些問題都是擁擠研究的基本問題。顯然高密度的情境不一定都會導致擁擠，如前面所舉的同學聚會的例子，雖然密度很高，但也不會感到擁擠，其原因可能是你們很熟悉。但人們之間的關係也只是一個因素，譬如你到上海音樂廳去欣賞費城交響樂團的演出，即使音樂廳裡的 1000 多人你一個也不認識，你也不會感到擁擠。同樣的情況是去上海體育場為中國隊助威，這時你可能不僅不會感到擁擠或許還在埋怨看台上的人太少。但比賽結束以後，你去停車場找自己的自行車而迷失在茫茫的車海中時，你會感到實在是太擠了。

　　擁擠是一個複雜的過程，它是人類社會的一個普遍現象。擁擠是密度、其他情境因素和某些個人特徵的相互影響，透過人的知覺─認知機制和生理機制，使人產生一個有壓力的狀態。這種壓力可以更具體地定義為生理過程和心理過程的結果，如失去控制、刺激過量和行為限制等。這些擁擠過程會導致一系列反應，如應付（coping）、習得的無能、不友好的行為（偶爾也有善行）和生理上的變化等。

　　擁擠既是一個有壓力的狀態也是一個過程，在此過程中密度扮演著重要角色，密度可能直接導致擁擠，導致一系列心理上的壓力和生理上的變化，如血壓升高和喚醒度提高等。但高密度還會受到某些修正因素的影響，這包括其他情境因素和個人的某些特徵。我們從定義上可知，正是由於這些修正因素導致高密度有時會產生、而有時候又不產生人們所不希望的結果，它也說明有時即使密度很低，人們也會體驗到擁擠的壓力。

3.擁擠的壓力

　　當一個人體驗到擁擠時，他也體驗到擁擠的壓力。擁擠的壓力可以看成是人們對高密度情境反應的中間變項，也就是說擁擠的壓力既是高密度和其他因素共同造成的，它也直接影響了人們對高密度情境的反應。擁擠壓力的心理過程可以歸納為下面三種：行為限制、失去控制和刺激過量。

(1)行為限制

　　行為限制指的是朝某一目標行動的能力受到限制或干擾。這通常是由於自由的缺失引起的，特別是當實質元素阻礙人們去實現一個目標的話，則擁擠感就增強了。當你坐在人滿為患的體育場裡看球時，你不會感到擁擠，但比賽結束以後想騎自行車回家，和你一樣想回家的球迷把道路堵得水洩不通，此時你的行為受到了很大的限制，這時你會感到太擠了。

　　高密度會使置身其中的人失去某些行為的自由，其明顯特徵是在高密度情境中人們可以作出選擇的數量大為減少。譬如去電影院看電影，當你發現只有一個空位子而且還是在一位戴帽子的先生後面，這

時你已無可選擇了,擁擠感油然而生。同樣的是你去網球場預定時間,結果發現你有空的時間都被人預定了,你或許會埋怨自己怎麼會和那麼多人志趣相投呢,或者是抱怨社區裡的網球場太少了。

行為限制論解釋了高密度為什麼以及如何使人產生消極行為的。生態心理學家使用另一術語──資源不足來解釋擁擠壓力。這種資源可以是幼兒園裡的玩具、辦公室裡的電腦,或是商店裡的工具和教室裡的書本。假如幼兒園的一個班有 20 名孩子,但在自由活動時間裡只有 15 個玩具的話,老師就會對資源的配置進行管理,如排隊,賦予表現好的孩子以優先權等,此種資源配置是對孩子活動的限制。往往是人口太多而引起資源不足,空間僅是資源的一種,這就是社會密度太高,人均占有資源少。按照這個觀點,在高密度情境中如果能安排足夠資源的話,擁擠的壓力可以大為緩和。

(2)失去控制

失去控制指的是人們在情境中失去或部分失去對自己或環境的控制能力,並使環境變得不可預測(Altman, 1975)。譬如當你擠上一輛塞滿人的公共汽車時,你既不能使自己移動半步,甚至也不能躲開別人的視線、聲音或是衝撞,你這時唯一可做的事是看看窗外,並希望車子開得快一點儘量縮短此不愉快的旅程。當人們感到擁擠時,一個基本的感受就是失去了對發生在自己身上的事情的控制能力。這個世界要麼變成不可預測的,要麼變成所預測到的都是令人討厭的事情。交通阻塞就是典型的例子。想下班回家,但交通阻塞使你無法預測何時才能到家,你不知道路上要花多長時間,但肯定要比你希望的時間長。

不幸的是高密度就是這樣一個使人失去某些控制能力的環境。春節前去超市購買年貨,買了一大堆東西推著車去付帳,當你看到每一個收銀台前都排著長龍時,你會感到這地方太擠了,因為這時你對環境的控制能力大大降低了。如果小姐收銀的速度比較慢或是隊伍秩序比較亂,以及超市的空氣質量比較差的話,控制的缺失感就更強烈了。Fleming 等人(1987)的工作說明,那些生活在人口稠密社區裡的居民,要比那些生活在人口較少社區的居民對鄰居的控制能力差。這直

接導致了一系列不良的反應，如工作績效低和生理上的不良變化等。失去控制對人類來說是非常有害的，它會導致壓力增大和身體上的某些疾病。失去控制模型也認為如果在高密度情境中，為人們提供一些控制方法的話，人們的擁擠壓力就會減輕。

(3)刺激過量

刺激過量或是訊息超載指的是人們在情境中所接收到的社會的和訊息的負荷超出了一個合理的水平（Milgram, 1970）。根據適應水平理論，一個人在不同的時間適應不同的外來刺激水平，所以存在一個刺激量的合適範圍。人們在高密度情境中往往遭遇過度的、實質的和社會的刺激，造成在該場合裡必須處理比平常更多的訊息，於是造成超負荷。刺激過量會使人緊張不安，尤其是那些使人不愉快的過量訊息令人心煩意亂，並降低工作績效。

人們在高密度情境中為了適應這種刺激過量的情況，就透過迴避、「關閉」自己的注意力等措施來過濾掉周圍的一些訊息。譬如在公共汽車上，乘客們應付的方法是迴避別人的視線把頭朝向窗外。Milgram認為人口稠密的社區裡的居民為了保存自己的心理能量，存在著儘量迴避那些無關緊要的交往的傾向。這些居民與他人僅保持表面的和短時間的關係。他說，有時候城市居民看到路邊有人跌倒卻視而不見，這並非他們不善良或是鐵石心腸，而是因為他們不得不為每天所碰到的大量訊息排序，以確定哪些應該優先考慮。他們發現，如果試圖幫助他們遇到的每一個需要幫助的人，那麼他們就無法過正常的生活。

三、擁擠的影響

儘管擁擠研究最重要的發現是高密度並非普遍地有害於人類，但大量的研究工作說明擁擠對人類會產生很多負面的影響。根據擁擠理論，密度、其他情境因素和某些個人特徵使人產生了擁擠感，因而有關擁擠影響的研究可分成兩個方面，即高密度情境對人類行為的影響，以及哪些情境因素和個人特徵參與了這個過程。

1. 高密度環境是一種壓力

最早論述高密度與人類行為關係的著作是由堅持城市生活決定論的社會學家寫的，自 20 世紀 20 年代以來，他們試圖闡明人口稠密產生了各種社會病，如精神病、犯罪以及各種社會解體的形式等。Carlestam 和 Levi（1973）證明了占瑞典全部人口 16%的斯德哥爾摩，其發生的偷竊率占這個國家所發生的同類案件的 39%。Schmitt（1966）也報告了檀香山的少年犯罪與人口密度之間存在強烈的相關。值得注意的是後者所選擇的各種密度計量中，只有兩種計量（每英畝人數和平均每室超過 1.5 人的住房百分率）是與少年犯罪有關的。Schmitt 還報告了明尼阿波利斯和西雅圖市中心的人口高密度與犯罪率之間的密切關係。在這些例子中最為權威的要數美國前司法部長 Clark 的證詞：「在人口為 25 萬以上的城市中，搶劫案為郊區的 10 倍，為農業區的 30 倍——在大城市裡發生的侵犯人身、強姦和盜竊案件的比例，要比郊區和農業區高出 1～3 倍。」

但後來研究人員把貧困等社會經濟因素也考慮在內，發現密度與社會病間的關係就明顯地減弱了。譬如 Winsborough 曾說明在芝加哥，每英畝的人口密度與兒童的品行、肺病和社會服務之間存在著聯繫，但當他控制了社會經濟和教育水平以後，這種聯繫就消失了。Freedman 在紐約的調查發現密度與少年犯罪和精神病之間存在著相關，密度與少年犯罪之間的相關為 0.36，與精神病之間的相關為 0.6。但當控制了平均收入和非白人的百分比以後，就排除了密度的影響。Freedman 斷言，密度，不論其定義為每英畝的人數還是每室的居民數，不像某些人所相信的那樣有重要的影響。

Freedman 可能矯枉過正了，高密度確實與社會病之間存在著某些關係，這種關係可能不是簡單的、直接的，它還涉及其他的許多因素，在許多情況下高密度的消極結果並不出現或不明顯。「城市中的擁擠一定是壞事」這樣簡單的一般化概念並不是能得到普遍證實的。在工業社會裡，許多人都生活在高密度的大城市中，這些人大多數都有正常的生活。倘若不是這樣的話，這個世界肯定會變得不可收拾。擁擠

研究的一個主要任務就是揭示出高密度產生負面效應的條件和產生正面結果的可能性。讓我們還是關注環境心理學的實證研究，一些工作說明高密度對人的生理和健康、工作績效、社會交流和孩子的成長等方面有著重要影響。城市生活裡的高密度現在已經被越來越多的人看成是一種壓力。

(1) 生理和健康

高密度對生理活動的影響是比較明顯的。許多實驗證明當人們感到擁擠時會導致生理上的激發。譬如 Evans 等人在 1979 年的一個研究中讓 10 個人擠在一個小房間裡待上 3.5 個小時，結果發現受試者脈搏加快，血壓升高。通常人們在擁擠狀態下，會感到緊張、煩躁，興奮水平也較高。Aiello 等人在 1979 年所做的研究也發現在高密度狀態下，受試者皮膚的傳導性增加並容易出汗。

高密度有很多生理上的影響，但它真的會導致健康問題嗎？我們應該牢記生理上的激發不一定是壞事。人們在許多神聖的時刻都是高度興奮的。雖然城市裡的大多數情境是令人愉快的，可惜對愉快的高密度場合我們的研究做得太少了。從消極的一面說，皮膚的傳導性增加使得病菌在人群中的傳播變得更容易，因而高密度會加快疾病的流行。所以，是室內高密度而不是室外高密度影響了人們的健康。

(2)工作績效

有一些工作考察了高密度對工作績效有沒有負面作用，譬如 Freedman 等人曾給數百名受試者一些智力方面的工作，這些作業變化複雜，需要化好幾小時才能完成，受試者們在不同密度的情境完成這些作業。結果發現，密度高低與工作績效間沒有什麼必然的聯繫，若干其他實驗室研究也有類似的結論。

當然有的研究人員也發現高密度對作業有消極的影響，並且作業越複雜消極作用越明顯。Evans（1974）要求受試者在實驗室完成幾項作業，這些作業包括一些基本的訊息處理和做決定等認知過程。每一個作業都有簡單和複雜兩種版本。Evans 還為這些作業設計了兩種空間密度（1 平方米／人，6 平方米／人）。結果說明，對大多數作業而

言，高密度影響了複雜作業的績效，但對簡單作業則沒有影響。這個結論與 Paulus 等人的迷津實驗的結論相似，在後者的實驗中，處於高密度條件下的受試者平均錯誤為 37.44 次，而處於低密度條件下的受試者的平均錯誤為 34.20 次。

高密度對工作績效的影響還取決於情境中人們相互作用的程度，它包括人們是否說話，為了完成作業是否要來回走動等。其實在生活裡這些都是很平常的，但在實驗室裡絕大多數實驗卻把受試者固定在座位上。有一個研究檢測了人們之間的相互作用與工作績效的關係。在實驗中，Heller 等人（1977）讓受試者完成一個簡單的辦公室作業——在裝訂前按頁碼整理稿件。研究人員為作業安排了兩種條件：一是打字稿散亂在房間四周，二是打字稿整齊地堆在一起。在前者條件下，研究人員要求受試者之間講話或四處走動。結果發現，當受試者間不講話以及在環境中不走動時，高密度對作業績效沒有影響，但受試者們相互講話以及來回走動時，高密度條件下的作業績效明顯比低密度條件下的差。

(3)社會交往

人們之所以指責高密度的環境，主要是因為它對人與人之間的相互交流有不良影響，迄今為止，已經發現高密度產生了好幾種消極的社會行為，如攻擊性行為、不合作、迴避、空間行為和審美能力降低等。這方面的研究工作很多，我們舉一些有代表性的例子可以概覽這方面的研究情況。

屈服於高密度環境中的人們常常迴避社會交往。一個典型的例子就在擁擠的火車上乘客們以閱讀報紙來打發時間。在擁擠的電梯裡，即使很熟的人也很少談話而保持安靜。此類迴避社交有很多方式，譬如離開這個場合；選擇一些較公共的話題來談論；採取防守型的姿勢（如轉身、迴避別人視線或是增大交際距離等）。Baum 和 Valins 在 20 世紀 70 年代所做的針對大學公寓的系列研究正好說明了人們在擁擠狀態下對社交的迴避情況。

建築師對於大學公寓常採用兩種方式設計，一種是走道式，一種

是套房式。走道式設計中，每一間公寓通常沒有獨用的休息室和洗手間，這些公共房間一般安排在走道的兩端或是在樓梯邊上。套房式設計常常是幾個人合用一套起居室和洗手間，所以這些設施是半公共的。這兩種設計的一個重要區別在於走道式設計中會有更多的大學生使用起居室和洗手間，也就是說在走道式設計中公共區域裡的社會密度比較高。Baum 和 Valins（1979）分析了分別住在較擁擠的走道式公寓裡和住在六人一套帶起居室和洗手間的套房公寓裡的大學生的情況。他們發現住在較擁擠的走道式公寓裡的大學生不僅表現出更多的壓力和不滿，而且利用各種應對機制在門廳裡調節他們的社會交往，他們更多的時間是在臥室裡度過的。而住在套房公寓裡的學生經常使用他們的起居室。住在走道式公寓裡的大學生比住在套房公寓裡的大學生，更多地表現出迴避社會交往的願望，他們常常是離開公寓在公寓外建立友誼，而套房公寓裡的學生們則傾向於在公寓內建立友誼。

　　透過觀察也注意到，兩種生活環境導致學生們在公寓以外的社會交往也存在區別。走道式公寓裡的大學生在門廳休息室裡比套房公寓裡的學生坐得離陌生人遠，較少聊天，較少看著陌生人。Baum 和 Valins 認為此結果說明在稠密環境中生活的人們有迴避社交的傾向，這種傾向不僅發生在公寓內，也發生在公寓外。

　　高密度還常常使人們在社會交往中出現不友好的舉止，特別是那些長期處於高密度環境中的男子，此種傾向尤其明顯。Cox 等人在 1984 年的報告中說，在美國南方的監獄裡，密度和暴力活動存在明確的聯繫。幾個月的時間裡一所監獄的在押犯人減少了 30%，此段時間內犯人互相攻擊的事件也減少了 60%。後來此監獄的人數又增加了 19%，隨之而來的是犯人間的互相攻擊事件也增加了 36%。當然此類事件的發生不是孤立的，其他與密度無關的因素依然會起作用，但 Cox 等人的報告與其他監獄裡所發生的情況非常相似。

　　短時間處於高密度環境中的人們也會在行為上有微妙的反應。在實驗室研究中，空間密度較高也會使人產生不友好的舉動。研究人員發現那些處於較高密度裡的受試者會占據房間中間的椅子，或在模擬法庭上把罪犯判決一個較長的刑期。Thalhofer 甚至發現在高密度（社

會密度）條件下，男人侵犯女人的個人空間的次數也增多了。

　　如果人們在高密度環境中待的時間不長，他雖然會感到厭惡，但由於受到良好教育而不一定把此種厭惡感直接表達出來。那麼孩子們會怎樣呢？他們的教育程度比成年人低，他們在高密度環境裡的行為是否更為明顯呢？Lee在20世紀70年代的系列研究中發現，空間密度與社會密度有不同的影響。在社會密度（每組中的人數）較高的時候，孩子們的活動增多，侵犯性行為增加，容易發怒和離開房間等負面效應也很明顯。空間密度（每一孩子占多少平方英尺）較高時，孩子們的相互交流減少了，一起活動的時間也減少了。與低密度的情況相比，孩子們的獨自活動時間增加了。而且孩子們趨向迴避與其他孩子和大人的接觸。在一個較細緻的工作中Smith和Connolly（1980）發現，當空間密度提高到25平方英尺／人以上時，空間密度才會對孩子們的社會行為產生明顯的影響。當密度在 25～15 平方英尺／人之間時 [1]，孩子們的集體活動減少了，而敵意行為增加了。

　　社會密度的增加常常意味著人均資源的減少。空間密度的提高則意味著除了空間減少以外其他資源沒有減少。這就是為什麼社會密度要比空間密度更容易產生負面效應的原因。在較高社會密度環境中，對可用資源競爭的人數增加而導致人們之間敵意行為增加，這些可用資源可以是幼兒園裡的玩具或是休息室裡的座位。確實，如一些文獻所揭示的那樣，當操場上的活動設施、器具和場地不足時，幼兒園孩子們的不友好行為和競爭性行為增加了。

　　長期屈服於高密度環境的一個不良影響是使得人們學會放棄，而不再努力爭取。Rodin（1976）發現當讓孩子們選擇實驗的獎品時，那些來自於較擁擠家庭裡的孩子常常會放棄選擇權，讓實驗人員代他們選擇。他也觀察到長期處於人多教室裡學習的孩子最終會放棄學習。Saegert（1984）也報告說，那些家庭密度較高的孩子在學校裡的表現差，男孩比女孩更差。家庭密度與孩子所掌握的詞彙和閱讀能力存在關係。家庭高密度意味著孩子們的個人空間少、私密性不足以及受到

---

[1] 1 平方英尺＝0.092903 平方米

的干擾多，這些都是導致孩子成績差的重要原因。如果從個人控制假說來解釋，那麼長期處於高密度環境使得人們失去個人控制，他們會發現試圖對環境進行控制是徒勞的，於是逐漸放棄個人控制養成依賴他人的惡習。

人們對高密度環境的一個典型反應就是不願意幫助別人。在Bickman等人的工作中，實驗人員把封了口貼上郵票的信函故意放在三種密度不同的公寓的地板上。他們發現放在高密度公寓裡的信函常常還是在地板上，而放在低密度公寓地板上的信函則被大學生們從地板上撿起郵寄走了。在另一個實驗裡，Jorgenson等人為咖啡廳制定了一個規則，即顧客們在喝完咖啡後把咖啡杯和托盤放回洗滌區。研究人員發現當咖啡廳裡人很多時，這種助人的行為減少了。

上述的高密度的影響都是負面的。偶爾有的工作也說明高密度能促進生活品質，如 Freedman 說高密度情境提高了人們對幽默的欣賞力，但這些工作實在太少了。可是不管如何，高密度對人類行為的影響不能一概而論。Freedman的密度─強度理論認為，在特定的情境中，其他人的存在也是一種刺激，高密度則強化了此種刺激。如果我們喜歡某個情境，則高密度會讓我們更喜歡它，反之如果討厭此情境，則高密度讓我們忍無可忍。譬如乘公共汽車，如果人人都像沙丁魚一樣擠在裡面連轉身都很困難，那麼人們的競爭性和敵意就會惡性放大。因而最噁心最難聽的髒話通常是在擁擠的公共汽車上聽到的。迪斯可舞廳則是令人興奮的地方，多數人特別是年輕人喜歡這個擁擠刺激的場所，人越多音樂越響人們跳得越有勁越瘋狂。如果舞廳裡的人少，舞客們不僅跳得不開心，下次可能也不再來了。Freedman 說城市裡令人愉快的環境占大多數。可惜，在這方面所做的工作太少了。

2.情境因素和個人特徵

其他情境因素和個人特徵顯然參與了密度與人類行為的相互影響過程。有時它們甚至是至關重要的。某些人認為擁擠的環境對另一些人而言則並不擁擠。相同的密度情況，有的情境人們體驗到擁擠，而有的情境人們則感到快樂。鑑別出哪些情境因素和個人特徵參與這個

影響過程是擁擠研究的一個主要目標，它不僅可以大大豐富我們的知識，而且在現實生活裡在環境設計中有著重要價值。通常改變一個空間的密度是難以做到的，但如果能調整某些情境因素，則可以大大降低高密度給人帶來的壓力。

(1)個人特徵

個性　哪些人最有可能體驗到擁擠？這方面提到最多的是人們在控制信念上的差異。個體是否相信自己能夠把握和支配生活，如果認為能，在心理上他就被認為是內控制點的人（internal locus of control），如果不能，他就被認為是外控制點的人（external locus of control）。內控制點的人比外控制點的人對環境有更大的控制慾望。如果他們在現實生活中能始終保持這個信念，他們就會在生活中學會如何克服所遇到的各種困難。因而如果高密度的時間不是很長的話，內控制點的人將能緩和高密度帶來的壓力，並對環境有較積極的反應。但是如果長期處於高密度情境中，則結果正好相反，內控制點的人將比外控制點的人體驗到更多的擁擠壓力。因為外控制點的人會放棄對環境的控制而隨波逐流逆來順受，但內控制點的人則會繼續在情境中尋找控制的方法。不幸的是，如失去控制模型所預言的那樣，高密度情境會大大降低和減少人們對環境的控制能力。因而如果長時間處於高密度情境裡，那麼對情境的控制慾望越強烈，他所體驗到的擁擠壓力就越大，他對情境的反應就越消極。

似乎喜歡交際的人能緩和擁擠的感受。至少 Miller 和他的同事們是如此認為的。他們（1971）請受試者在一個房間模型上黏貼一些人形，直至他們感到擁擠為止。結果發現愛交際的人黏貼的人形最多，在另一實驗中（1981），他們把好社交的學生分別安排在不同密度的公寓裡，他們發現在低密度公寓中的受試者，要比在高密度公寓裡所感到的壓力大，這是否意味著這些人在社會負荷較高的環境裡反而感覺更輕鬆呢？

性別　一致看法是男人和女人對待高密度的方式是不同的，男人比女人體驗到了更多的壓力，因而對高密度的反應更消極。在高密度

情境中，男人們的情感、態度和社會行為比女人更具有敵意。相反在高密度情境中，女人們的競爭性和相互間的敵意較少，而相互愛護則比較多。這些傾向甚至在幼兒園的擁擠研究中也得到證實。這可能是與男人的天性有關，女人往往把逆境看成是分擔苦惱的場所，但男人則不大能做到此點，他們害怕或不善於在別人面前表達情感，而且男人之間的人際距離比較大。在 Walden 等人（1981）對大學公寓中合住兩人房間和三人房間裡的大學生的調查裡發現，在三人合住一室的時候，男大學生往往離開公寓以緩和擁擠的壓力，並獲得更多的私密性。與兩人房間裡的大學生相比，他們在公寓外所待的時間比較多，顯然這是以一種逃跑的方式來迴避社交以維持可以接受的刺激負荷。

除了以上這些較為一致的結論以外，有些觀點得到的掌聲就少多了。譬如有些學者相信，如果人們經歷過高密度的情境，或是對擁擠的場所較熟悉的話，他們就能較適應此種情境。兩個大型研究為此觀點作了有力的注腳。芝加哥的一個大型調查說明，在鄉村長大的人要比在城市裡長大的人對高密度的反應更敏感（Gove & Huges, 1983，引自 Gifford, 1987）。Booth 在多倫多的調查工作說明，那些成長於高密度家庭中的人，當他們長大後生活在高密度環境裡的話，他們患那些與壓力有關的疾病的可能性就少一些。但也有人不這樣認為，對一所大學調查以後發現，在與人爭吵的學生當中，那些有高密度環境經歷的學生反而比家有豪宅的學生多，由於這是一個多重相關實驗，故結論應該有一定的可信度。所以有高密度環境經歷的人似乎未能從過去學到些交際方面的知識。

⑵情境因素

情境類型　有時儘管密度相同，但在不同性質的情境裡人們體驗到的壓力是不同的。所謂不同的情境是指空間是否受到限制（如公寓或監獄中），設施是否可用（如在商店裡），個人空間是否常常受到侵犯（如四代同堂擠在一起），暴露時間的長短（短者如電梯）等。

據 Stokols（1976）的觀點，環境應分為主要環境（primary environment）和次要環境（secondary environment）。在主要環境中，人們耗

費了大量的時間，從事著主要活動，和與他們的生活關係密切的人待在一起。這些環境包括住宅、教室、個人辦公室等。在次要環境中，人們所花的時間是短暫的，遭遇是微不足道的，而且環境往往是無名的。此類環境包括交通工具、運動場地、休閒場所等。因而高密度所引起的社交干擾，在主要環境中的要比次要環境中的更具破壞性。

其他人　毫無疑問的是，如果共享空間中的人們的關係比較好，那麼這種關係可以緩和高密度帶來的壓力。Schaeffer 和 Patterson 讓受試者相信即將和他們作伴的那個人與他們志趣相投，能和諧相處，果然這些受試者所報告的擁擠比較低。而另外的一些受試者則發現他們的新伙伴一言不發地盯著他們，結果這些受試者所報告的擁擠是最高的。此實驗在大大小小的房間裡做了 3 次，但結論都一樣。

除了關係以外，其他人的行為也會影響擁擠體驗，有時感到擁擠並不是因為周圍的人太多，而是他們的行為令人厭惡。Womble 和 Studebaker 訪問了阿拉斯加公園裡的野營者，他們發現野營者之所以感到擁擠，主要是討厭其他人的行為。「我的擁擠感覺是與其他野營者有關的，如果他們又吵又鬧，一點也不為他人著想，我想馬上回家。」有的野營者雖然不得不與別人共用一個野營地（因為空的營地已經沒有了），但他們也不覺得擁擠，他們發現他們喜歡與別人共享這個空間。

文化差異　在我們可以利用的研究中，一個重要的結論是高密度不一定就導致個人的或社會的病症。香港的人口密度差不多是多倫多中心區的 4 倍，但它的犯罪率只有多倫多的 1/4，而多倫多的犯罪率在北美的大城市中是算低的。在北美的一些地方，社區的高密度往往與較多的社會病聯繫在一起，但在其他地方，如荷蘭和非洲的某些地區，這種聯繫就消失了。

這就是文化差異。在高密度對人類行為的影響過程中，文化具有調節作用，有時它對高密度無能為力，有時它則提供了抵禦高密度的盾牌。

在芝加哥的一個大型研究中，Gove 和 Huges（1983）發現黑人、西班牙人和其他人（主要是白人）對高密度的反應有差異。在控制了教育、貧困、性別、年齡和其他可能的因素以後，發現黑人對高密度

的反應最強烈,特別是他們的私密性受到影響時更是如此。而西班牙人對高密度的反應最平靜,這主要是由於西班牙人比較欣賞近距離的接觸,人與人交往比較親密,個人空間比較小。此結果意味著高密度對黑人的衝擊最大。

文明的歷史也是重要的,那些擁擠與社交障礙聯繫在一起的文明往往是後起之秀。在這些文化中,高密度常常與不友好的、敵意的行為、精神上或身體上的疾病以及犯罪緊密相連。這可能是因為這些年輕的文明還沒有找到應付和調節擁擠的機制。但在一些歷史悠久的文明中,特別是那些歷史源遠流長且人口眾多的社會,常常發展出一套成熟的機制來調節高密度的壓力,並且控制人們的社會行為以加強社會道德。

我們中國人是應付高密度的能手,這似乎為世界公認。一些外國學者甚至相信中國人應付高密度環境非常出色以致於即使中國人能生活在較低密度環境中的話,也會選擇高密度的居住方式。Sommer(1969)曾舉了一個香港住房建設的例子。香港為低收入家庭建造的公屋的設計標準為 3.5 平方米/人,當有人問建設局的官員「為什麼不多提供些空間」時,他回答說如果設計標準提高到 6 平方米/人,那麼,居民會把部分空間轉租給其他人。但這個例子舉得不一定很恰當,因為這些低收入家庭之所以會把寶貴的空間租出去,實在是出於其窘迫的經濟條件。

從國內城市規劃特別是小區規劃的圖紙上我們還是可以清楚地看到,我們的社區密度是非常高的,所以中國人比較適應高密度的居住方式不是空穴來風,而是有據可查。如果我們回頭看一下中國的傳統民居,就可以找到一些與高密度的生活方式相協調的建築特徵。如圍牆,中國建築文化又被稱為牆文化,它把居住活動與牆外嘈雜混亂的城市隔離開,此種明確而具體的界限真正隔離了不需要的交往。在北京的四合院中,還設置了前院,可以保證外人未經許可不得擅入內庭,打擾主人的生活。在住宅內部空間變化多端豐富多采,這與西方古典住宅有很大不同。廳與堂等空間限定嚴格,但廊和大小院落則限定得不很正確。這些空間可以靈活使用,是多功能的複合空間。為了確保

較私密的活動如睡眠、讀書等不被干擾，主要的活動通常都安排在廳、堂、廊和院落中進行，並常常是透過時間錯開的方式。某些時候，廳堂等主要空間還可以用靈活隔斷和開門大小來靈活使用。我們應該認識到空間為什麼是多功能的、複合的，其中的一個重要原因是人太多而空間太少。

高密度的居住方式使我們有青睞小件物品的傾向。譬如我們喜歡盆景，欣賞國畫。國畫與西洋畫的一個區別是在展示的時候前者可以展開來，平常它可以捲起來。以園林為例，雖然它是上層階級的標誌品，但它也不大，小的只有半畝一畝，中等的十來畝[2]。關於「小就是美」或「小中見大」的美學原則的討論還是應該傾聽歷史學家、文化人類學家的見解，但我們相信，人口密度大使得我們傾向於使環境小型化，並養成以追求完美細節的精神來處理有限空間。

我們能成功地定居於高密度社會應歸功於中國燦爛的文化，這些文化產生於高密度的社會並使它能成功地運轉。《論語》要求以血緣宗法為基礎，所有社會成員的行為要以「仁」和「禮」為規範，並以此建立一種既有嚴格等級秩序又具某種「博愛」的人道關係。這樣就強調了人在社會交往時保持男女之間、長幼之間、尊卑之間的秩序。團結、互助、協調，強調非禮勿視、非禮勿聽、非禮勿言。這樣，當我們的空間是複雜的、多功能的，並且有時不敷使用時，人們的生活能照常進行，並擺脫高密度帶來的困擾。我們可以去仲裁鄰居家裡的衝突，甚至可以訓斥別人家的孩子，這些都不被看成是越權或干涉。在此社會裡，我們每個人都被賦予一系列的交往要求和相互責任，在高密度的定居方式中維持社會秩序和公德為己任。

但這些在現代社會裡，特別是價值多元的現在已差不多給攪得粉碎，當越來越多的人搬進經規劃的密度較高的新公寓時，他們已不能再依賴過去的那種應付高密度的文化機制了。我們可以看到，在我們的大城市中，人與人之間的隔閡日深，鄰居間互不串門，社會聯繫日益減少，社會公德逐漸低落。「只掃自家門前雪，莫管他人瓦上霜」，

---

[2] 1 畝＝666.67 平方米

實際上在現代中國，高密度的定居方式已經出現了某些問題，只是我們還沒有展開此方面的研究罷了。

我們還可看一下日本人是如何應付高密度所帶來的難題的，因為他們的文化和我們相近。總結來說日本人也具有應付高密度生活的熟練技巧。在日本的住宅裡，已經出現了一種靈活使用空間的習慣。他們住宅中的隔牆是可移動的，於是空間也是可變的。同一個空間也有幾種功能，可以是吃飯、娛樂甚至睡覺，也是以時間錯開的方式進行。Rapoport 觀察到日本的城市具有調節與其他人聯繫和控制刺激過量的手段。有些城市如東京分成一個個小地區，在這些地區裡，吃喝和娛樂場所很容易進入，這為人們相互見面和溝通提供了地方，就不會有太多的人登門拜訪而把主人小小的房間給擠破了。在荷蘭，Rapoport也發現類似的機制，荷蘭各城鎮間有明顯的分隔，中間有易於進行的開闊空間，就給人以容易避開人口稠密區的感覺。此外荷蘭也有珍視小件物品的習慣。

還有其他一些人類學者的工作考察了拉丁美洲、非洲和亞洲其他地區的人們如何應付高密度環境所帶來的壓力，他們所依賴的文化準則和習俗是什麼，很顯然在高密度環境中沒有體驗到壓力不能簡單地歸功於社會體系的某些特徵。人類能成功地定居於各種不同環境，或炎熱或寒冷，或稀少或稠密，或山區或沙漠，或海島或大陸，成功的生活能力是多種因素複雜作用的結果。達到了文化習慣的存在得以應付各種具體情況的程度，達到了人們能夠調節相互交往的程度，達到了心理、物質和文化過程的適當混合並發揮作用的程度，人們就能成功地適應他們的環境。此意義上我們認為，無論是大城市生活還是小城鎮生活，既不是「好的」也不是「壞的」。令人滿意的城市生活取決於許多因素──物質資源、設施、空間、有效的文化和心理上的機制等。因此，必須避免簡單的好或壞的結論，而應謹慎地分析與社會、心理和文化等各方面有關的、人們在城市環境中的各種生活情況。

四、高密度環境與環境設計

在城市環境中，一些特定的設計手法可以提高或減少擁擠的感受。

我們相信某些建築設計特徵，包括允許使用者對空間的再調整將會使人們能從容地應付高密度帶來的壓力，使生活變得更舒適。

當人們感到擁擠時，最簡單的方法就是提供更多的空間。但此方法可能會有兩個難題。首先，更多的空間意味著投資的增加，因而此點並非總是行得通的。第二，從以上的討論得知，擁擠不一定就是由於高密度引起的。所以合理的空間布置能有效地緩和擁擠的壓力，有時精心構思合理安排空間比單純增加空間來得更有效。

1. 城市的密度

城市的密度是城市規劃與設計的首要內容，它以土地規模和人口數量兩方面來衡量。城市顯然不是越大越好，或是越小越差。城市不是農場，它是人們居住、工作和社交的地方，這就需要有彼此相對的接近度。密度是一種可以感知的現象。在城市規模上，對居民來說察覺到的密度遠比單位面積裡的人口數重要得多。

城市中的人口密度與是否擁有對城市生活非常重要的特殊功能和服務設施有關。譬如在城市的一定地區中，小型商店和服務設施（雜貨店、酒吧、咖啡廳、洗染店等）出現的數量和種類，在一定程度上正是密度的作用，也就是說在人們彼此居住較近的地區（密度較高），這些商業設施很可能存在，且種類繁多。公共交通的可行性在一定程度上取決於居住區的密度，取決於商業和服務網點的服務半徑和等級。反過來，使用公共交通越多，就會減少對停車場的需求，從而可以增加密度。要創造一種城市生活，一定要有相當多的人，而且這些人要彼此適當接近。可能存在一個城市的最佳密度，它與城市居民生活的健康指標、生活方式、住宅類型、場地特徵和城市經濟、社會的發展等要素有關。城市的最佳密度是一個最優化過程，一個最利於孩子成長的密度可能比維持公共交通的密度低，另一方面從能源保護出發，就應該增加密度。在城市設計過程中尋找這樣一個最佳密度是困難的，但它很有價值。

操作性更強的密度指標是最小密度和最大密度，即在一個可居住的街道、鄰里和城市中，該土地上居住的最少人數和最多人數。城市

設計中的最小密度可以確保城市的活力和各項指標的經濟性，最大密度可以確保此土地上生活的人們有可控制的健康性和可居性。Jacobs和Appleyard（1987）曾建議城市生活所必需的最小淨密度（人數或居住建築占地面積比，不含道路）為每英畝 15 個居住單元³（30～60人）。不過這個密度在中國來說還是太低。

最優秀的城市場所必須具備一些混合功能，這種方式可以反映出公共性與多樣性的價值觀並突出地區的個性。但我們應該牢記，是混合活動而不只是密度，給一個地區帶來了生氣。

2.住房

我們已經了解主要環境中的高密度對人們行為的負面影響最大，而且以每個房間中的人口數為度量標準的密度與社會病關係最為密切，所以住宅裡的高密度對人們的生活有最重要的負面影響。我們在家裡所待的時間最長，從事很多重要的活動，和我們最親密的人在一起。家是我們最基本的環境，迄今為止我們還沒有發現一則報告說家庭裡的高密度能產生什麼積極的效果。

絕大多數對居住環境的擁擠研究都是在大學公寓裡展開的，已經有資料說明，生活在套房式公寓裡的大學生比生活在走道式公寓裡的大學生更善於交際，並且此種社交能力的差別似乎影響到了公寓以外的世界。所以在有可能的情況下，應該避免長走道式的設計，而為學生提供套房式的住宅或學生公寓。

假如現在已經是長走道的公寓樓的話，有什麼方法可以挽救呢？Baum 和 Davis（1980）的建議是當走道較長時，可以用減短走道長度的方法來減少擁擠的壓力。他們的實驗設計非常簡單，在一個公寓樓的某一層的長走道中間設置一道分隔牆，並在牆上開了兩扇門。開學僅僅幾個星期之後，這一層樓學生的擁擠感就明顯減少了。儘管此扇門並沒有關上，但由於走廊一分為二，似乎減少了學生們的過量負荷，促使兩邊的學生分開使用公共設施，如廁所和浴室，並有助於形成和睦的關係。這個實驗還發現為了減少擁擠的壓力，避免干擾，此公寓

---

³ 1 英畝＝0.405 公頃

樓其他樓層的大學生的房門比剛開學時關閉的時間明顯增多,但這個被隔開走道的樓層裡的大學生,他們房間的關門情況則沒有什麼變化。

在大學公寓的一個房間裡往往要住好幾個學生。如果允許他們在房間裡進行適當分隔的話,哪怕只是擋板或是簾子,雖然擋不住聲音,但至少可以遮擋視線,擁擠感也會減少。這些措施可以減少不必要的交往並提高大學生的控制感,保障他們的私密性。我們認為讓大學生建立一個屬於自己的小空間要比與別人分享一個大空間來得好。在這些小空間裡學生可以建立自己的個人控制,不受別人視線的干擾,並有機會對空間進行個人化的設計。作者有一位學城市規劃的吳姓朋友,他在自己空間的入口處貼了一塊牌子——吳家可歸,令人印象深刻。其實這些建議也同樣適合於專業教室,遺憾的是學校總是以不利於管理為名剝奪學生的此種機會。

3.幼兒園

高密度的環境對孩子們的成長不利。孩子最重要的兩個環境就是家和幼兒園,住宅裡的高密度對孩子的打擊最大,因為大人們為了在擁擠的家裡獲得更多的空間而忽視孩子的權益。據 Saegert(1984)的調查說,與低密度家庭的孩子相比,那些來自高密度家庭的孩子在學校裡的表現差、容易焦躁、容易分心、活躍較過度。男孩比女孩更差,他們的詞彙和閱讀能力較低。當他們感到惱怒時,會揮拳相問,但低密度家庭的孩子則只是以離開了事。

如果家和幼兒園都是高密度的話,這對孩子有何影響呢?Maxwell(1996)對此做了詳細的探討。她發現如果這兩個環境都是高密度的話,孩子們的行為會出現一些問題,如侵犯性行為、打架和競爭性增加,過度活躍,並迴避社會交往,其負面效應更甚於只有一個高密度的環境。曾有研究說當密度提高到 25 平方英尺/人以下時,才會出現負面效應。而 Maxwell 的研究說明,如果家裡也是高密度的話,那麼幼兒園教室的密度遠遠低於此指標時也會有負面效應(其教室的密度是 36 平方英尺/人)。這個研究還認為,如果家與幼兒園都是高密度的話,孩子待在幼兒園的時間也是個主要指標。半托的孩子比全托的

孩子在學校裡的表現好，其負面效應也小。

在幼兒園設計時，班級的大小是很要緊的。Rupp（1979）曾建議班級的人數應少於 15 人。如此則孩子們容易相互合作，比較守紀律，孩子們在課堂上發言的次數增加，並在從事其他活動時較為投入，不友好和敵意的行為也減少了。此點在 Maxwell 的工作中也得到證實，所以應該設法減少班級或小組的人數。這些對於家裡較擁擠的孩子來說有很大好處。我們似乎應該確立一個幼兒園教室的密度指標，但這必須依靠研究工作才能確定。中國現行規範中確定幼兒園班級人數為 30 人左右，活動室的面積最少 50 平方米。

總結　本章首先對人們如何應付和適應城市生活做了探討，並對「小就是好」、「大就是壞」展開討論，儘管我們支持亞文化群論的主張，即城市生活不會產生精神崩潰、無法無天的行為或是人與人之間的疏遠，大城市居民與小城鎮和鄉村居民一樣統一在一個有活力的社會中，但我們還是從決定論、構成論方面得到很多的助益，而且決定論依然還是一項重要的力量並有很多支持者。最後我們討論了擁擠，其最重要的結論應該是一方面擁擠緣起於高密度，但高密度並不一定就會讓人體驗到擁擠的壓力。另一方面，擁擠的壓力確實在人的生理上和心理上產生了負面的影響，特別是對人們的社會交往方面。

第 5 章

私密性

　　生活真是妙不可言，它不事聲張地教會了我們很多東西，使生活成為有規則可循的事件組合。私密性就是這樣的一種社會規則，我們中的大多數人都了解它、熟悉它，並應用它。譬如與情人幽會，我們會選擇僻靜的地方，極親暱的舉止，總是發生於別人的視線之外；和愛人吵架聲音不會太響，否則應把門關上；辦公室裡可以嘻嘻哈哈，但不要談及私事；接聽男友的電話語調應有所節制，不應太過放肆；去別人家作客，到得不要太早，留得不要太晚，尤其應注意主人看錶的提示。還有，兩幢住宅樓不要靠得太近，臥室在晚上應拉上窗簾，洗手間的玻璃應該是不透明的，坐在客廳裡不應看到洗手間裡的馬桶，也不應該看到臥室裡舒適無比的席夢思等等。這些我們都很明瞭，為了生活的美滿和健康，我們必須非常熟練地平衡自己的期望、別人的需要和現實環境之間的關係，以獲致自己的並照顧別人的私密性。

　　如今，私密性不僅是心理學家的術語，而且也經常被政治學家、社會學家、人類學家和律師掛在嘴上，這代表了私密性在社會、文化和法律上的普遍意義。這裡我們將探討私密性的內涵和它的作用。在中國，目前人權得到逐步尊重之時，正確理解私密性的意義顯得尤為重要。因為隱私權得不到尊重而憤然上訴法庭的案例很多。1998 年上海一位女大學生因在超市裡被無端搜身而把超市告上法庭的案件曾轟動一時，其他類似的案例後來也多見諸於報紙，這說明全社會的私密性意識正逐步喚醒。

一、私密性的性質

　　私密性是一個廣泛使用的術語，如同其他許多術語一樣，人們常認為對此術語有一致的意見，但事實遠非如此。對很多人而言，私密性意味著兩件事，一是從人群中脫離出來，二是確保別人無法進入某一特定領域或接近某些特定訊息，這兩種日常生活中的概念僅僅代表了私密性的部分涵義。

1. 私密性的涵義

　　學者們對私密性的定義也有分歧，有些人強調私密性是迴避、隔

離和避免相互交往。Westin（1970）將其定義為一種控制意識或是對個人的接近度有選擇的自由，是一個個體決定關於他自己的什麼訊息以及在什麼條件下可以與其他人交流的權利。Sundstorm（1986）則將私密性分為言語私密性和視覺私密性。前者指談話不被外人聽見，後者指不被外人看見。

　　最有影響力的定義由 Altman（1975）提出，他給私密性確定了在某些方面與傳統用法相反的定義，即私密性是「對接近自己的有選擇的控制」。這一定義的重點是有選擇的控制。它意味著人們（個人或群體）設法調整自己與別人或環境的某些方面間的相互作用與往來，也就是說，人們設法控制自己對別人開放或封閉的程度。當私密性過多時就對別人開放，當私密性太少時就對別人封閉。私密性當然不是簡單地僅僅把別人擋在門外，私密性也包括社會溝通並讓別人分享你的訊息，其中控制是關鍵。私密性很強的人未必就是離群索居的隱士，而是那些分清楚什麼時候可以交際往來，什麼時候應該離群獨處的人，是那些既可以與朋友傾訴肺腑之言又懂得適可而止的人。接近這一術語涵蓋了很多感官管道。為了獲得私密性，你可以躲進自己的房間並把門關得封閉。但有時也會被音樂聲、別人的談話聲和卡車的轟鳴聲攪得心煩意亂。在開放式辦公室裡工作的白領職員可以躲在隔板後面而獲得視覺上的私密性，但他們常常抱怨辦公室裡雜七雜八的聲響嚴重地影響了他們的工作績效。從定義上說接近我們的管道有很多，但兩種方面是主要的：視覺的和聽覺的。

　　如此簡潔的定義使得私密性可以包含某些重要的概念，譬如訊息。私密性不僅包括與空間有關的對社會交流的管理和組織，也包括與空間關係不大的個人訊息的管理和組織。我們都同意如果有人蓄意地蒐集我們不願為外人道來的訊息，如私拆我們的信件或偷看我們的日記，則我們的私密性受到了嚴重的侵犯。上面提到的超市員工強行對女大學生搜身就是粗暴地侵犯了個人訊息並藐視人的尊嚴。

　　私密性有四種基本類型（Westin, 1970），即獨處、親密、匿名和保留，其中獨處是最常見的。獨處（solitude）指的是一個人待一會兒且遠離別人的視線。親密（intimacy）指的是兩人以上小團體的私密

性，是團體之中各成員尋求親密關係的需要，譬如一對情侶希望單獨在一起，這時他們的親密感最大。匿名（anonymity）指的是在公開場合不被人認出或被人監視的需要。社會名人對此點的體會最深。總統、明星和導演都希望與平常人一樣上街購物而不被崇拜者團團圍住。有的明星上街不得不帶墨鏡，英國戴安娜王妃則因躲避「狗仔隊」的追逐而在法國香消玉殞。平常百姓也有匿名需要，譬如你並不想讓全城的人都知道你的家庭住址和電話號碼。保留（reserve）指的是保留自己訊息的需要。無論在公開場合還是私下裡，你都不想讓別人知道太多有關你的訊息，特別是那些私人的、比較羞於見人的，甚至是一些生活上的污點。為了防止此類訊息為人知曉，你必須建立一道心理屏障以防止外人干涉。

2.私密性的特點

私密性的定義已經拋棄了某些傳統的看法，它不僅僅是拒他人於門外或與各種訊息隔絕。在當今社會中離群索居的隱士極為少見，大多數人並非一味排斥別人，為了生存他們不得不與別人和平共處。私密性是一個能動的過程，以此來改變與別人的接近程度。人們控制自己與別人的接觸與溝通，使私密性成為一個界限控制過程。

(1)界限調整

Altman 獨具慧眼，提出了「界限調整理論」，以涵蓋私密性、擁擠、領域性和個人空間的研究，並滿足了環境設計界對正式理論的要求。在此理論中，私密性控制就像一扇可向兩個方向開啟的門，有時對別人開放，有時對別人關閉，視情境而定。見圖 5-1。

這個太極圖很能說明私密性作為一個開放和封閉過程的特徵，透過使用不同的行為機制（每個小圓圈代表一種機制），有時向他人發出開放的信號，有時發出封閉的信號。小圓圈的開放部分和封閉部分是隨時間而變化的。透過此模式，私密性可以看成是一個變化的過程，此過程能對人際的、個人的或環境的諸方面在短時間內作出反應。

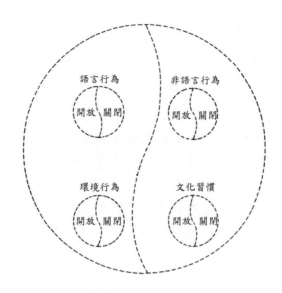

圖 5-1　私密性調整的辯證模式（Altman & Chemers, 1984）

　　沒有黑夜就沒有白天，沒有衝突就沒有和諧。開放與封閉的願望是隨時間而漲落的，這完全取決於他是和誰在一起、在什麼地方、當時的環境如何以及他的心情怎樣。如此，私密性也是一個最優化過程，人們並非試圖尋找更多的獨處、更多的匿名或保留。私密性的原則並非讓你在生命的大部分時間裡一人獨處，而是你想單獨待一會兒時就關起房門，你想與別人交流時就走出去找人聊天。生活中我們常常可以看到這樣的例子，有的人朋友很多而且常常與他們在一起，但他的私密性依然很強，而有的人常常是形單影隻、孤家寡人的樣子，但他還認為私密性不夠，實際上這不是私密性，而是孤獨。所以私密性也是社會交流的合適度。

　　人們可以使用不同的行為機制來控制他們的開放和封閉。譬如我們可以用語言告訴旁人我們的願望：「我們聊聊好嗎？」「我可以和你在一起嗎？」「對不起，我沒空。」「不，現在不行。」等。這時說話的語氣和腔調，或冷漠或熱情，可以幫助傳達你的意願。當然也可以使用非語言方式來調整私密性。我們可以用點頭、微笑、暢懷大笑、聆聽、湊近、注視對方等身體語言以表示自己與對方交流感到高

興。反過來，我們用皺眉、移開視線、背著對方，或是不安地玩弄領帶和扣子、搓手和看錶等動作表示自己對此番談話沒有興趣。

除了語言和身體語言以外，我們還可以用空間來反映對別人的開放或封閉。打開房門把別人請進來，一旦客人進入自己的領地時，我們可以請他坐下，如泡上一杯特級龍井，客人會感到特別高興，他知道自己是受歡迎的。反過來我們可以關上房門，對不速之客我們一般在門外和他們談話。即使進入自己的領地，我們也常常是坐在離他們較遠的位置上，談話很少，出於禮貌的敷衍以趕緊打發了事。最後我們可以用文化上的某些習慣、規定和準則來表示對別人的開放或封閉，不同的文化有不同的準則，但是私密性作為基本人權具有文化上的普遍意義。在文明社會裡，無論是在美國或歐洲，還是在日本或中國，這些準則和習慣大多數是相通的。譬如我們到別人家裡作客，最好是打電話問問別人有沒有空；參加晚會應避免到得過早或留得太晚。在別人家裡，客人通常不闖進關閉著的門，特別是浴室的門。人們對主人看錶是很敏感的。

以上四種行為機制並非單獨工作的，為獲得私密性，我們會組合幾種機制共同作用，有時把重點放在語言上，有時則把重點放在空間上。正式場合我們可能選擇語言表達，把語言、具體的動作和文化習慣組合起來表示開放或封閉的願望。非正式場合，我們或許用空間的或身體語言傳達自己的要求。

(2)私密性、擁擠、領域性和個人空間

如果沿著界限調整理論繼續思考下去，我們會發現這四種社會行為之間存在著明確的關係，其中私密性最為重要，它是使四項概念結合在一起的黏結劑。私密性是一個能動的調節過程，依此過程，一個人或團體使自己更易於或較不容易接近，而個人空間或領域行為是用來獲致私密性的手段，擁擠可以看成是私密性的各個機制未能發揮作用的一種狀態，結果是產生了過多的令人厭惡的社會接觸。見圖5-2。

圖 5-2 說明，個人空間、領域性、語言行為、非語言行為以及文化習慣等一起，構成了私密性調整的行為機制。透過上述的分析，這

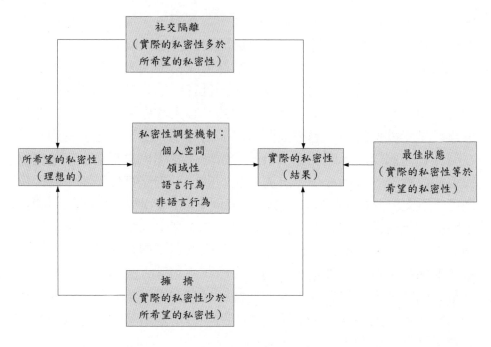

圖 5-2　私密性、擁擠、個人空間和領域性之間關係的總覽（Altman, 1975）

些行為機制可以用來調整人們對社會交流的開放與封閉。有時天從人願，實際的私密性與所希望的私密性相等。有時實際的私密性少於所希望的私密性，此時就處於擁擠的狀態。擁擠的發生是由於未能成功地使用個人空間、領域性、語言和非語言等行為機制來保護一個人或團體免受不希望的相互作用的影響。有時私密性的調整會矯枉過正，導致一個人或團體得到的社會接觸少於所希望的，這就產生了社交隔離。

3.私密性的作用

　　至此，我們已經了解什麼是私密性以及它是如何在我們生活中起作用的。私密性是人們用來控制他們與別人相互作用的辯證的界限調整過程。那麼私密性在生活中扮演了怎樣的角色呢？為什麼說私密性是非常重要的而且它是一項基本人權呢？研究發現，我們能否處理好與別人的關係、個人控制的程度、情感能否宣洩，以及最重要的自我認同感、自尊感和價值感，無不與私密性調整過程有莫大的關係。

(1)社會交流

我們把人際關係處理得好與差，與私密性調整的關係甚為密切。一方面透過調整開放和封閉，我們可以按自己的願望，按照自己與別人關係的密切程度和場合進行適當的交流。我們渴求私密性的主要原因就是欲保護自己與別人的交流。你可以在擁擠的公共汽車上和朋友討論昨晚中國足球隊的糟糕表現；但只有遠離別人的耳目，你才能和律師開誠布公；和愛人討論家裡的存款時又唯恐隔牆有耳，有些話欲言而止只是因為沒有找到合適的場合。顯然私密性調整對於社會溝通有著重要的利害關係。

辦公室中人際交流與私密性兩者間的關係一直是學者們關注的焦點，這方面工作也取得了很大的進展。在開放式平面辦公室工作的職員們對私密性不滿意，具體地說，他們認為無法保證某些談話內容不被別人聽到。實際上有的職員為了接聽或打一個比較私密的電話，一直要等到同事們下班全部離開之後。事實上很多人都有過這樣的經歷。如果欲進一步了解辦公室裡私密性研究，可以閱讀本章的稍後部分，那裡將展開更詳細的討論。

(2)控制

為了適應環境，我們必須具備調整自我的能力，調整開放和封閉的界限就是這種能力的一部分。如果一個人無法與別人來往，他會感到孤獨；反之，如果他不能把別人的干擾限制在一個合理的範圍內，那麼也很難說此人有明確的自我。

實驗心理學有一著名實驗，實驗中動物被置於一個它們無法控制的震動的環境裡。這種震動是零散的、不連貫的，因而它們不能以任何方式作出反應來終止這種震動，它們就沒有能力調整與環境的關係。此實驗中調整自我和其他界限的失敗經歷導致動物放棄調整，停止了這種徒勞的應付環境的鬥爭，以後動物的學習能力顯著下降。實驗說明在動物調整自我和其他界限能力一再遭受挫折以後，它們就無法發揮正常的功能了。我們在現實生活中也是如此，那些被迫屈服於極高密度而且沒有任何機會逃離的人，譬如囚犯，無論是對實質環境還是

對社會環境，他們幾乎都沒有什麼控制的手段。失去控制直接導致獨立感和自由感的喪失。

如果換一角度思考為什麼有錢人自我感覺特別好呢，其答案也一樣。有錢人可以對別人的接近度有全方位和全天候的控制。他們有豪華私宅、漂亮的私人辦公室、專門的私人俱樂部，以及私人秘書、私人律師、私人財務顧問、私人交通工具，甚至是私人電梯和私人入口。從現有的資料來看，研究私密性缺失的案例較多，研究私密性冗餘的案例較少。這絲毫不令人驚訝，因為前者更容易研究。Smith研究的是囚犯們的私密性行為。他比較了處於兩種囚室裡囚犯的不同私密性。一種囚室非常局促，6平方米關了4名囚犯，另一種囚室較寬敞，6平方米關了1名囚犯。透過比較，他發現前者的囚犯對獨處和保留（Westin的兩種私密性類型）越偏愛，他們對自己生活的控制程度越差。後者的囚犯對獨處和保留越尊重，他們的控制感也越強。很明顯實質環境是私密性和控制之間的平衡器。

城市是我們自豪與恐懼的源泉。在我們充分享受豐富多采的城市生活的同時，不得不屈從於各種各樣的噪音、受污染的空氣、難聞的氣味以及有時令人窒息的擁擠。如果我們對與別人交流的程度也缺乏控制的話，那實在是太糟了。

(3)認同感

私密性調整的成功與否將對自我認同感、自尊感和自我價值感，以及對人們的生存能力有著相當的影響。從這方面說來，私密性調整的成功與否是人們幸福的一個重要影響因素。

自我認同是一個人或一個群體從認識上、心理上和感情上明確自己的存在。它包括人們知道他們從何處開始到何處結束，物質世界的哪些方面是自己的部分，哪些方面是他人的部分。它包含自我認識一個人的能力和局限、實力和弱點、情感和認識、信念和懷疑等。對自我明確的人來說，重要的不是包含或排除他人，而是在需要時調整接觸的能力。如果我能控制什麼是「我」，什麼不是「我」；如果我能明確什麼是「我」，什麼不是「我」；如果我能遵守「我」控制的限

度和範圍，那麼，我在明確和理解「我是什麼」方面就進了一大步。所以私密性機制的作用是幫助明確自我。

遺憾的是認同感的概念非常複雜，私密性與自我認同之間的關係較難用實證檢驗，但毫無疑問，人們在與他人的交流中，如果缺乏控制界限的能力，那麼他的自我認同感和自我價值感是會有問題的。

(4)感情

隨著社會的複雜化，人與人的關係、精神與物質的關係也日益複雜和多樣，情感對協調人與物、人與人之間關係的重要作用也日趨顯現。私密性的一個重要功能就是保證情感得以宣洩。情感得不到宣洩是很糟糕的，但在人前，特別是在公共場合，我們連對別人善意的批評都很吝嗇，宣洩情感幾乎難以想像。我們可以在人前開懷大笑，但不能在人前號啕大哭，即使此刻是多麼的痛不欲生。聽到一首美妙的曲子，在家裡可以和著節拍翩翩起舞，但在大街上我們甚至都不會搖頭晃腦，即使「此曲只應天上有，人間哪得幾回聞」。社會學家常把人們在公開場合中的行為稱做「前台行為」，而把非公開場合的行為稱作「後台行為」。通常，人們在後台是「不化妝的」、如釋重負的。在舞台後面我們遠離在公開場合中所扮演的角色，擺脫別人對我們角色的期待，這時我們真正體驗到自我，並把真實的情感酣暢淋漓地宣洩出來。

二、私密性的影響因素

每個人都需要私密性，任何時候任何地點都有這個要求。隨著實質環境和社會氛圍的不同，不同的人對私密性的行為、信念和喜愛度方面都有很大差異。文化環境的不同、個性的不同、社會經歷的差異會使得某些人對私密性的要求比別人更強烈。不同的實質環境，如前文介紹的囚犯例子那樣，對人們的私密性也有不同的影響。毫無疑問某些時間和某些社會環境會讓你更強烈地渴望私密性。

1. 個體因素

(1)性別

男人與女人在私密性方面存在著明顯差異。Walden、Nelson 和 Smith（1982）對大學一年級新生作了問卷調查，這些大學生有一半住在兩人一間的公寓裡，另一半住在三人一間的公寓中。他們發現雖然住在三人間裡的男女大學生都認為居住狀況是擁擠的，但住在兩人一間裡的男大學生要比同樣居住條件的女大學生更覺得擁擠。令人感興趣的是，住在兩人一間裡的男大學生精心布置他們的房間以儘量保證每人的私密性不受干擾，住在三人一間裡的男大學生則採取了一種走為上策的迴避策略，他們並沒有煞費苦心地安排自己的房間，而是有機會就遠離這個煩人的地方。

與此相反，住在三人一間裡的女大學生待在公寓裡的時間相當長，除了睡覺，每天有幾乎 7 個小時，女孩子們面對高密度的情境沒有像男孩子們那樣消極，相反表現出積極的態度。有意思的是當被問及「你們感到有多少私密性？」時，所有的受試者都回答說他們（她們）得到了足夠的私密性，這似乎說明每個人都以自己的方式與高密度的情境作鬥爭，並非常成功，以致於雖然感到擁擠，但他們（她們）說並不缺少私密性。

一些研究說，女人對付高密度情境比男人更積極，上述的工作只是為這個結論又增添了一個注腳。其原因可能是在高密度情境中女人們更同病相憐，比在同樣情形下的男人們更喜歡或同情她們的室友與同伴，因而她們之間的合作要優於男人。也有可能女人們對高密度情境有更有效的私密性調節機制。譬如有報告說，在大學公寓裡，女大學生比男大學生告訴室友更多的社交上的事情（訊息上的私密性），而且在此環境裡女大學生之間的關係更親密更友好。相反男大學生在對付高密度情境問題上似乎調整了他們對私密性的價值觀，並在可能的情況下逃離這個地方。

以上研究都是在大學公寓裡展開的，基於年齡的影響幾乎和性別的影響一樣廣泛，所以來自非大學生樣本的調查值得重視。Firestone、

Lichtman 和 Evans 對護理環境的研究也發現女人比男人更適應那些身心受到限制的環境，這個結論足以支持女人這一優勢現象——女人是「社會—情感」專家。

　　「婦女則一開始就具有那些使人與人之間的交流更容易的感覺能力，體力上和心理上成熟得較早，說話流利，口頭表達能力較強……更可能從人的、道德的和美學的角度看待世界。」（Hutt, 1973）。

(2)個性

　　哪些人對私密性的需要更強烈呢？儘管此方面的工作不多，主題也較分散，但還是取得了一些一致的意見。

　　首先，自尊感低的人有更強烈的私密性需要。Aloia比較了生活在養老院裡和不在養老院裡生活的老人之後，發現自尊感與私密性需要之間存在著負相關關係。Golan發現那些有單獨臥室的受試者比那些合住一間臥室的受試者在自尊感方面的得分高。私密性對個人的認同感和自尊感方面扮演著關鍵的角色，私密性不足的人其自我認同感和自尊感必然較低。有更高私密性需要的人往往幸福感較低，自我控制能力差且有更多的焦慮感。較為焦慮的人往往需要私密性來保護自己，或是自己在受到傷害以後有地方復原。

　　另外，精力無法集中的人常常有較高私密性需要，因為他們希望免受別人的干擾。與此相似，性格內向的人也對私密性有更高的要求，性格內向的人比性格外向的人有更多的保留，而保留就是私密性的一種類型。Weinstein（1982）對小學生在教室裡的學習情況做了調查。她在一間大教室裡布置了三間小的學習隔間（booth），此三個學習隔間能為孩子們提供更多的私密性，免受別人的干擾。經過數星期的觀察，她發現這種小隔間在小學教室裡是不受歡迎的，只有那些不善於交際的、易於分心的和有較強攻擊性的孩子才有可能選擇此類小隔間，但此選擇與孩子們的自尊感無關。

2.情境因素

(1)社會情境

社會情境同樣影響私密性，這包括你與誰在一起、你在做什麼、當時的心情如何等。私密性是一種事過境遷的過程，有千變萬化的情態。當你與愛人晚上剛看完電影回家時，你們希望保持更多的私密性，但你與朋友們討論本週波瀾壯闊的股市變化時，你們的私密性就不一定很高。同樣的，你希望有一單獨的房間與律師討論你們訴訟案件的是非曲直，但在大街上你會與律師一起對申花隊的新外援評頭論足。總結說來，我們對私密性的滿意程度因社會情境的變化而變化，遺憾的是關於私密性的意向、動機、信念、價值觀和期望的討論非我們所擅長，還是把注意力集中在實質環境對私密性的影響方面。

(2)實質環境

實質環境是如何使得某些人偏愛較高的私密性，並讓另一些人偏愛較低的私密性呢？家庭密度在實質環境裡是很有影響力的。是那些住在較擁擠房子裡的人還是住在大房子裡的人偏愛較高的私密性呢？

有兩種理論可以預言家庭密度與私密性偏愛之間的關係，但這兩種預言是完全相反的。從驅力（drive）減弱的觀點來看，可以預言，如果一個人在家庭裡不能獲得充分的私密性的話，他在其他場合會努力尋找更多的私密性以彌補在家庭裡的損失。按照適應水平理論，可以預言，如果一個人在家庭裡獲得的私密性不是很高的話，那麼他在其他場合裡對私密性的興趣也不會太強烈，因為他已適應此種狀態。

Nancy Marshall（1972）對獨戶住宅居民做了調查，她發現生活在大家庭裡的居民偏愛較少的私密性。她推測說他們（大學生和他們的父母）已經適應了高密度的狀況，因而比那些家庭人數少的受試者更偏愛較少的私密性。似乎適應水平理論在這場競爭中占了上風，但需謹慎的是此方面公開發表的實證研究案例卻很少，其中有的結論也在兩者之間，或是不支持其中任何一方。不管最後的結論如何，家庭密度與私密性偏愛間存在著的影響是毋容置疑的。

　　人的適應能力是驚人的，即使非常擁擠的環境，人們在此環境裡得不到多少私密性，人們照樣會利用可以利用的資源以適應它。病房裡的情況就是如此，在大病房裡經常可以看到4～6人同住一室，穿衣脫褲、親屬的陪夜、朋友的探視，以及一些特殊的生活習慣皆暴露在人前，可是病人照樣適應此類私密性差的環境。上述 Firestone 等人對護理環境調查以後說明，那些住在單獨護理間中的病人比住在大病房裡的病人期望有更多的私密性，儘管他們所擁有的私密性遠遠超過了後者。此研究與Marshall的結論一致，人們似乎已適應了他們的環境。

　　局促的住房條件必然導致家庭裡私密性的缺失，但人們還是成功地適應了這種情況。是啊，有的人連婚姻都可以勉強，私密性的缺失又有什麼不可以忍受呢？問題在於此種適應不是健康的適應。任何一位有理智的建築師都會發現，隨著中國經濟的發展和住房制度的改革，以前因住房緊張被迫埋頭在油鹽醬醋堆裡的人們對理想居住環境的需要，會隨著媒體的宣傳、房地產廣告和閱歷的增加，特別是經濟地位的提高而被激發出來。私密性需要正是人們此種需求的一個部分。

　　Marshall 的工作還有一個發現：那些生活在具有開放平面特徵住宅裡的居民偏愛較少的私密性。開放平面是建築學用語，指的是房間並沒有完全封閉，空間與空間之間互相連通滲透。此結論與開放式辦公室的很多同類調查所得結論完全相反。在後者的工作中幾乎所有的學者都發現，工作人員偏愛在較私密的傳統辦公室，不喜歡開放式的大辦公室。在開放式辦公室裡工作的雇員，由於他們的私密性受到影響而導致對工作滿意度的評價較低。當辦公人員從傳統辦公室搬遷到開放式辦公室裡工作以後，他們的工作滿意度大大降低了。甚至Block和 Stokes（1989）透過一個實驗也說，辦公室中理想的工作人員的數目為3人以下，當辦公室裡人數超過3人時，受試者的滿意度就下降了。

　　總體上說，工作人員對私密性的滿意與周圍空間的可封閉程度密切相關。私密性滿意的最好的預報因子，是工作人員工作台周圍的隔斷和隔板的數量。私密性的滿意度可以看成是環境能提供的單獨感的函數。

　　不太清楚為什麼在住宅裡開放空間導致人們偏愛較低的私密性，

在工作中開放空間又往往與對私密性的不滿聯繫在一起，這不僅僅是由於地點不同所致。在理論上私密性的偏愛與私密性的滿意是不同的，前者指人們希望有多少的社會接觸，而暫且不論此種期望能否得到滿足。後者指人們所期望的私密性在多大程度上得到了滿足，但它不考慮對社會接觸有多少期望。

私人訊息的組織與管理也是私密性的重要組成部分，可是此方面的研究工作比較少。令人感興趣的是什麼樣的實質環境會讓你透露更多的訊息。Chaikin、Derlega 和 Miller 的工作說「柔性空間」使你透露了更多的心事。所謂柔性空間即軟軟的地毯、溫暖的壁掛、布藝的扶手椅、裝修過的牆面，以及搖曳的燭影等等，這一切所勾勒的氣氛之總和。在此種情境中你會打開話匣子，向對方傾訴你的秘密。反之坐在慘淡的螢光燈下，在光禿禿的牆邊，手扶著硬梆梆的椅子，你可能坐不了一會兒就準備離開，更遑論與別人推心置腹了。

咖啡店的老闆、茶室的主人顯然比我們先知先覺，深諳其中之道。暗淡的燈光可以拉近人與人之間的距離，溫軟的空間使人一吐為快。個人間的溝通常常發生在溫馨宜人的環境裡，只要稍微留意一下就會發現這個模式是多麼的生機勃勃。

ㄙ　三、私密性與環境設計

建築師的目標是盡可能為每一個人提供足夠的私密性，要達成此目標，並不僅是說要建造更多的面積，以保證每個人都擁有單獨的部分。私密性意味著在對別人封閉的同時，又保留對別人開放的可能性。重要的事情是允許人們可以選擇：是對別人開放還是對別人封閉。所以環境設計的重要性在於盡可能提供私密性調整的機制。

1. 空間的等級

(1)公共空間

城市空間可以組織成從非常公開到非常封閉的空間序列，在這個序列裡，最外面的就是公共空間。譬如城市裡的體育場和影劇院，市中心的步行街和廣場，社區裡的超級市場和遊樂園等，互不相識的人

可以在此相遇。視覺接觸、聲音傳遞，在公共空間裡的大多數屬此類交流，或大或小都未經計畫，是例行公事。當然在小一些的環境裡，如酒吧、咖啡館等，人們也會和自己的熟人或朋友把盞而坐。總體上，在公共空間的設計中考慮使用者的私密性，就是對空間進行合理安排，使陌生人之間的例行接觸平靜和有效。

(2)半公共空間與半私密空間

半公共空間比公共空間較私密一些，如公寓的走道、組團內部的綠地、大樓的門廳等。半公共空間設計時考慮使用者的私密性，重點在於創造一個既能鼓勵社會交流，同時，又能提供一種控制機制以減少此類交流，所以半公共空間中如何照顧使用者的私密性是一個難題。在圖書館的閱覽室裡，私密性設計通常是安排一些小隔板以阻擋其他讀者的視線與聲響。

半私密空間包括開放式辦公室、教師休息室和貴賓室等。這些空間拒絕絕大多數的外來人員，只有該群體的成員才可進入。在半私密空間的設計中考慮使用者的私密性，指的是在空間中創造各種活動的有效界限，否則就會引起衝突。如果這些邊界設計得好，它就能滿足使用者的私密性需要。如果此類空間裡沒有足夠的視線與聲響上的屏障，那就會出現問題。Gifford（1987）提供了一個市政廳設計的例子。在設計時規劃部門被安排在一個大房間中，建築師認為規劃部門的工作人員在工作中需要相互聯繫，並傳閱應審核的設計圖紙。但使用以後此部門的工作人員怨聲載道，因為他們還要做一些不那麼公開的活動，如打電話、寫報告或兩人間的私人談話。半私密空間的設計並不容易，需要建築師仔細斟酌，半私密空間如設計得不好，要麼是造成空間的使用率不高，要麼就是使之成為充滿摩擦的地方。

(3)私密空間

私密空間指的是只對一個或若干個人開放的空間。臥室、浴室和私人辦公室都是私密空間。一般來說，當人們擁有私密空間時，他們往往更合群，而不是更孤僻。人們擁有一個私密空間時，他們就又增加了一個自我控制的機制。私密空間是人們在生活裡的真實需要，在

住宅、辦公室和社會機構的設計中，如果人們擁有了私密空間，他們遇到的社會壓力也會減少很多。

2.辦公室

工作是人們生活的重要內容，每個人都希望有一份好工作，有好的收入、好的社會地位和好的工作環境。工作環境對辦公人員的工作效能與工作滿意度有著重要作用。

過去，人們在設計辦公室時，對空間的合理使用及對辦公人員和公司的需要往往注意不夠。以往辦公室的空間布置主要考慮每平方米可安排幾個工作人員，而不是他們的工作效率，但恰恰後者才是設計的基本點。拙劣的設計會使經理和雇員感到沮喪，近來環境心理學家針對辦公室設計做了大量的調查工作，工作人員在工作時的私密性是研究的焦點之一。目前已發表的對辦公室中視線、聲響、社交和訊息的私密性研究都說明辦公室裡的布置情況遠遠不能令人滿意。儘管如此，工作人員還是認為工作時的私密性非常重要。Farren、Kopf和Roth做的一個關於學校辦公室的調查發現，工作人員把私密性看得比空間的大小、室內溫度、通風、家具、燈光、視野和美觀等更為重要。

(1)私密性、工作滿意度和工作空間滿意度

每個人在工作時都有一定的私密性要求，在工作時不希望受到別人的干擾，不希望別人在自己身邊走來走去，有意無意地掃視自己手頭的工作，討厭身邊一些無聊的談話、閒言碎語和反覆無常的電話鈴聲會打斷思路，分散工作時的注意力。

大量的調查說明，工作時的私密性和整體的工作滿意度有關。缺乏私密性的辦公室會影響員工的工作滿意度。一般說來在私密的辦公室裡工作的人，要比在與人共享的辦公室裡工作的人對工作更滿意。Oldman和Brass（1979）的研究工作說明，雇員們從傳統的封閉辦公室遷往開放平面的辦公室以後，工作滿意度大幅下降，而且在以後的測試中工作滿意度也一致偏低。

私密性與工作滿意度之間的相關關係存在兩個層次。在一般意義上，私密性對個人的控制感、自尊感和認同感有重要的價值，這些價

值在工作中同樣珍貴。私密性意味著雇員們在工作時有一種更自由的感覺，更有創造性、獨立感和責任心。除了以上的感覺之外，私密性與雇員們對工作環境的控制意識有著強烈的聯繫。Kaplan 發現對作業缺乏控制是導致雇員們在工作場所心理和生理緊張的重要根源。另一方面，私密性還意味著一個人的社會地位，私密性強可使人覺得這個人在公司裡的社會地位高。在公司或組織中，私密性強的人常常是高級職員或管理者，他們不是有著個人辦公室，就是與普通職員的辦公地點有一段距離。這些人的收入又比較高，所以他們對自己的工作和工作環境更滿意是不足為奇的。從這方面來說，私密性意味著工作條件的改善。

在具體的層次上私密性也與工作滿意度有聯繫。工作場所的私密性意味著降低外界的干擾和減少分心的因素。這些可以降低他們的工作壓力同時集中注意力，雇員們可能更樂於主動工作，容易取得成績，個人能力容易得到發揮，積累更多的工作經驗，將來會獲得更大的成功。

有的學者所持觀點和我們的不一樣。Sundstorm（1986）堅持認為私密性和工作滿意度的關係會隨著時間的推移而減弱。他說任何具體環境的影響都是短暫的，因為人們有著非凡的適應能力，此種具體環境就包括建築中的私密性。任何工作環境的改變起初都被看成是新奇的，如從個人辦公室搬到開放式辦公室，一開始環境的變化對人們的知覺有強烈的影響，然而在新環境裡待上一段時間以後，人們便會接受此種變化或認為此種變化是理所當然的。因而，如果說私密性對工作滿意度有影響的話，此種影響也只是發生在一段時間裡。

難道雇員們真的對環境「麻木」了嗎？DuVall-Early 和 Benedict（1992）就這個問題調查了國際職業秘書公司弗吉尼亞分部的 130 名職員，他們請受試者回答滿意度問卷上的各項問題，這些人在同一工作場所的時間有長（1 年以上）有短（1 年以內）。結果發現儘管私密性不是和工作滿意度的所有方面都有聯繫，但它確實與總體上的工作滿意度有關，也和其中的某些方面有關，譬如工作中的創造性、獨立性、社會地位的責任感等。這個研究多少解開了一些疑團。

工作滿意度非常複雜和綜合，除了私密性以外，還與工資收入、

公司政策、社會福利等與環境設計毫不相干的因素有關，相較而言，還是工作環境滿意度與私密性的關係更密切一些。確實，環境心理學家更重視工作環境滿意度與私密性之間的關係，因為建築師不是超人，他唯一承擔責任的地方就是空間的組織和設計。在探討工作環境滿意度與私密性之間關係時，研究人員把私密性在技術上處理成「對空間接近的有選擇的控制」，也就形成了「建築私密性」的概念，它與私密性概念的區別在於它不再包括與空間無關的社會交流，如訊息的組織與管理。建築私密性特別強調工作場所的可達性如何，也就是說那些被隔牆或隔板圍起來並且可以上鎖的辦公室，其建築私密性要高於那些很多人一起辦公的開放式辦公室。

建築私密性是環境滿意度的重要因素，如果在空間裡雇員們不能對別人的接近有任何控制，無論是身體上的、視覺上的、還是聽覺上的和嗅覺上的，按照訊息超載理論，雇員們所遇到的令人厭惡的社會接觸的機會將大大增加，這將導致雇員們負面的感受，使他們感到沮喪，導致工作壓力增加。

在私密性的污染源中，最令人厭惡也最難以控制的就是噪音。噪音是一種環境壓力，是人們對環境不滿的根源之一。噪音既影響了私密性，也影響了人們的工作環境滿意度。辦公室裡此起彼伏的電話鈴聲、同事們的談話聲、空調的啟動聲和複印機的滾動聲等，使得辦公室成為複雜、混合但很不悅耳的交響曲。除非是在個人辦公室裡，在開放式辦公室中大量的雜七雜八的聲音幾乎難以避免，這也是為什麼個人辦公室要比開放辦公室的私密性高的主要原因。

針對辦公室的環境評價研究已經指出，工作人員對其直接工作空間的評價在他的工作環境滿意度中最具影響力，所以工作場所中決定工作人員評價的關鍵性設計特徵，往往出現在與他們關係最密切和最個人化的部位。最有說服力的證據是 Marans 和 Yan（1989）提供的。他們對美國工作場所做了全國範圍的調查，發現無論是在封閉辦公室裡，還是在開放式辦公室中，私密性名列工作環境滿意度諸要素的第四和第五位，僅次於空間評價、照明質量和家具品質。在稍後的一個調查中，Spreckelmeyer（1993）選取了不同的樣本，他發現在封閉辦

公室裡，言語的私密性名列滿意度諸要素的第三位。在開放式辦公室裡，視覺私密性名列滿意度的第三位，僅次於照明質量和空間評價，並在家具品質之上。

(2)個人辦公室

和住宅一樣，受歡迎的辦公室通常是較大的、較封閉的且能「對接近度可控制的」辦公室。與有很多人一起辦公的大辦公室相比，個人辦公室的私密性程度高，也更受人歡迎。大辦公室裡有太多的干擾和令人分心的種種因素，但在個人辦公室裡，門與牆體是保證私密性的關鍵，個人辦公室能讓不必要的令人煩心的因素止步於門前或牆外。Block 和 Stokes（1989）透過實驗室工作發現，與 4 人在一起工作的辦公室相比，受試者更青睞個人辦公室。

人們總是希望有自己的個人辦公室，要是能做到這一點，除了私密性以外，他還能得到其他的好處，但對公司而言，這實在是太不經濟了。公司要求工作人員之間有良好的溝通，順利地交換意見和通暢地文書往來等靈活性和機動性。於是開放式辦公室，又稱為景觀辦公室逐漸流行起來。

(3)開放式辦公室

開放式辦公室最先是 20 世紀 50 年代末在德國發展起來，它試圖透過把各部門合理地並置在一起以實現良好的通訊與訊息溝通，其目的是為全體員工提供一個舒適的工作環境，同時又能經濟地使用空間，提高管理部門改變辦公室布局以適應工作方式之改變的能力。同傳統的大辦公室以幾何學規律配置桌椅不同，開放式辦公室與環境美化運動密切相關，在這些寬敞的大空間裡，設有很多綠樹盆景和低矮的屏風式隔斷，它們與自由布置的桌椅一起，有機地組合成適用的空間。當工作方式改變，或對環境感到膩煩時，隨時可方便地移動桌椅與隔斷，就能使辦公室獲得新的組織和型態。

開放式辦公室中的私密性顯然低於個人辦公室的私密性，但開放式辦公室量大面廣，是市場的主流。據一份調查說，全美銷售的辦公樓中 50%以上是這種開放式辦公室。所以開放式辦公室的各設計特徵

與私密性之間的關係更受到學者們的重視。

　　在開放式辦公室中，如果工作空間周圍有各種隔斷的話，那將有助於提高雇員們工作時的私密性。Sundstorm 等人（1980）發現，隨著周圍空間隔斷數量的增加，雇員們的滿意度提高了，私密性增強了，工作績效提高了。Oldham（1988）也發現在開放式辦公室裡增加一定數量的隔斷以後，雇員們的擁擠感減少了，私密性與滿意度也提高了。

　　除了隔斷的數量以外，隔斷的高度也與私密性有關。一般來說，隔斷的高度越高，受試者們對私密性、交流和工作績效等項目的評分也越高。當然，如果隔斷隔到頂棚就成為隔牆了，隔牆的私密性最高。典型的隔斷由單片的、實質而不透明的板構成，通常比人坐著時的視線略高一點。另一種隔斷的形式是由板材透過插接組合在一起，成為圍合工作空間的面，見圖 5-3。此種組合件往往有一片隔板的高度等於或低於人坐著時的視線。O'Neill（1994）的工作說明，組合隔斷與單片隔斷相比，提高了工作人員的私密性並提高了對工作空間的滿意度。儘管在單片隔斷的工作空間中，隔斷的高度一樣且略高於人坐著時的視線，但組合隔斷中有一片隔板略低於人坐著時的視線，如此，工作人員可透過在隔斷後挪動位置來控制自己在別人視野中的暴露程度。當他覺得不舒服時就可以把椅子移動到高隔板之後，別人就看不到他，於是私密性就提高了。這也再次說明，私密性是人們對開放與封閉的控制程度。

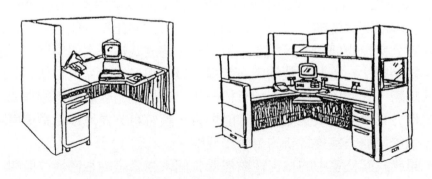

圖 5-3　單片隔斷與組合隔斷（O'Neill, 1994）

可調節的、性能優良的隔斷只能遮擋視線，但對噪音干擾無能為力。辦公室裡噪音干擾確實是難治的頑症。但設計師在此方面也應該是有所作為的。辦公室設計時應進行聲學處理，以減少噪音的音量，如鋪地毯、做吸聲吊頂，在牆面和隔斷上鋪釘吸聲板，以及增設帷幔等措施都可以減小辦公室裡的噪音。一個計畫良好的折衷方案應既能提高辦公室裡的聲學控制，也能提高雇員們的私密性和滿意度，聲學設計應保證私密的談話不被相鄰者聽到。

DuVall-Early 和 Benedict（1992）說，在開放式辦公室裡巧妙地布置桌椅也能提高私密性。他們發現如在工作時看不到同事也可以令人有私密的感覺。這意味著在共享的辦公空間裡職員們背靠背辦公，不產生視覺接觸就能創造某種程度上的私密感。這個研究還認為，即使在工作時會看到同事，但與他們保持一定距離，如至少大於 10 英尺[1]，也能促進私密感。此處有一問題，10 英尺是否就是私密感的最低限度，是否隨著距離的增加私密性也就隨之增加，這需要以後的工作來檢驗其中的關係。

總體上，工作環境設計出現了深刻的變革，這是與環境的快速變化、跨國公司在全世界迅猛發展以及辦公自動化的普及有關。工作環境的這種變化不僅反映在辦公室裡，也反映在設施和工作組織的不斷調整之中。遍及全球的經濟與市場的壓力正深刻地改變著工作的性質，各個公司和機構被迫持續而迅速地重組自身來應付越來越大的競爭壓力，一種全新的工作場所設計策略正應運而生，此種設計策略的主要目的在於減小環境變化給員工所帶來的衝擊，增強工作本身的特性以及緩和工作中的巨大壓力。

於是組織中的個人與團體的複雜關係突顯了出來，人們意識到只有增加投入才能增加自己在競爭中的優勢，此種投資就包括對員工的各種培訓費用和分析他們的各種需要。最新的辦公室設計方案不僅須考慮建築物整體的結構與布局，也應考慮到員工們在辦公時的工作需要，以及在一個作業完成後員工們為下一個作業進行重組的可能，建

---

[1] 1 英尺 = 0.3048 米

築師必須在辦公場所中採取有效措施減小員工們的工作壓力，以適應高度變化和流動的環境。這裡明顯存在一個矛盾：一方面為了適應並應付越來越強大的競爭，環境的靈活性必不可少；另一方面不穩定的工作環境必然會給員工們帶來較大的工作壓力。所以，開放式辦公室正好能成功地對付上述挑戰，它有著個人辦公室無可比擬的優點：易於管理、便於組織和調整，儘管其在私密性方面有某些缺失，但可以透過環境設計使私密性的缺失減至最低限度，所以開放式辦公室比個人辦公室具有更廣闊的前景。

3.社會機構

有的環境是為社會上一些特殊的群體建造的，譬如養老院、大學公寓和監獄等。老人們將在養老院裡頤養天年，大學生將在大學公寓裡住上少則 3、4 年多則 7、8 年，監獄則更是一個特殊的環境，其建造的目的與其他環境的建造目的迥然不同。這裡我們將探討在大學公寓和老年公寓中的私密性的情況。

⑴大學公寓

作為生活環境，大學公寓與養老院、監獄等大為不同，大學公寓並不是大學生們唯一的生活環境，但從學生們在公寓裡所待時間、完成的作業以及從事的各種活動而言，大學公寓在大學生的學習生涯中占很大比重。以前我們普遍對學生公寓的研究和設計不夠重視，現在隨著大學生人數的增長，政府對教育投入的逐年增加，則對學生公寓的投入也會大幅增加。

從學校的角度來說，大學公寓就是以合理的低廉費用為學生提供居住的地方，對私立大學而言，大學公寓還是學校收入的重要來源；從學生父母的角度來說，大學公寓是為他們的子女提供學習、休息和生活的場所；然而最重要的是從使用者即大學生來說，大學公寓是滿足其求學的、社會的和個人的需要之環境。不論在什麼地方，一定程度的私密性對學生的有效學習都是必要的。在公寓裡學生們除了睡覺、個人活動和娛樂時希望有私密性以外，也十分重視學習時的私密性。Stokes 的調查說，公寓是大學生們學習的重要環境，他們 55～78%的

學習是在公寓裡完成的。受調查的學生中有 80% 比較喜歡小一點的地方，而不喜歡到大空間裡學習，有 85% 的人喜歡單獨學習。

　　此類研究工作對合用公寓的設計和制定管理政策很有價值。當同房間學生人數增加時，房間內學生的學習時間普遍就減少了。如 Walden 等人的工作說明，當男大學生人數由 2 人增至 3 人時，他們在公寓裡的時間就少多了。所以多人公寓迫使大學生們尋找其他空間以滿足學習需要，如圖書館或公寓中的休息室。然而在理論上這種空間與公寓相比，它的私密性都比較差，因而當學生們在公寓中或其他地方無法獲得足夠的私密性，特別是學習上的私密性，其學習成績差是在預料之中的。

　　在公寓設計上，似乎走道型公寓在導致私密性缺失方面顯得嚴重，特別是雙負荷走道，其服務的房間數多，使大學生之間有太多的相互作用與交往，這導致擁擠感大為增加。Valins 和 Baum 在 20 世紀 70 年代的系列研究說明走道型公寓裡的居民由於遭受了更密集的社交影響，因而普遍有迴避社會交往的傾向。走道型公寓有一個難以克服的缺點是噪音干擾。走道裡來往人眾，談話聲和雜七雜八的聲音難以避免。Feller 曾建議藉調節走道上的燈光照度來控制走道裡的噪音，以利於休息和讀書。具體地說，當走道裡的照度由 54 lx 降低至 5 lx 時，在實驗的多數狀況下，走道上的噪音都顯著降低。藉此發現，至少在聽覺上可能獲得更佳的私密性。

　　在空間策略上，可能套房式公寓，即有若干個房間圍繞一公共起居室的設計模式，是一個很不錯的模式。Zimring（1982）轉引自 Gifford（1987）曾對一學校公寓改建前後做了比較研究。在改建之前，很多學生都住在一個沒有分隔的大房間裡，當時改建設計提供了三種方案：套房式（二、三或四個房間圍繞一起居室），走道式（房間沿走道布置，一人或二人一間房）和組合式（如同一開放辦公室，在現存的較大空間裡分隔出一部分做睡眠用）。改建完畢付諸使用以後，他們發現在改造成套房式和走道式的公寓裡，學生們與別人的交往較頻繁，並比改建之前更多地使用了自己的空間。

　　這個研究有三個啟示。首先，組合式設計最糟糕。當很多人共享

一個大房間時，如果僅劃分睡眠區而不對其他活動提供控制私密性的手段的話，也無法控制噪音干擾，那麼學生們在公寓裡私密性之缺失也是相當嚴重的。第二，在套房式設計中，不能以縮小私密的或半私密的睡眠區為代價，而提供一個較大的公共起居室，否則就是把學生趕到公共起居室去讀書，於是又會引起同樣的問題。第三，短走道和低密度（一人或二人一間房）的走道式設計效果並不差。此種設計的成功之處在於它允許學生能有效地控制自己的實質環境，如照明、溫度以及自己的社交生活。他們可以較佳地控制什麼時候與別人交往、是否交往、與誰交往。引人注目的是在這個走道式改建案例中，也提供了某些象徵性的障礙物來提高居住者對自己空間的擁有感。

以上都是國外關於大學學生公寓的研究，對比中國的大學公寓則有較大不同。其中主要有三點：首先，我們大學公寓中的密度還是比較高的；第二，大學生對公寓沒有選擇權；第三，也許是最重要的，即我們的大學公寓中，其學生的生活模式與國外相比有很大的不同，公寓主要是作為休息的場所，學生們通常不在公寓中而是在各專業教室和圖書館裡學習。但現在大學公寓的住宿條件在逐漸好轉，以上海為例，市政府要求在 2000 年各大學公寓的標準是四人一間。與此相應的是越來越多的學習會在公寓裡完成，特別是個人電腦逐漸在學生公寓裡普及，以及公寓中學生人數的減少，都有助於學生們在公寓裡學習，這些都會導致學生們對公寓裡的私密性有更高的要求。此外隨著房地產市場的完善，將會有學生放棄大學提供的學生公寓，而在校外租房，引起學校的學生公寓與房地產市場的競爭，無論這場競爭誰輸誰贏，私密性毫無疑問將是一個主要因素。

(2)老年公寓

對住在醫院、養老院和老年公寓等公共機構中的人來說，私密性是個大問題。這通常是因為沒有足夠的錢可以使人們擁有一個獨用房間的緣故，而其他形式的私密性也很難獲得，譬如在這些地方與朋友或家人親熱的機會也不多。

Howell 和 Epp（1976）曾對老年公寓中 53 戶的設計情況進行考察，

以觀察老年人的行為模式與私密性的關係。她們研究了高層老年公寓中老人們的社交情況。兩幢高層公寓的設計特徵大致相同，其細微差別在於 B 幢由入口到電梯需經過交誼廳，A 幢卻不需要如此。於是研究人員想弄清楚此設計上的差異是否會產生影響。她們發現，如果一幢建築物強迫它的居民在交誼廳碰面而事實上他們不希望如此的話，會使老年人覺得自己好像生活在一個金魚缸裡，彼此更不和睦，更不願意使用交誼廳。此種情形與 B 幢中居民的行為相合。相反 A 幢中居民們是被鼓勵和暗示，而不是強迫彼此交往。A 幢中的居民可以在幾個活動室中很舒適的私下交談，結果他們使用這些空間的頻率很高。見圖 5-4。

　　兩位研究人員還透過與上百位老人談話，觀看房間裡的空間布置，以及老年人對這些空間布局的行為調整和適應情況，提出了一些可以最大限度提高私密性的設計準則，其中的一些是與空間有關。

　　譬如：

　　「避免直接從入口可以看到非常私密的區域，如廁所、廚房和洗滌槽」；

　　「客人不應該穿過睡眠、穿衣和化裝區而到廁所」；

　　「應該提供一種區域，在裡面老人們可以看到來往的人的活動，但減少被他人監視的機會」等。

　　與 Howell 等人的現場觀察不同，Zeisel 等人（1978）使用已出版的研究文獻作為基本資料，提煉出老人的活動行為準則，他們找出並分析參加全美建築競賽作品來說明一般設計者應如何在設計上照顧老人的需要。在綜合這些結果以後，他們舉辦了一個專家審核會議，提出設計準則，其中重要的一點，就是老年人應對「後台」區域有一些控制力。

　　Zeisel 等人（1978）認為，對老人而言，其行動隨著敏捷平衡能力的減弱，而變得遲鈍，他們是否能在公寓裡的各個空間和房間很容易的來往變得更加重要。若各空間和房間來往不便時，不僅造成不方便，而且會危及到老人的安全和健康。但實質環境上的容易往來，不一定要以放棄「後台區」的視覺私密性來換取。後台區包括臥室、浴室、

廁所和廚房，為了在訪問面前保持老人們的自尊，他們仍然需要控制視覺的可及之處，就如後台區比較私密的活動如盥洗、睡覺和做飯菜等。這樣，公寓單元的設計必須小心地注意減少內部公共與私人區域之間的實質距離和障礙，同時又要增加後台區的視覺私密性。

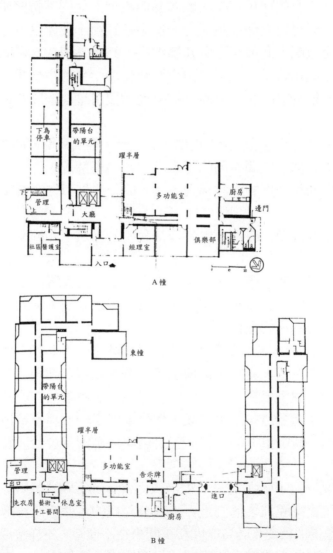

圖 5-4　兩幢高層老人公寓的不同設計對私密性的不同影響
（Howell & Epp, 1976）

　　Zeisel 的準則和 Howell 的建議聽上去很有道理，遺憾的是在大多數老年公寓中，對視線、聲響和親密等方面的私密性，在設計上是欠考慮的。

　　總結　在結束關於私密性的討論時我們再三強調，私密性是一種能動的過程，透過它，個人可以調整他們與社會的交往，使自己與他人多接觸或少接觸。所以，私密性是一個中心概念，它在個人空間、領域性和其他社會行為之間搭起橋樑的作用。私密性是人與人之間的界限調整過程，透過它，一個人或一個群體調整與他人的相互作用。私密性在人們的社會生活中有著重大的作用，它保護了正常的社會交流，促進了個人控制，也有助於個人的認同感等。在環境設計中應考慮人們在空間中的私密性要求，儘管此方面做得不盡如人意，但令人高興的是，探討私密性與環境設計之間關係的工作已經開始起來了。如果大量的工作能夠繼續展開，那麼我們就可以建立一些設計準則來指導環境設計，特別是那些對個人的生活非常重要的環境，如居住環境和工作環境，如何切實地照顧人們的私密性是提升人們的生活品質和工作績效的重要保證。

第6章

個人空間

　　空間是物體存在的形式。所以空間，首先是距離，它幾乎決定了我們生活裡的所有方面。距離決定愛和美，決定歡樂和幸福，也決定機會和成功。距離是權利的象徵，物體在空間裡的不同位置足以顯現不同的關係。同時距離也是溝通的手段。

　　生活常識告訴我們，兩人談話時的距離與位置不可小視。距離過於近，到了「促膝抵足」甚至「耳鬢廝磨」的程度，大概就不可能是貿易談判或外交對壘了；若座位相對並且高低兩分，分到了被告需仰視法官的地步，那大概也就只能公事公辦而不容易柔情蜜意了。眼下各服務機構，包括醫院、郵局和航空公司紛紛降低櫃台高度，撤除營業窗口的欄杆和隔板。這種空間改革當然寓意深遠，一種買賣雙方輕鬆親近、自由平等的氣氛撲面而來悄入人心。

　　「你不可能把人和空間分開。空間既非外在對象，也非內在經驗。我們不能將人除外之後，設想還有空間存在。」海德格爾的這段話用來概括個人空間是最合適不過的。曾有人做過這樣一個實驗。A、B兩人同去一家飯店吃飯，兩人相對而坐。A拿出一包香煙點燃了一支，然後把煙放在桌面3/4的地方，確切地講是放在了B的前面。接著A不斷的和B交談，B總感到不太舒服。後來A還把自己的餐具不停地推向B，這時B看上去更加不安。最後A竟然把身體傾斜過桌面與B講話，這時B更加難受，A的話他一句都聽不進去，本能地將身體向後仰。此時A停止了剛才的行為，他告訴B剛才是在說明一個有趣的空間界定問題，B不解的問「這是怎麼一回事呢？」

　　答案就在我們身邊。如果仔細觀察人的空間行為，你會發現人與人之間總保持著一定距離，人好似被包圍在一個氣泡之中。這個神秘的氣泡隨身體的移動而移動，當這個氣泡受到侵犯或干擾時，人們會顯得焦慮和不安。這個氣泡是心理上個人所需要的最小的空間範圍，Sommer（1969）把這個氣泡稱為個人空間（personal space）。

　　每個人都有一個個人的空間，多數情況下人們不會意識到它的存在和價值，因而對個人空間的最佳提示出現在它受到傷害和破壞之時，就像B所遇到的那樣。看看下面這些例子，你在生活裡可曾有此經歷：在一台很大的空電梯裡，有人進來緊挨著你站著，或是在一輛沒有其

他人的公共汽車裡，有人上來緊挨著你旁邊坐下。在顧客稀少的快餐店裡你正在享受辣雞翅的美味時，忽然有人把托盤放在你的桌子上不由分說地坐在你對面。如果有人這樣做，你會有何感受？你會作出何種反應？在柔情蜜意的場合裡，女友似小鳥依人般地靠著你，假如這時你向後退了 1 米，她會有什麼反應？或是情況相反，在大街上你向別人打聽地鐵站的入口，假如此時你向他靠近，譬如湊到僅離他 30 厘米的距離，他又會有何反應？

個人空間現象司空見慣。顧客在餐廳中總是盡可能錯開，在公園裡如果還有空的座椅，就沒有人願意夾在兩個陌生人中間。生活中我們常常忽略一些簡單卻很普遍的事實，個人空間就是一個典例。在日常生活裡，我們與他人之間保持一定距離，人們用它來調整與他人交往的程度，所以個人空間是人們在環境中使用的一種行為機制。通常它是隱含的、不顯眼的，我們每個人都擁有它、使用它。

個人空間是環境與行為研究中最令人感興趣的領域之一，很多環境心理學家都曾就此主題做過研究。據 Altman（1975）的統計，到 1975 年已經發表了約 200 項關於個人空間的、經驗的、定量的研究。到 1985 年，Hayduk 就報告說此方面的研究已經超過了 1000 個。

一、個人空間的性質

在與人交往中我們利用環境的一個基本方式就是與他人保持距離。用接近或遠離其他人的方法使我們自己和他們多接近些或少接近些。動物行為學家早已觀察到在此方面動物與人類很相似。譬如鳥兒在電線上停成一排，互相保持一定的距離，好像牠們曾用皮尺丈量好似的，恰好使誰也啄不到誰。兩隻陌生的狗走到一定距離內，牠們會停下互相打量對方，然後進一步靠近或是一方逃之夭夭。一些學者還指出許多動物進食時也是均勻地分散開來，這樣它們之間就保持差不多的距離。個人空間，動物學家稱為個人距離，所指的僅僅是一種人與人之間的距離嗎？

1. 個人空間的定義

Robert Sommer（1969）曾對個人空間有生動的描述：「個人空間是指闖入者不允許進入的環繞人體周圍的有看不見界限的一個區域。像叔本華寓言故事裡的豪豬一樣，人需要親近以獲得溫暖和友誼，但又要保持一定的距離以避免相互刺痛。個人空間不一定是球形的，各個方向的延伸也不一定是相等的……有人把它比作一個蝸牛殼、一個肥皂泡、一種氣味和『休息室』。」

所以個人空間是人們周圍看不見的界限範圍內的空間，人們走到哪兒這一空間就會跟到哪兒。基本上它是一個包圍人的氣泡，有其他人闖入此氣泡時，就會導致某種反應，通常是不愉快的感受，或是一種要後退的衝動。另一方面，個人空間並不是固定的，在環境中它會收縮或伸展，它是能動的，是一種變化著的界限調整現象。我們有時靠別人近一些，有時離別人遠一些，是隨情境而變化的。雖然每個人都擁有各自的個人空間，但他們的個人空間並不完全一樣，而且，儘管個人空間主要指的是人際距離，但它也不排除社會交流的其他方面，如交流方向和視覺接觸等。Gifford（1987）還認為，個人空間不是一種非此即彼的現象，也就是說個人空間這個氣泡並沒有一個明確的邊界，更多的是一種生理和心理上的梯度變化。

2. 個人空間的作用

在個人空間的各種功能中控制距離是最重要的。在各項工作裡，學者們發現不合適的空間安排會導致不舒服、缺少保護、喚醒、焦躁和無法溝通等效應。不合適的人際距離通常會有一個或多個負面影響。相反，合適的距離則會產生積極的結果。

(1) 私密性調整的空間機制

根據 Altman（1975）的理論，我們已經看出私密性、擁擠、領域性和個人空間是彼此關聯的，私密性是這些概念的核心。私密性是一項動態的界限調整過程，人們透過一系列行為機制以獲得私密性。這些行為機制包括語言行為、環境行為和文化習慣。個人空間和領域性

都是環境行為。因此個人空間就是用來調節與其他人相互交往和獲致所希望之私密性的一種技巧和手段。個人空間就是私密性調整的空間機制。如果從此點看來,個人空間和領域性不僅性質相同而且功能相近。領域是一種不能隨意進入的場所,個人空間也有一個界限和範圍。雖然它不是視覺可見的,但它明確、實在而有效。個人空間和領域的不同之處在於個人空間是可以隨人們的移動而移動的,它是人們可以隨身攜帶的領域。

(2)舒適

當 Sommer 開始研究個人空間時,他的出發點就是為人們交往時的舒適感尋找合適的距離。雙方交談時站得太近或太遠都不舒服。Hall曾對此做了一個研究。他讓一個士兵在離軍官三步遠的地方立正,此時軍官開始和他談話。Hall 說對進行交談的兩人而言,三步的距離實在是不舒服。其他人的調查也發現,不合適的遠距離人際空間使人不舒服。而不合適的過近的人際空間不僅讓人不舒服,還使人體驗到壓力,那就是擁擠。

(3)保護機制和交流控制

Dosey 和 Meisels 把個人空間作為一種自我保護的機制。兩人都認為,如果來自外界的威脅和自我意識增強時,個人空間也就變大了。一些在監獄裡展開的研究也說明,暴力犯罪者要比監獄中無暴力史的囚犯的個人空間大 4 倍。這些研究人員認為這些暴力犯罪者不僅威脅他人也特別容易感受到來自他人的威脅。由於害怕別人報復而擴大了個人的保護區域,因而個人空間也就變大了。

控制人與人交流的強度和程度也是個人空間的重要功能。比如說我們和朋友、親人在一起時,個人空間就比較小。但和陌生人在一起時,個人空間就比較大。所以個人空間可以調整與控制所接受的刺激量。

人類是如何把個人空間作為調整社會交流的工具呢?此方面系統而理論化的闡述是由 Hall 提出的。Hall 把個人空間看成是傳遞訊息的一種方法。他的一本有關個人空間的早期著作──《無聲的語言》(1959)中有一章題為「說話的空間」表達了這個觀點。數年以後,

他出版了個人空間研究領域裡最重要的著作之一——《隱匿的維度》（1966）。他在該書裡系統地揭示了在人與人交往中空間所起的作用。他把此理論稱為「近體學」（Proxemics）。

3. 近體學

(1) Hall 的近體學

Hall（1966）的理論有兩個中心點。首先，他說，北美人在日常交往中有規律地使用四種人際距離，即親密距離、個人距離、社交距離和公共距離。人們使用這些人際距離是隨場合的變化而變化的。譬如公開場合就與私下場合不一樣。第二，作為人類學家，Hall 認為不同文化背景的人們，他們的個人空間也不一樣。譬如阿拉伯人之間就保持較近的距離，而德國人在交往時距離就比較大。

親密距離　親密距離的範圍為 0～18 英寸[1]。它包括 1 個 0～6 英寸（約 0～15 厘米）的近段和 1 個 6～18 英寸（約 15～45 厘米）的遠段。在親密距離內，視覺、聲音、氣味、體熱和呼吸的感覺，合而產生了一種與另一人真切的關係。在此距離內所發生的活動主要是安慰、保護、撫愛、角鬥和耳語等。親密距離只使用於關係親密的人，譬如密友、情人或配偶和親人等。在北美文化裡陌生人和偶爾相識的人不會用此距離，除非是在個別有規則的遊戲裡（如拳擊比賽等）。一旦陌生人進入親密距離，別人就會作出反應，如後退，或給以異樣的眼光。Hall 說，一般來說，成年的中產階級美國人在公開場合裡不使用親密距離，即使被迫進入此距離，也常是緊縮身體，避免碰著他人，眼睛毫無表情地盯著一個方向。

個人距離　個人距離的範圍從 1.5～4 英尺。它包括 1 個 1.5～2.5 英尺（約 45～75 厘米）的近段和 1 個 2.5～4 英尺（約 75～120 厘米）的遠段。在近段裡活動的人大都熟識且關係融洽。好朋友常常在這個距離內交談。Hall 說如果你的配偶進入此距離你可能不在意。但如果

---

[1] 1 英寸＝25.4 毫米

另一異性進入這個區域並與你接近，這將「完全是另一個故事」。個人距離的遠段所允許的人範圍極廣，從比較親密的到比較正式的交談都可以。這是人們在公開場合普遍使用的距離。個人距離可以使人們的交往保持在一個合理的親近範圍之內。

社交距離　社交距離的範圍從 4～12 英尺。它包括 1 個 4～7 英尺（約 120～200 厘米）的近段和 1 個 7～12 英尺（約 200～360 厘米）的遠段。這個距離通常用於商業和社交接觸，如隔著桌子相對而坐的面談，或者雞尾酒會上的交談等。Hall 認為這一距離對許多社交而言是適宜的。但超出此一距離，相互交往就困難了。社交距離常常出現在公務場合和商業場合，就是不需過分熱情或親密時，包括語言接觸、目光交接等，這個距離是適當的。

公共距離　公共距離在 12 英尺以上。它包括 1 個 12～25 英尺（約 360～750 厘米）的近段和 1 個 25 英尺（750 厘米）以上的遠段。這個距離人們並非普遍使用，通常出現在較正式的場合，由地位較高的人使用。比較常見的是在講演廳或課堂上，教師通常在此距離內給學生上課。講演廳裡的報告人離與他最近的聽眾的距離通常也落在此範圍裡。據說在贖罪日戰爭之後，阿拉伯與以色列和平談判時，雙方代表的坐距正好是 25 英尺。一般而言公共距離與上面三種距離相比，人們之間的溝通有限制，主要是在視覺和聽覺方面。

Hall 強調說距離本身並不是重要因素。說得更恰當一些，距離提供了一種媒介，許多溝通可以透過此媒介發揮作用。在親密距離內視覺的、聽覺的、嗅覺的、觸覺的等感官都可以發揮特殊的作用。隨著距離的增加，視覺和聽覺越來越成為重要的感官。

(2)近體學的驗證

Hall 的理論來源於他獨具慧眼的觀察和思考，但他的觀點在多大程度上得到了證實呢？Altman 和 Vinsel（1977）考察了 100 項關於個人空間的定量研究，這些工作都提供了實際測量到的距離。這些實驗採用了不同的方法，實驗中有些由男性參加，有些只有女性參加，還有一些研究男女都有。有的研究是在關係親密的人之間進行，有些則測

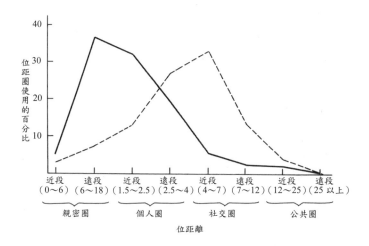

圖 6-1　人際距離近段和遠段的分布（Altman & Vinsel, 1977）

量了陌生人之間的行為，另有一些則涉及了不同文化和種族的人，所以兩人所回顧的研究涉及了相當寬的情況和因素。見圖 6-1。

　　圖 6-1 是 Altman 和 Vinsel 的分析結果。圖中兩條曲線分別表示站著的人（實線）和坐著的人（虛線）。一般而言，坐著的人要比站著的人之間的距離大。當人們站著的時候，用得最多的距離是親密距離的遠段和個人距離的近段，平均在 18 英寸（45 厘米）左右。這與 Hall 假設的人們日常公開場合的交往距離相當。由於這些資料來自許多類型不同的人，所以此結果令人印象深刻。只有極少數的人站在親密距離的近段，也只有極少數的人使用社交距離和公共距離。

　　虛線代表了坐著的人的比較資料，這裡的距離明顯較大，人們傾向於使用個人距離的遠段和社交距離的近段。他們之間的距離（測量兩個人之間或測量兩把椅子之間）大概是 4 英尺（120 厘米），這比站著的人增加約 1.5 英尺。這增加的距離是由於人腿長度造成的。因而當人們坐著的時候，他們的距離既不太近也不太遠，好像他們知道並選擇一個標準的和可接受的彼此間的實際關係。

　　可以說 Hall 關於人際距離使用的觀點，在總體上，尤其是日常交往中的個人距離和社交距離的論述得到證實。這些結果加強了個人空

間是人們調整社會交往的一個重要機制的觀點。所以，Altman 認為一個人周圍的空間可以被看成是調整與他人交往的最後屏障。

中國此方面的工作很少，楊治良、蔣韜和孫榮根曾對 160 名 20～60 歲的成人受試者進行實驗研究，這些受試者相互陌生，男女各半，有幹部，有工人，文化程度也各有不同，有的是大學生，有的只有初中程度。研究揭示了中國人個人空間的一些數據。他們發現陌生人之間不論同性間的接觸也好，異性間的接觸也好，確實有一定的人際距離。實驗測定，女性與男性接觸時平均人際距離是 134 厘米，這是在所有組裡最大的，當女性與女性接觸時平均人際距離是 84 厘米，可見兩者相差懸殊。而男性與女性接觸時平均為 88 厘米，男性與男性接觸時平均為 106 厘米。可見男人之間的人際距離要大於女人之間的人際距離，而且男人與女人接觸時顯得相對放鬆，特別是與女人和男人交往以及男人之間的交往相比，這種關係顯得更清楚。研究人員認為總體上中國人的人際距離要小一些，見圖 6-2。

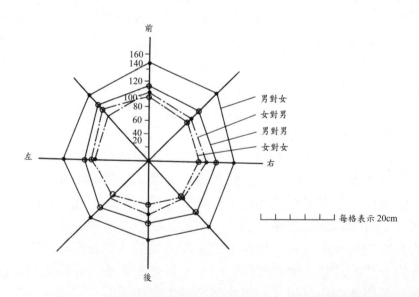

圖 6-2　女人與男人接觸、男人與女人接觸、男人與男人接觸和女人與女人接觸四種情況時所要求的人際距離（楊治良、蔣韜和孫榮根）

但另一項由趙長城和顧凡（1990）提供的資料說明，中國人的人際距離與外國人相比一點也不小。他們檢測了 180 名 11、16 和 21 歲的小、中和大學生的人際空間，受試者男女各半。他們說 16 歲的人際距離最大，平均為 147 厘米，11 歲時的人際距離為 139.4 厘米，21 歲時的人際距離為 140.1 厘米。這兩個資料有很大差異，看來此方面還需要更多的研究工作才能確認中國人的人際距離。

二、個人空間的測試

個人空間的研究方法可以分為三種，它們是模擬法、實驗室研究和現場研究。

1. 模擬法

模擬法在個人空間研究中一直是最受歡迎的，有文獻記載的研究幾乎有一半以上採用此方法。模擬法中，研究人員將代表人的圖像和符號給受試者，受試者的工作就是根據自己的記憶重新構成自己與別人的距離，將這些圖像或符號重新排列起來。實驗中通常採用一些用紙、毛氈切割而成的圖形代表人，然後把這些圖形再貼在一張紙上。近年來各個研究使用過不同的符號，如玩具娃娃、人的剪影、線條畫和抽象符號。模擬法之所以受歡迎還在於它的簡便和易操作。Knethe在 1962 年首先使用了模擬法。他請受試者根據與別人的距離把毛氈人像黏在一塊氈板上，他發現受試者的黏貼絕不是隨意的，這種黏貼表現出相當的一致和有組織。Knethe 認為這是人們用圖形表達出來的親近程度的心理表象。譬如在實驗裡，代表孩子的圖形通常安排得離代表女性的圖形近，而代表男性的圖形被置於較遠的地方。

雖然模擬法普遍採用，但有些學者懷疑這種方法的真實性，他們爭辯說，這種方法是在測量客觀的個人空間呢？還是在測量社會交往時人們之間的距離感呢？Gifford 曾以一簡單的實驗發現，自我報告的距離要大於實際的人際距離約 24%。也就是說在日常交往中，我們似乎相信我們與別人保持了較大的距離，而實際的人際距離要稍近一些。Love 和 Aiello 驗證了實際的個人空間和人們的距離感之間的關係。他

們首先測試客觀的個人空間，幾分鐘以後，他們請受試者盡其所能用三種模擬法把他們的個人空間複製出來。他們發現自然的、未經計畫的個人空間確實與複製的個人空間有關，但不管如何，至少在理論上，模擬法是有缺陷的。

2.實驗室研究

在實驗室研究裡，請參加實驗的人接近受試者，通常要近到令人不舒服的距離，此時命令受試者停下來或報告，然後測量兩人的距離。這些實驗是在人工場合而不是在日常環境中觀察受試者。以楊治良等人的工作為例，實驗前他們請受試者熟悉和了解指導語，實驗時主試者即從 4 米處的某方向（如正前方）向受試者慢慢靠攏，直到受試者叫停為止，這樣此方向與陌生人接觸的距離就得到了，這個實驗測試了左前方、左方，左後方、後方，右後方、右方，右前方和正前方等八個方向與陌生人接觸的空間距離。透過丈量得到八個數據，一個受試者的實驗即告結束。該實驗說明，正前方的人際距離要比後方的大。

實驗室研究的優點在於研究人員可以對實驗條件施加控制，但其缺點是受試者知道研究與空間有關的行為，有時會用欺騙的手段，所以將實驗室研究的發現歸納應用到現實世界中去時，應該謹慎小心。Altman（1975）報導的研究中約有 1/3 採用了實驗室研究方法。

3.現場研究

現場研究方法，就是在日常環境裡實地考察人們的人際距離，如觀察人們在教室、圖書館、遊戲場和酒吧等環境中人與人之間的距離。在自然場合裡的研究對被考察者而言沒有任何限制，人們並不知道有人在觀察他們。研究人員可以用高倍變焦照相機或攝影機拍攝正在遊戲場中玩耍的孩子們，然後分析他們之間的距離。雖然現場研究方法使用得較少，是最後出現的研究途徑，但它有著極大的前途。

三、個人空間的影響因素

Hall 對個人空間的開拓性工作鼓勵了很多學者參與這個課題，研究人員對於哪些因素會對個人空間產生影響很有興趣。許多研究是針

對個人空間的差異方面，譬如性別、年齡、社會經濟地位、文化（包括民族、種族、文明等）等對個人空間的影響，很明顯這種差異是存在的。

1. 個人因素

雖然 Hall 沒有強調個人空間的個體差異，但這依然是一個令人感興趣的題目。個人因素包括個性、簡歷和人口統計方面的一些變項，如年齡、性別和身高等。普遍的看法是人們對那些明顯不正常或在容貌上和身體上有缺陷的人保持較大距離。譬如人們對癲癇病患者、同性戀等拒而遠之。除此以外，研究確實發現一些個人因素對個人空間有影響。

(1)年齡

一般而論，個人空間隨著年齡的增長而增長。在一項由 Tennis 和 Dabbs 在 1975 年（引自 Gifford, 1987）主持的工作中，曾討論年齡、性別和環境等對個人空間選擇的影響。受試者包括一、五、九和十二年級，以及大學二年級的學生，他們是以同性為一對，在實驗室裡的角隅和中央接受實驗。之所以選定角隅和中央位置是因為以前由 Dabbs 主持的另一個研究中發現，在房間角隅的受試者，當有其他人接近時，他所保持的個人空間比在房間中央者大。

Tennis 和 Dabbs 研究顯示，一般而言，年齡大的受試者所保持的空間比年齡小的受試者大。男性保持的空間比女性大，在角隅者又比在中央者大。應用模擬法也有類似的結論。在一項由兒童用挑選出的某一種尺寸的圓圈，來代表他們自己的個人空間的工作裡，Long 等人發現受試者挑選出來的圓圈尺寸的大小，隨著年齡的增長而增長。

但個人空間和年齡之間的比例關係並不是一成不變的，老年人的個人空間比較小。Heshka 和 Nelson 曾進行了一次現場調查。他們不被人覺察地測量了正在交談中的兩人的距離，測量好了以後，再分發有關個人特點的問卷。他們發現較年輕的和較年老的組與中年的組相比，人與人之間保持的距離較小。最大的間距是 40 歲組所保持的。這個研究受試者年齡的跨度很大，從 19～75 歲。由此項工作得知年齡與人際

距離的關係是曲線型的。年輕人之間保持的距離較小，另一方面老年人的人際距離也小。對後者我們可以解釋為老年人的各個感官不再如以前那樣靈敏，因而希望依靠不同線索包括空間來部分地補償此種能力的降低。老年人喜歡靠近其他人，以增加觸覺和嗅覺等刺激作為訊息溝通的手段。

(2)性別

在性別方面，男人的個人空間比女人大。而且，同性之間交往時的人際距離與異性之間交往時的人際距離是不相同的。楊治良、蔣韜和孫榮根的調查說明，男人們交往時他們的人際距離為 106 厘米，女人們接觸時她們的人際距離為 84 厘米。女人與男人接觸時，女人需要 134 厘米她才覺得舒適，而男人與女人交往時，他只要 88 厘米就夠了。從楊治良等的研究，我們可以清楚地看到女性與男性接觸時的個人空間要遠大於男性與女性接觸時的個人空間。作者解釋說此與社會化過程有關，除了傳統上「三從四德」、「男尊女卑」等思想作怪以外，女性還有害羞的心理，這些都導致女性與他人接觸時十分小心，有一種防衛心理。而反過來男性則不然，男性與他人接觸時膽子較大，心理壓力也較小。

當個人空間被闖入時，雖然男性和女性都會感到困擾，但男性比女性的感受更糟。闖入的方向也有關係。當別人從側面闖入時，女性比男性反應更消極。而男人對從正面侵入的反應比女性消極得多。

(3)教育水平

不同文化層次的人，對人際距離的需求也不一樣。楊治良等人的工作說明，在當男人與女人接觸的一組實驗中，大專生所需的人際距離平均為 98 厘米，而初、高中生所需的人際距離總平均為 81 厘米。男人間交往的一組就更明顯了，大專生所需人際距離平均為 110 厘米，初、高中生所需的人際距離總平均為 99 厘米。可見不同文化層次的人對空間的需求是不同的。

2.社會因素

個人空間是人們相互溝通的工具。社會因素也會影響個人空間的大小，這些社會因素包括人際關係、交往的性質以及社會地位等。

(1)人際關係與吸引力

早期主流的個人空間研究考察了個人空間和人際關係之間的相互作用。研究結果顯示相互熟悉和吸引的程度是個人空間減小的決定性因素。在與他人交往中，如果喜歡他們或對他們比較友好，則使用的人際距離較小，人們離得較近。反之，如果人們不太熟悉或印象不好，則使用的人際距離較大，離得較遠。一般而言，密友之間靠得較近，使用 Hall 人際距離的近段，熟人和關係一般者使用個人距離的遠段。另一方面，如果對方舉止得體、風度優雅，則使用的人際距離也較小。

(2)合作與競爭

交往的性質也會影響個人空間的大小。Sommer（1969）曾進行此方面的系列研究。他發現如果人們之間相互合作的話，他們會選擇較靠近的座位。但重要的是座位的方向。相互競爭時，人們會選擇相對而坐，在相互合作時，人們會選擇不太直接的方向，如並排坐。不過，這種行為方式顯然受到了實質環境的布局與風俗習慣的修正。譬如一對戀人進入酒吧，他們會首選相對而坐的方式。

(3)社會地位

楊治良等人在實驗中考察了幹部與工人的個人空間，他們發現不同的社會角色對空間有不同的需求。在男人與女人接觸的實驗裡，幹部所需的人際距離平均為 97 厘米，而工人的人際距離平均為 82 厘米，所以幹部所需的人際距離要明顯大於工人的。Barash 曾應用角色概念聰明地改變助手的打扮來觀察學生們的反應。這位助手穿了上衣和結領帶打扮成一個講師，到圖書館裡坐在離學生很近的地方，結果學生們紛紛遠而避之。但當他穿牛仔褲 T 恤一副學生模樣，學生們的反應就不那樣消極了。

空間是很珍貴的東西，人們有很大的能力控制人際間的交往，並利用空間使這種控制進退自如。一個次要角色的人，一個地位卑微的人，寧願與一個重要角色、社會地位高的人保持較大的距離。此種非語言的溝通，明明白白地告訴別人兩者之間的關係，這正是近體學的本義。

3.文化

文化人類學的工作告訴我們，文化對人類行為有很大影響，文化是左右行為的一個重要因素。Hall 的另一核心觀點就是不同的文化使用不同的人際距離。他觀察到在不同的文化中，家具的布置、住家的設計，以及人與人之間的相對角度都有不同。譬如 Hall 把中東和地中海的人描繪成是重感覺的，這些社會裡的人在交往時距離很近。以親密距離的遠段為例（6～18 英寸），成年美國人通常不使用這樣的距離，但在阿拉伯世界裡，此種距離相當普遍，很多情況下這意味著信任。在地中海的奧斯特里亞，人們聚會時可以接受此種距離，但在美國人的雞尾酒會上此距離就顯得過於親密。

Hall 認為阿拉伯文化與其他文化相比，傾向於保持高度接觸。在阿拉伯人的交往中，擁擠、濃重氣味和密切的接觸扮演著極重要的角色。阿拉伯人很少感到有入侵或別人靠得太近的感受。當阿拉伯人湊到對西方人而言是親密距離和個人空間之內時，西方人會顯得非常反感。有人把美國學生和在美國讀大學的阿拉伯學生進行比較，當學生們小組討論時，阿拉伯學生和美國學生相比，阿拉伯學生的座位靠得更近，更直接地面向對方，視線接觸更多，互相觸碰更多，說話聲音也高。

不過，美國人的個人空間並不是各種文化裡最大的。Little 和 Sommer 曾用模擬法讓來自五個國家的人按相互關係放置玩具娃娃，結果他們的結論與 Hall 一致，來自義大利南方和希臘的人，放置的娃娃比來自瑞典和蘇格蘭的人所放置的要近，美國人使用的只是中等距離。普遍的看法是德國人的個人空間比較大，而且德國人對侵犯個人空間非常敏感。德國人常藉私人房間、關閉門戶、厚壁重牆和圍垣等方式維護

私密性，並做得非常徹底。按照 Hall 的看法，德籍學生表示任何接近到 7 英尺（210 厘米）範圍內時就已構成不合時宜的侵入了。在德國人的觀念裡，個人空間更多的是指對一種界限的特殊定義，在此界限內，個人的私密性會受到他人的威脅。如果客人搬動椅子想靠近主人，這種舉止在美國和義大利是可以理解的，但在德國常常被看成是無禮的和冒犯主人的行為。著名的建築大師密斯所設計的椅子重量就比非德籍的建築師和設計師所設計的要重得多，所以你很難搬動密斯設計的椅子。

當然，不同文化在使用人際距離時也存在一致性。Sommer 曾要求來自不同國家的大學生區分不同座位的親密程度。美國、英國、瑞典、荷蘭和巴基斯坦都把並排的座位看成是最親密的，其他依次為鄰角的和面對面的座位安排。座位間的實際距離越遠，親密程度越低。每個人都是如此判斷的，所以雖然不同民族存在差異，但還是顯示出不同文化之間潛在的一致性。

四、個人空間與環境設計

個人空間的豐富知識和經典理論主要是從站著的人考量出來的，可惜建築師很少關注人站著時的交談，相反，人的流動性才是建築設計的基本點。建築師必須為人群的流量和方向作好計畫，但很少有建築師為人們站立時的交談準備合適的距離，因而假使事後證明設計得很好，多數也是出於偶然或豐富的經驗，而不是事先合理的構想。非常自然的情況是，很多研究考慮了人坐著時的人際距離，研究人員希望發現怎樣的座位布置有最佳的效果，能對人們的溝通有促進作用。他們希望透過自己的工作為建築師、環境設計師提供建設性的訊息。確實，個人空間可能不是環境設計的基礎，但它對環境設計依然有著重要的參考價值，下面介紹的例子可以充分說明這一點。

1. 舒適距離

Sommer（1959, 1962）在一連串的實驗裡，曾探討了人坐著時可以舒適地交談的空間範圍。兩個長沙發面對面擺著，讓受試者選擇，他

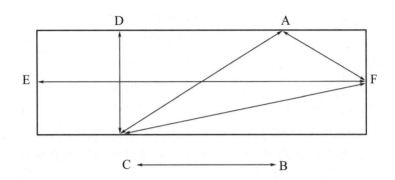

圖 6-3　可能交往的六種方位聯繫圖（引自 Osmond, 1957）

們既可面對面，也可肩並肩的坐。透過不斷調整沙發之間的距離，他發現當兩者相距在 105 厘米之內時，受試者還是願意相對而坐。當距離再大時，他們都選擇坐在同一張沙發上。Canter 後來也找了一些完全不知道 Sommer 工作的學生重複了此實驗，他測量到面對面坐的極限距離是 95 厘米。考慮到測量中可能出現的誤差，可以認為這兩個距離是相同的，而且顯示出此結果不隨時間和地點而改變的性質。

　　除了距離以外，角度也同樣重要。Sommer的一位老師，有遠見的精神病專家Osmond（1957）經過長期觀察發現，他所在的醫院儘管條件很好，給病人提供了足夠的空間，但病人都不喜歡相互交往，一個個愁眉苦臉的樣子。Osmond 就找了學生 Sommer 一起選擇餐廳做為實驗地點，透過大量觀察，他們發現餐廳的不同位置與人們的交往有一定的聯繫。見圖 6-3。

　　從圖中可以看到，長方形餐桌提供了最基本的六種交往聯繫。Osmond 和 Sommer 發現 F—A 之間的聯繫最多，通常比 C—B 多 2 倍，C—B 又比 C—D 要多 3 倍。在其他位置上，他們沒有發現有多少交談發生。透過此項研究Osmond想到醫院病房裡唯一屬於病人的東西就是床鋪和椅子，他們缺乏共同活動的設施，如果安排有書籍報紙和雜誌的大桌子，就會促進彼此間的交往。Osmond認為關鍵問題是房屋的設計和室內陳設必須與功能之間相適應，以便空間有不同的變化，同時根據自己的活動需要和情緒狀態決定使用何種空間。

2.桌椅布置方式

椅子的功用是讓人坐下來，但它的設計和布置足以影響人們的行為。Sommer（1969）舉了一個丹麥家具設計師的例子。這位設計師曾設計一張椅子坐起來極不舒服，坐不了多久就得站起來。請他設計的業主是一位餐廳老闆，原來，餐廳老闆不希望看到顧客泡上了一杯咖啡就賴著不走。

一些研究也曾考察交談與桌椅布置之間的關係。如果桌椅背靠背布置，或者桌椅之間有很大距離，就會有礙交談甚至使之不能進行。像路邊的咖啡座、酒吧和餐廳那樣讓椅子緊緊圍繞桌子，人們相對而坐的方式，非常有利於談話。但如飛機場、公共汽車的座位就不利於交談，乘客們一排排朝前坐，只能看到前排乘客的後腦勺。

Osmond（1957）曾用兩個名詞描述此種現象，他把鼓勵社會交往的環境稱為社會向心的（sociopetal）環境，反之則稱為社會離心的（sociofugal）環境。Osmond並未把這兩個術語限制在桌椅布置上，譬如他說走道式病房是社會離心的，環形病房是社會向心的。這兩個術語用在桌椅布置方面實在合適。最常見的社會向心布置就是家裡的餐桌，全家人圍桌而坐，共享美味佳餚，其樂融融。機場休息廳裡的座位布置則是典型的社會離心式，多數機場的候機樓裡，人們很難舒服地談話聊天。這些椅子成排地固定在一起，背靠背，坐著的人臉朝外，而不是面對同伴。即使是面對面的排列，則因為距離太遠而無法使人舒服地談話。Sommer指出，機場座位之所以採取如此的排列方式，其動機和上面提到的那位餐廳老闆訂做使人不舒服椅子的想法同出一轍，其目的就是想把乘客趕到咖啡廳、酒吧和商店裡去，讓他們在那些地方花錢。

顯然，社會向心布置並非永遠都是好的，社會離心布置也不是都壞，人們並不是在所有場合裡都願意和別人聊天。圖書館就是個例子，閱覽室裡要的是安靜而不是嘈雜。如果有人願意對某個主題暢所欲言，可以專門找個地方討論。

在公共空間設計中，設計師應儘量使桌椅的布置有靈活性，把座

位布置成背靠背或面對面是常用的設計方式，但曲線形的座位或成直角布置的座位也是明智之選。當桌椅布置成直角時，雙方如都有談話意向的話，那麼這種交談就會容易一些。如果想清靜一些的話，那麼從無聊的攀談裡解脫出來也比較方便。建築師 Erskine 一直都把這些原則廣泛地應用到他的居住區設計中。他創造的公共空間設計裡，幾乎所有的座位都是成雙布置的，圍繞桌子成一直角。桌子為休閒活動和餐飲提供了有利條件。如此這個空間就具有了一系列功能，遠不止於僅僅讓人們小坐一會兒。

　　桌椅的布置需要精心計畫，現實中許多桌椅卻完全是隨意放置，缺乏仔細推敲，這樣的例子俯拾皆是。桌椅在公共空間裡自由的布局並不鮮見。設計師在設計中多半考慮的是美學原則，為了圖面上的美觀而忽略使用上的需要。造成的結果是空間裡充斥著自由放任的家具，看上去更像是城市裡雜亂無章的小擺設而不是理想交談和休息的地方。事實證明，人們選擇桌椅絕不是隨意的，裡面隱含著明確的模式。

3.座位的選擇

(1)圖書館

　　Estman 和 Harper（1971）在卡內基—梅隆大學圖書館中觀察了閱覽室裡的讀者如何使用空間，他們的目標不僅是理解使用者對空間的使用情況，而且是希望能發展出一套方法來預測相似環境裡的使用模式。兩位研究人員的記錄包括哪類使用者以什麼次序使用了哪些座位，以及使用了多長時間。根據 Hall 的社交距離的近段假說，他們假設一旦某個椅子被選擇了，那麼使用者就會迴避該範圍內的其他椅子。此點在實驗中得到證實。但他們還是發現了一個強烈的趨勢，即使用者會選擇那些空桌子，並且讀者很少選擇並排的位子，如果讀者們這樣做的話，則兩人很有可能交談。所以，Estman 和 Harper 歸納了一些使用原則：

　　①人們最喜歡選擇空桌子邊的位子；

　　②如果有人使用了這張桌子，那麼第二個人最可能選擇離前者最遠的一個位子；

③人們喜歡背靠背的位子，而不是並排的位子；

④當閱覽室中已有 60%以上的座位被占用時，人們將選擇其他的閱覽室。

(2)教室

關於座位選擇行為的研究，證實了環境中最有影響力的刺激因素是其他人的存在。Canter（1975）觀察了一個討論班裡的學生是怎樣選擇座位的，在此工作中要求學生以 8 人一組進入此教室，並發給每人一張問卷要求他們各選一個座位坐下。控制的變項是講演者與第一排座位間的距離和座位排列的方式（直線或半圓形）。當講演者站在離直線排列的第一排 3 米遠時，學生們都坐在頭三排座位。當講演者與第一排相距 0.5 米遠時，學生們都坐到後面去了，只有半圓形排列時，講演者的位置對他與學生之間的距離沒有影響，見圖 6-4。

這個實驗說明在半圓形的環境裡，隨著角度的變化，抵消了在直線排列時產生的關於距離選擇的某些影響因素。由於有證據說坐在邊

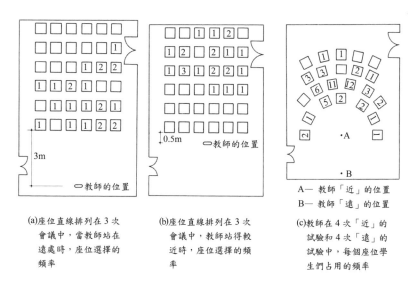

(a)座位直線排列在 3 次會議中，當教師站在遠處時，座位選擇的頻率

(b)座位直線排列在 3 次會議中，教師站得較近時，座位選擇的頻率

(c)教師在 4 次「近」的試驗和 4 次「遠」的試驗中，每個座位學生們占用的頻率

圖 6-4　學生們如何選擇座位（Canter, 1975）

上和後排的學生參與教學活動少並且不認真。因而環形布置更有利於提高討論課上學生們的投入程度。實際上半圓形的桌椅排列可以增進全班師生之間的合作與交流。

(3)會議室

位置的選擇直接透露出人們交往的方式，在會議場合裡兩者關係表現得更具體。在一個長桌上開會，通常是會議主席坐在桌子的短邊，即使在非正式場合，談話最多的或居於支配地位的人傾向於坐在桌子的短邊，因而領導人常占據該位置。這種會議場合透露了一種強烈的上下級制度，坐在長桌長邊的人只能看到他對面的人和桌子一端的老闆，而老闆能看到所有人，於是坐在不同位置的人有不同的和不平等的視域，權力最高的人有最好的最全面的視域。另一方面，如果選用圓桌的話，此種不同和不平等關係將消失，代之的是與會者平等的視域。所以一個民主意識較強的組織在開會時應選用圓桌。

現在我們可以弄明白，為什麼在國際會議上代表們會如此關心桌子的形狀。據說在討論越南問題的巴黎和會的某個階段，各方代表對於會談採用的桌子是圓是方曾經有過激烈的爭論，而且曾經一度陷入僵局。確實，桌子的形狀以及人們所處的位置對他們之間的交往有著重要的意義。

(4)邊界效應

沿建築空間邊緣的桌椅更受歡迎，因為人們傾向於在環境中的細微之處尋找支持物。位於凹處、長凳兩端或其他空間劃分明確的座位，以及人的後背有高靠背的座位較受青睞，相反，那些位於空間劃分不明確之處的座位受到冷落。

社會學家Jonge（1968）在一項有關餐廳和咖啡廳座位選擇的研究中發現，有靠背或靠牆的座位，以及能縱觀全局的座位比別的更受歡迎，其中靠窗的座位尤其如此，坐在那裡，室內外景觀盡收眼底。餐廳裡的服務生證實，無論是散客還是團體客人，大都明確表示不喜歡餐廳中間的桌子，希望坐在靠牆的座位。

人們對邊緣空間的偏愛不僅反映在座位的選擇上，也體現在逗留

區域的選擇上。當人們駐足時會很細心地選擇在凹處、轉角、入口，或是靠近柱子、樹木、街燈和招牌之類可依靠的物體邊上。丹麥建築學家 Gehl（1991）說許多南歐的城市廣場的立柱為人們較長時間的逗留提供了明顯的支持。人們依靠在立柱或是在立柱附近站立和玩耍。在義大利古城錫耶那的坎波廣場，人們站著時幾乎都是以立柱為中心的，這些立柱恰好布置在兩個區域的邊界上。近一點的例子就是上海外灘。改造以前作為情人灘時，成雙入對的青年男女都是靠在防洪牆邊談情說愛。

　　Jonge 為此提出了頗有特色的邊界效應理論。他指出，森林、海灘、樹叢、林中空地等邊緣空間都是人們喜愛的逗留區域，而開敞的曠野或沙灘則少人光顧，除非邊界區已人滿為患，此種現象在城市裡隨處可見。

　　邊界區作為小坐或逗留場所在實際上和心理上都有許多顯而易見的優點。個人空間理論可以作出完美地解釋。靠牆靠背或有遮蔽的座位，以及有支持物的空間可以幫助人們與他人保持距離，當人們在此類區域逗留或小坐時，比待在其他地方暴露得少些。個人空間也是一種自我保護機制，當人們停留在建築物的凹處、入口、柱廊、門廊和樹木、街燈、廣告牌邊上時，此類空間既可以為人們提供防護，又不使人們處於眾目睽睽之下，並有良好的視野。特別是當人們的後背受到保護時，他人只能從前面走過，觀察和反應就容易多了。此外，朝向和視野對座位的選擇也有重要的影響。

　　實際上人們對工作空間也有邊界效應。Alexander（胡正凡，1985）曾對工作空間的封閉性與舒適感做了調查，研究預先假設了 13 個影響空間封閉性的因素，調查中要求 17 個受試者回想他們曾工作過的工作空間，畫出其中「最好的」和「最差的」兩種工作空間草圖，然後要求他們根據 13 個影響因素，分別對這兩種工作空間做主觀評價。研究結果說明，在工作空間中，如果工作人員後面與側面有牆，他就會感到更舒服。同時該研究也指出，工作人員前方 8 英尺之內不應設置無窗的實牆面，以便工作人員可透過觀看前方而改變視距。另外，良好的工作空間設計還應使工作人員能看到外界的景色。對此著名美國建

築師Portman體會道：「人們希望從禁錮中解放出來」，「在一個空間中，假如你從一個區域往外看的時候能察覺到其他人的活動，它將給你一種精神上的自由的感覺。」Alexander在他的名著《模式語言》中總結了有關公共空間中的邊界效應現象，並精闢地指出「如果邊界不復存在，那麼空間就絕不會有生氣。」

　　總結　Hall 告訴我們，人類應該開拓對文化環境與自然環境的視野，所以我們應當重視研究「無聲的傳播」，就像重視研究文字、語言的傳播一樣。要是我們做不到這一點，那麼我們付出的代價便相當高了。本章從個人空間入手，我們詳細探討了日常生活裡人人都使用但不太意識到的這種人類溝通的工具，當然與我們的專業有關，重點偏向了空間的方面。私密性與領域性、個人空間是緊密相連的，它們都涉及空間中的行為與社會關係之間的聯繫，以及涉及將空間作為一種社會表象或是作為一種與別人關係的樣式。它們都與社會範圍內人們使用、占有和防衛空間的方式有關。根據Altman的理論，領域性和個人空間是與空間有關的私密性控制機制，我們基本上也是沿著這個思想論述的。

第7章

領域性

領域性（territoriality）是一個非常廣泛的現象，它既發生在大尺度的環境中，也發生在我們身邊。國與國之間需要勘定明確的邊界，否則摩擦不斷甚至導致戰爭。在日常生活裡，如果有陌生人未經允許擅自闖入你的辦公室，或是有人占用你的桌子，你一定會感覺不快。生活裡到處都有領域性行為，一旦意識到它，你會發現它無處不在，下面就是一些隨手拈來的例子：

學生們為了在圖書館閱覽室裡占有一個座位，便在桌子上放些書或是本子；孩子們很快學會用「我的」一詞來指他的玩具，要是別的孩子動用了這些玩具，他就會上去把它奪下來；對停車難感到頭痛的公司會花錢租一些私有停車位；居住區紛紛用圍牆圍起來，入口處設置了大門並由專人看守；學生們在寢室門上寫上了自己的名字等等。這些僅僅是人們通常使用領域的幾個例子，但它們包含了我們下面要討論的具體問題，譬如，領域必有其擁有者。這些擁有者小至個人、集體，大到組織或民族。領域有不同的規模，小到物體、房間、住宅、社區，大至城市、區域和國家。最後，領域常常標有記號以顯示出擁有者的存在。

領域性是一個複雜的概念，它有許多特性，本章將詳細討論此人類普遍現象，探討它的意義和作用，介紹有關理論和研究成果，最後分析如何在設計中利用領域性來提升人們的環境質量。

一、領域性的性質

儘管領域性行為非常普遍，概念也不算新，可是領域性行為研究的數量與它在生活中的地位並不相稱。目前如何給領域性一個明確的定義還有困難，在如何真正對其研究上也難達成一致，但對此主題感興趣的人士正在增加，已發表的論著對此也有系統的見解。這些研究中也有相當出色的理論。透過這些工作，我們還是能一窺其中概貌。

1. 領域性的定義

顯然領域性的定義很多，但尚無為人普遍接受的說法。Edney（1974）認為領域性包括實質空間、占有權、排他性使用、標記、個

人化和認同感等,然而這些顯然不是該清單上的全部,至少還可以加上諸如控制、支配等。定義缺乏統一說明,每個定義都強調了不同內容。Edney 說大多數定義都是下列三類中的一類。第一類定義強調了主動保衛某一地區和物體的重要性,因而領域性就是針對一特定地區或物體實行保衛而已。第二類定義除了強調保衛外還承認須注意其他性質,譬如Brower說領域性是生物在它的實質控制周圍建立邊界的一種習性,在界限內主持其空間或領域並加以保衛以防侵入。第三類定義則避免使用保衛一詞,譬如有的定義是:領域性為涉及某些個人或團體所專用之物體或地區。

總體而言,領域性指的是個體或團體暫時或永久地控制一個領域,這個領域可以是一個場所或物體,當領域受到侵犯時,領域擁有者常會保衛它。顯然我們的總結還很不簡潔明瞭,只是一個操作性的定義。近來領域性的概念又有逐步擴大的趨勢。有的學者把思想範疇也劃歸到領域性的定義中,如創意、專利和版權等,此類「某種意義上的領域」不在我們的討論範圍之列。

2. 領域的類型

世界上有無數個領域,世界的快速變化也使很多新的領域不斷地生成。這些領域有大有小。有的屬於個人控制,有的則與別人共享。為了理解領域的運作情況,需要對這些領域加以分類。此方面最好的分類體系由 Altman 和 Chemers(1984)提出,他們認為所有的領域可歸納在三個類別裡,即主要領域、次要領域和公共領域。

(1) 主要領域

主要領域(primary territories)與社會學中的首屬群體,又叫初級群體的聯繫密切。所謂首屬群體,指的是由面對面互動所形成的具有親密人際關係的社會群體。最早提出此概念的是美國社會學家 Cooley(1909),他說:「初級群體指的是具有親密關係的面對面交往與合作關係的群體。這些群體在多種意義上是初級的,但主要意義在於,它們對個人的社會性及其思想的形成是至關重要的。……是人性的養護所。」(周曉虹,1997)這類群體主要包括家庭成員等。主要領域

就是由個人或首屬群體擁有或專用，並且對他們的生活而言是重要的、基本的和必不可少的。臥室、住宅、辦公室和國家等都屬於主要領域。雖然領域的規模和領域擁有者相差懸殊，但這些領域對其所有人而言在心理上極其重要，它承擔著重要的社會化任務，並滿足人們的感情需求。這些領域通常受到擁有者完全而明確的控制，是與他們融為一體的地方。

(2)次要領域

次要領域（secondary territories）和社會學中的次級群體有關。次級群體中的人可能是重要的，但他們只涉及個人生活的一部分。典型的例子就是組團或同一樓裡的鄰居。次要領域和主要領域相比其心理上的作用較少，擁有者也只有較少的控制權。但儘管如此，它對擁有者而言也有明顯的價值。組團綠地、住宅樓裡的門廳和樓梯間，大學裡的公共教室等都屬於次要領域。此類地方與住宅或專用教室相比其重要性低，其中的流動性也很大，但這些領域無論對人們的生活，還是對主要領域來說都很有價值。

(3)公共領域

公共領域（public territories）是對所有人開放的地方，只要遵守一般的社會規範，幾乎所有人都能進入或使用它。公園、廣場、商店、火車、餐廳和劇院都是公共領域的例子。公共領域是臨時性的，通常對使用人而言重要性不大。在文明和民主的社會裡，遵守一般的行為規範就能使用公共領域。只要不赤身裸體就能走在大街上，只要買票就能上車或看電影。公共領域在一切文化中都有，不管一個社區有多小，人們總可以看到其大多數成員都可以使用的區域。

在三種領域裡，次要領域最複雜，它既有私人的成分，又有公共的性質。它是主要領域和公共領域的橋樑。在次要領域裡，領域所有人的身分和地位並不明顯，實際上領域擁有者對外人只是表現出某種程度的控制權，並且有可能與陌生人共享或輪流使用該地方。所以此種控制和使用是不完全的和間斷性的，這也造成了次要領域的一個重要特性，即它存在誤解和衝突的危險。

次要領域和建築設計裡的半公共空間和半私密空間相似，它們之間的區別在於，半公共空間或半私密空間雖然也強調了半公共和混合使用的性質，但它還是屬於實質環境範疇。次要領域則在其基礎上更強化了涉及場所和物體的使用與控制行為，因而它也強調了實質環境中的社會層面。

Altman和Chemers的分類體系並不是唯一的，儘管它被廣泛接受。Lyman和Scott曾建議另一種分類方法，即相互作用領域和身體領域。相互作用領域（interaction territories）是暫時由一組相互有關的個體控制的區域，如教室、足球場、會議室等，此類領域通常有標誌物，無關人員進入這些地方會被看成是干涉或冒犯。身體領域（body territories）與人的身體有關，但與個人空間不同，它不是指身體間的某個距離，它的界限為是否碰到人的身體。人們對自己的身體受到別人的觸碰是很敏感的，通常會有強烈的反應。

3.領域性行為

從領域性的定義可以看到領域性行為涉及很多方面。不同類型的領域性行為可能是按不同的規則起作用的。但人們涉及領域的行為通常與領域的占有和防衛有關，對領域性行為的研究也只強調了少數幾個主題。

⑴個人化和做標記

確立領域的基礎就是要得到別人的承認。想做到這一點，除了明確地告訴他以外，如「對不起，這是我的房間，請走開」等，還需要明示或暗示領域的歸屬。國界線上的界標就是一種明示。所謂暗示就是在策略性的位置上安排一些線索來告訴別人領域的歸屬。典型的如住宅庭院前的柵欄、圍牆和樹籬等。我們可以將它們歸納為兩種領域建立線索的行為，即：個人化和做標記。

個人化就是為領域建立明示線索的行為。如學生們把寫有自己名字的紙條貼在公寓門上，公司經理在門上掛一塊經理室的牌子。人們常在主要領域和次要領域中建立個人化的標誌物。與此相比，做標記則常常發生在公共領域裡，如學校、餐廳、街道等。學生們為了使自

己在圖書館閱覽室的位子不被別人占據，在離開時會放上一些書。做標記就是為領域建立暗示線索的行為。在擁擠的火車上，旅客為了不使座位被別人搶走，動身去餐廳前也會在座位上放上一些小東西。

我們可以在很多場合裡找到個人化和做標記的行為遺蹟。在城市、社區、大街、廣場和住宅等地方，如果我們開始用這樣的眼光來打量周圍環境，領域的標誌品真是無處不在。進入一個城市我們首先看到的是公路上方一個巨大的牌子：××市歡迎你。城市的主要地區在主要馬路的入口處也會寫上此類的標語。然後社區在入口處設有大門，門上寫著××新村等。傳統上海里弄的入口上方往往刻有弄堂名字的匾額，這些東西是攝影愛好者和懷舊人士所青睞的，但在我們看來，它們是最好的領域標誌品。在更小一些的尺度上，一個書包、一件毛衣、一本小冊子、一雙筷子，都有可能是別人用來聲稱領域主權的東西，而且我們通常也默認此類小物品所聲稱的內容。

領域標誌品　領域限定的實質要素從強到弱依次為牆體、屏障和標誌物。牆體把人們隔離在兩個空間裡。牆體的材料、厚度和堅實程度決定了隔離的程度。屏障，包括玻璃、竹籬、浴簾等比牆體更有選擇性，它們通常只分隔一到兩個感官的接觸，因而它們既把人們分開，也把人們聯繫起來。幾種材料加在一起，配合各感官，可以造成不同程度的分隔和聯繫。屏障也可以設計成由使用者選擇控制隔離的程度。譬如玻璃門上加鎖與門鈴，為家人、朋友還有小偷提供各種程度的穿透性。

標誌物可以分為兩種，一種是空間方面的。譬如房間頂棚的高低、低坪標高的不同、鋪地材料和方式的變化、燈光顏色和造型的變化等。比這更明確的標誌物是字符性的，包括數字和符號。譬如校長室、經理室、××人的住宅等，這些又可稱為個人化的標誌。最後，領域限定中最模糊和最曖昧的元素就是物品。放在空間裡的東西可以視為空間的分隔物，其本質是一種阻礙。城市廣場上的雕塑可把空間分開來。兩家共用庭院中的一根柱子可以把空間在感覺上分開。見圖 7-1。

圖 7-1　分隔與聯繫

除了一些建築物品以外，領域性研究更重視那些帶著人的體溫和呼吸的物品。Sommer（1969）報導了他主持的幾個領域標誌品使用情況的調查。這些工作主要是觀察使用人在短暫離開時，用領域標誌品保留其在圖書館閱覽室裡的座位的情況。他發現在圖書館裡的人不多時，幾乎任何標誌品都是有效的。在 22 次試驗裡，所使用的標誌品由筆記本到舊報紙等不同的東西，領域被人侵占的只有 3 次，2 次是舊報紙，1 次是廉價書。Sommer 指出，確認作為標誌品的東西，不應是雜亂的東西，而且「這個物件要具有作為領域標誌品的象徵意義──『勿占用』或『已有人用』的標誌，或具有價值的東西，如外套、錢包，或物主不會隨意丟棄的東西」。個人的標誌品，如毛衣和夾克，比非個人性的標誌物更能有效地阻止潛在的入侵者。但也有有趣的例外，Hoppe 有一次在酒吧進行的研究中發現，以半杯啤酒來保留座位要比一件夾克有效。

在高密度的情形下，各種標誌品的效用如何呢？Sommer 進一步調查了一間高密度的閱覽室。調查人員早早來到閱覽室放妥標誌品以後，即在另一張座位上觀察。在未放標誌品的地方，在兩小時開放時間屆

滿之前都有人使用了。每一個領域標誌品都使占用座位的時間延遲了，只是有些東西比別的更有效。他還報導了另外一項研究，在此項工作中，標誌品留在一所飲料店的桌子上。這些標誌品包括一包三明治、一些平裝書或一件毛衣，都有使人避免占用該桌子，而去使用臨近座位的傾向。Edney 說，那些住宅有明顯領域標誌品（如標識、樹籬或圍垣）的居民和那些住宅無這些標誌品的居民相比，通常居住在該處的時間較長。把這個結果與其他一些標準綜合起來看，我們可以認為，那些住宅有領域標誌品的居民對該地方有較長期的約束，並準備在此地長期居住下去，且對領域被人侵犯也較敏感。

從領域限定的要素而言，牆體、屏障、標誌和物品都屬於領域標誌品。值得注意的是，人們常常使用其中的兩項甚至更多來為自己的領域服務。在主要領域和次要領域裡，人們通常使用限定性強的標誌品，而在公共領域裡則使用限定性弱的標誌品。

⑵領域的防衛

當領域遭到侵犯時常會發生保衛行為。Gifford（1987）為侵犯行為做了總結。最著名的也是最嚴重的就是侵入。一個外來者進入一個領域，常帶有一種從擁有者手裡奪走控制權的意向。典型的侵入就是一個國家侵略另一個國家。根據國際法，被侵略方有權為保衛國家而奮起抵抗。另一種類型就是騷擾。一種暫時的侵犯行為，騷擾者並非想奪走擁有權，而只是騷擾或破壞，打砸搶、偷竊就屬此類。第三種類型是污染（contamination），即在別人的領域內留下不堪入目的東西。在城市中，最典型的莫過於黑色廣告和塗鴉。

對領域的防衛可分為兩個階段。一是預防，二是反應。為領域建立個人化的標誌或其他領域標誌品都屬於預防。一旦領域受到侵犯，接下來就是反應。需要注意的是領域並非經常被侵犯，而且在受到侵犯時，並不總是防衛它。這要看誰是入侵者、侵犯的原因、侵犯的地點和領域的性質。有的研究甚至顯示一個恰當的侵犯或許還可以有積極的效果。這個調查詢問了在海灘上的女士有多少男士會侵入她們的領地（Jason, Reichler & Rucker, 1981）。平均每個女士所報告的人數為

一個。當然許多侵犯是令人討厭的，過半數的女士說她們想勸阻男士們的接近，然而相當數量的侵犯，最後還是導致兩者的約會，而且有10%的女士在外出時通常與那些侵入她們領地的人在一起。

朋友或是家人、或是別人侵犯了你的領域，此種侵犯是無意的還是有意的。侵犯的是主要領域、次要領域，是人身領域還是公共領域，被侵犯的地方以外是否有其他空間等，都會影響到領域是否防衛，以及防衛的程度。一般而言，如果人們在公共領域中建立了個人化標誌或領域標誌品，而侵犯者忽略了這些標記，則通常不會發生強烈的領域保衛行為。譬如在圖書館，侵入者不顧標誌品存在依然占據該位子，那麼被侵入者會放棄這個位子而不是主動防衛它。在影劇院別人先你一步占了你的座位，如果旁邊還有空的位子時，你也許就不會和他論理。

如果別人未經允許侵入了次要領域特別是主要領域，則事態就嚴重多了。當今世界因邊界衝突引發戰爭的事例不勝枚舉。未經允許侵犯別人的住宅所引發的反應，小到主人重重地把門關上，重到甚至可以把人從窗子裡扔出去，不過暴力的防衛行為是不常見的。在文明社會裡，人們有很多非暴力的方式，譬如高喊、怒視等。對主要領域和次要領域，人們普遍重視預防，建立個人化和領域標誌品，有時甚至預先作出警告。譬如有的地方貼上這樣的標牌：「私人產業，勿入內」、「請勿穿越」、「謝絕推銷」。有些不雅的警語也時有所見。

不幸的是，暴力性的防衛也會發生。領域的價值越高，主動防衛的可能性就越大。有時社會也會容忍防衛主要領域時使用暴力。譬如美國有的州法律明文規定主人在家裡向小偷開槍不會坐牢。

(3)占有和使用

領域的控制常常用標記和其他標誌品表示所有權。通常人們也認可這些東西所表達的內容，並迴避這些場所。其實簡單地占有和使用場所也是向人們表明對領域控制的一種方式。一個地區的特性常常由占有者的存在和其活動決定。上海外灘就是很好的例子。在改建以前，它是著名的情人幽會的地方，也不知從何時開始，這個特性就形成了。晚上情人們總是倚在江堤上，面向黃浦江，談情說愛，燈火闌珊。雖

然這裡沒有什麼明確的領域標誌品，但其他人群很少在這個時候涉足此處。僅僅是情人們的存在及其獨特而明顯的特性就給人以強烈的領域感。

　　由於公共場所的某些地點反覆被一定的人群占用，因此該地點的領域特權就可能被人們所默認。譬如在公園裡，某個地方被一些人占領了，其他人就會避免糾纏繞道而走。不同的群體在公園裡都有自己的地盤，儘管這些地方表面上沒有任何標記，占有者對此區域也沒有任何合法權利，但大家都心照不宣，其他人很少闖入。有時一塊綠地在時間上會有不同的特色。早晨，老太太們在此處揮舞木蘭劍；放學後，這裡或許是孩子們踢球的操場；而到了晚上，這塊地盤就完全屬於青年男女了。在這些事件中都沒有明確的界限或標記以說明所有權。使用方式就足以明確領域的歸屬。

4.領域性行為的作用

　　領域性行為有著不同的作用，其中多與基本的生活過程有關。領域性行為在社區和個人的各個層次上都是人們日常生活的重要組織因素。領域性行為起著促進社會過程的作用，如制定計畫、預測他人的行為、參與不間斷的活動和安全感。沒有領域性，社會就會一片混亂。基本上領域性的作用可以分成兩方面，一是認同感，二是安定和家的感覺。

(1)認同感

　　領域性透過實質環境這一媒介使個人和群體得以顯示他的個性和價值觀。人們把他的個人印記表露在自己擁有的場所上，這不僅是為了調整與他人的交往，也是以此來建立個性和特色。個性化的標誌出現在各種不同的場所中，如住宅、辦公室、學生公寓和教室等。學生們在牆上貼滿了足球明星、搖滾歌手和好萊塢影星的照片。經理辦公室的書櫃上放著自己的畢業證書和榮譽獎狀的複印本，桌子上更是有家人笑容可掬的照片。人們努力地點綴其場所並突顯主人的愛好和品味，並透過這些標誌來幫助確立領域的控制。Altman 和他的同事分析了猶太大學的新生入學後頭三個月公寓牆壁上的裝飾。他們發現 90%

的新生到校以後兩週內就把牆壁布置好了。當第一個季度結束時幾乎100%的學生都布置好了。常見的布置內容有地圖、日曆、風景畫、運動圖片、搖滾樂隊的照片，以及宗教和政治宣傳品。這些多數是商品，但很能反映出他們的興趣、愛好和個性。這些個性化的標誌，一方面向別人表示領域占有者的控制，另一方面也表明自我認同。

更大規模的領域，如聚落、村莊和社區，領域性行為也和認同感有著密不可分的聯繫。嚴明（1992）引人入勝地分析了西雙版納少數民族的聚落。傣、哈尼、布朗等民族按照古老的傳統習慣建立村寨都要舉行儀式，挑選寨址，選定村寨的範圍和寨門的位置。「布朗族在選定寨址後，群眾按寨主或佛爺的指點，用茅草繩與白線先把寨子的範圍圍起來，在中間栽上許多小木樁……然後建立四道寨門，每道門旁都要栽兩根村椿，象徵守寨門的神。」

寨門和村寨的象徵性範圍線共同構成了聚落的邊界。這一邊界雖然沒有以較多的實物形式出現，但它具有神聖的約束作用。這使村寨聚落從自然環境中相對劃分出來，使之成為能夠控制的領域，這一領域相對於保衛它的「外部」環境而言，是作為「內部」來體驗的，見圖 7-2。

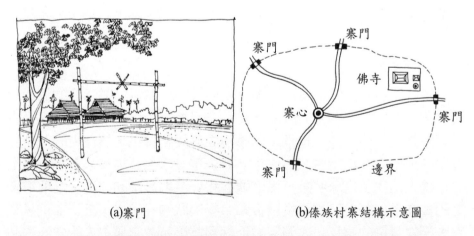

(a)寨門　　　　　　　　　(b)傣族村寨結構示意圖

圖 7-2　寨門和村寨的象徵性範圍線共同構成聚落的邊界（嚴明，1992）

　　現代社區也是沿著這個思路來確定邊界。社區四周用圍牆圍住，入口設置由專人看守的大門。這樣既利於安全防衛和聚落的穩定，又使社區更具場所感，增進居民對社區的認同感和歸屬感。

⑵安定和家的感覺

　　沒有對不同空間的所有權、占有權和控制權，人們的相互交往就會一片混亂。領域性可使人們增進一種對環境的控制感，並能對別人的行為有所控制。Edney 說：「生活上沒有了領域性，勢必會出現無關聯、無效率以及無基本反應的集合體之特性。自然的、社會的和社區的生活也會受到損害。一堆亂闖亂轉的個人並不屬於某一個特定的地方。首先要找一個人就會有困難，同樣要避開一個人也有困難。」如果沒有領域性，人們的生活將是沒有組織的、艱辛的，生存也將飄忽不定。由於沒有地方安家，人們只好隨地移動，這將會破壞社會的相互聯繫的生活方式，使得人們彼此間很難相互避開。沒有領域性，那些需要抽象思維的複雜行為以及在較長時間內承諾的行為也將無法進行。無法確定具體時間和地點，無法約會，無法安排未來事項，只能做一些局部的安排。在宿舍裡沒有屬於自己的領域，只好找地方睡覺，還得每天找地方儲藏自己的財物，一切都變得沒有秘密可言。

　　Altman 等人（1971）做了一個研究，這是海軍協作功能研究計畫的一部分，主要是觀察自願的兩人一組在與社會隔絕的宿舍裡生活和工作 4～10 天的美國海軍士兵的行為。兩項研究都顯示，在頭一二天就建立起領域的小組，將發展成生存能力較強且功能較好的群體。他們在工作中效率較高，較少顯示壓力的症候，並能在隔絕的環境裡待更長的時間。那些沒有早早建立領域的小組容易發生衝突，功能差。一個組織得較好並獲得成功的小組的特點是，他們在第一天就確定衣服放在什麼地方、誰在什麼地方儲存物品、用餐時間怎麼安排。透過這些領域性行為和其他手段，他們能在惡劣的條件下生存下來。O' Neill 和 Paluck 對領域性行為與群體穩定性的關係又提供了有利的證據，他們在對弱智男孩的研究中發現領域性行為導致放肆行為減少。Paluck 和 Esser 也以低能兒童為受試者，考察了 17 名康復中心

的男童。在 10 週的觀察中，建立領域的直接結果就是打架、戲鬧和不守紀律的行為明顯減少，兒童在生活中受到了某些約束。上述各種都表明，領域性行為和社會體系的安定確實有著積極的聯繫。

另一方面，在越來越擁擠的城市裡，每個人保持一個區域留作己用，不容他人侵犯是非常重要的。汪浙成、溫小鈺的小說《失落》中有段文字描寫了奇妙的領域性感受。主人公袁方和妻子在一次挽救一個女人命運的旅途中，由於齷齪的旅館，使人作嘔的飯菜，讓人惱火的飯店老闆和伙計，兩個人的心情壞到了極點，而這時天又下起雨來。為了躲避淋雨，他們買了一把新傘，就在這小小的傘下，兩人找到了一個新世界。小說寫道：

> 「……他和茵並肩走著，感受到肉體跟肉體碰觸時那一瞬間令人震顫的特有的美妙。袁方想，小小的雨傘，薄薄的一層布，卻能影響一個人的心態和感受。它似乎有種神奇的魔力，把傘下的人與周圍現實隔離開來，創造出一片屬於他們自己的小小天地。是啊，人來到世上不就是在尋找各自頭上的傘嗎？」

這段文字生動地描寫了由一把傘和傘下的兩個人所共同形成的領域，對人的情緒和心態的重要意義。確實，在擁擠的城市中如果人類的這種領域性需要不能滿足的話，很難想像社會會變成什麼景象。

二、領域性的影響因素

領域性行為是人類行為中一種很明顯的模式，但在各種情況下領域性行為有複雜的表現形式。有很多研究探討了個人、社會和文化的各方面差異對領域性行為的影響。

1. 個人因素

領域性因年齡、性別和個性的不同而有變化。譬如，男人的領域性似乎強於女人的領域性。在一個經典的現場研究中，Smith 考察了海灘上遊客的行為。太陽浴者通常用收音機、毛巾和雨傘來做領域標記。

他發現女性聲稱她們的領域小於男性，男女混合組和人數多的組的人均空間，要比同性別組和人數少的組小。Mercer 和 Benjamin 對大學公寓的調查也得出相似的結論。他們請大學生畫一張他們與人合住公寓房間的示意圖，並指出哪一部分是他自己的，哪一部分是另一位室友的，哪一部分又是共享的。結果是，與女人相比，男人所畫的屬於自己的領域更大。

很多成年男性比女性在工作上的地位高、成就大，因而通常他們的辦公空間也大，所以他們聲稱的空間也大。但 Mercer 等人的工作說明，在男人和女人的社會地位還沒有顯著差異的時候——學生時代，兩者的領域性就不同了。那麼女人是否在家裡占據更大的空間以彌補她們工作時的失落呢？Sebba 和 Churchman（1983）調查了 185 個高層住宅居民並提供了一些答案。首先，男女雙方都認為廚房屬於女人。其次，超過 30% 的男人認為房子的所有部分屬於自己。父親（48%）比母親（27%）更多地說他們在家裡無空間。總體上，女人們一致認為家在整體上是一個共享的領域，而其專屬領域只有廚房。

在個性差異方面，Mercer 和 Benjamin 亦發現男女中的優秀份子都為自己標誌了更大的領域，曾有住大房子經驗的男女學生為自己所畫的空間比別人大一些。細心的男大學生所畫的空間也大一些。自信但控制他人慾望不強的男人所畫的空間也大一些。從這個研究中可以看出，性別和個性都會對領域性行為有所影響。

2.社會環境和文化

領域的合法擁有者對領域更關心。譬如房東和租房者都控制住房，但合法擁有權使前者的領域性行為比後者多。鄰里的社會氣氛也影響領域性行為。Taylor、Gottfredson 和 Brower（1984）發現和睦愉快的社會氣氛往往和積極的領域感聯繫在一起。在和睦相處關係融洽的鄰里中，居民們能更好地把無端闖入者從鄰居中辨認出來。他們對鄰里空間有較強的責任感，所以碰到的領域性問題也較少。

領域的產生和發展也受到了社會環境的影響。Minami 和 Tanaka（1995）對日本的小學和初級中學所做的調查工作說明，在孩子們眼

裡，學校各個空間在不同層次上有不同的歸屬，而且此類歸屬與老師們的看法不同。譬如七年級學生在學年的第一個月（4 月）裡，把其專用教室看成是私密空間，樓梯和走廊是公共空間。在 5 月份他們已開始把走廊中與其專用教室相毗鄰的一小部分看成是半私密空間。到了 6 月，走廊空間已被各個班級瓜分成各自的半私密空間，只有閱覽室才是公共空間。這個研究告訴我們，當學生們已習慣學校環境，並被學校文化社會化以後，領域發展並逐漸完善起來。此外，該研究也發現班與班之間的交往往往發生在半私密空間的邊緣。

文化背景不同，領域性行為也不盡相同。Ruback和Snow（1993）觀察了噴水池邊的飲水者在有人不斷靠近時的反應，這是一個領域防衛問題。根據一般推測，如果這個飲水者受到打擾和侵犯時，他會在噴水池邊待得更久，以此來聲稱該領域屬於他。結果發現，有旁人侵入時，黑人和白人整體反應無多大區別。譬如與沒有人侵入相比，有人侵入時無論是黑人飲水者還是白人飲水者在噴水池邊所待的時間明顯長。但兩者還是存在一些差異。當有人侵入時，黑人飲水者在噴水池邊所待時間更長，而且存在跨種族效應。與白人侵入相比，白人飲水者在受到黑人侵入時在噴水池邊所待時間更長。倒過來這一情況對黑人也一樣。另一方面，研究也發現，黑人並不願意靠近白人飲水者，就像白人也不願意湊近黑人飲水者一樣。

這個研究與先前工作所得之結論是相似的。在有跨文化、跨種族的領域侵入時，人們普遍表現出強烈的反應。這種侵入所產生的心理喚醒和活動要比同種族、同文化所引起的大。

有兩個研究可以對美國人、法國人和德國人在海灘上的領域性行為做比較。一是 Smith 所做的，他調查了海灘上的法國人與德國人。二是Edney（1974）的工作，可以發現這三種文化在某些地方很相似。譬如在所有三種文化裡，人數多的組聲稱的人均空間較小，男女混合組聲稱的人均空間較小，以及女性的人均空間較小。但三種文化也有不同。法國人似乎領域性較差，他們似乎對理解領域性概念有困難。他們常說「海灘是每一個人的」。德國人對領域所做的標誌最多，他們經常用沙圍成圈，以此來聲明這部分海灘是「他們」的區域。這三

種人的領域形狀相似但大小不同，以德國人的領域為最大。個人領域是橢圓的，群體領域是圓形的。

Worchel 和 Lollis（1982）也觀察了美國人和希臘人的不同的領域觀。實驗人員故意在三個地方各遺留了一個垃圾袋：前院、住房前的步行道，以及住房前大路的圍欄旁。他們發現前院的垃圾袋被清理的速度美國人和希臘人一樣快。而美國人對住房前步行道和住房前大路的垃圾袋的清理速度要比希臘人快得多。這是美國人的領域性比希臘人強嗎？Worchel 和 Lollis 不這樣認為。他們說此種差別緣於美國人和希臘人對住房周圍空間的認知不同。美國人認為住房前的步行道和圍欄是半公共、半私密的區域，因而他們很快就清理了垃圾袋。而希臘人常常把這兩個地方看成是公共區域，所以對這兩個地方的清理不重視。

三、領域性與環境設計

領域性的重要功能就是維持社會的安定。一個空間如果不能明示或暗示空間的所有權、占有權和控制權，人們相互交往就會一片混亂。領域的建立可使人們增進對環境的控制感，並能對別人的行為有所控制。領域性理論對環境設計的重要意義存在於確立一種減少衝突、增進控制的設計，提高秩序感和安全性的設計。

1. 增進領域感

領域感，即個人或群體控制某個場所或物體的能力與感覺。人們能隨自己喜好使用此空間，或在實質上加以改變以反映他們的特性。領域的擁有者對領域的認同，並在某種程度上表達出來，就構成了領域感。具體地說，這種表達在實質環境方面就是建立了領域標誌品。這包括保持戶外環境的整潔、美化院落、種植花草和樹木、做圍欄和籬笆。建立個人化的標誌品，如在外牆上掛一塊標有自己姓名的牌子等。這些領域標誌品可以向外人傳遞一些不言自明的訊息，而且此類標誌品也可以把別人和自己的住家隔離開來。如果有人想跨越領域的界限而無端闖入，居民可以大聲喝止，或呼喚鄰居和打電話給警察。

Brown 和 Altman（1983）對同一社區中被小偷光顧過的住戶和沒

有被小偷光顧過的住戶做了比較。他們說那些建立個人標誌物的住戶（外牆上掛一塊標有姓名的牌子）以及建立領域標誌品的住戶（如作樹籬和低矮障礙物），較少受到小偷的光顧。這些記號似乎能阻止小偷。如預料的那樣，那些表現出領域感的住戶──不論是有意的還是無意的，也很少被偷。Perkins（1986）也發現，那些對犯罪恐懼感較低的街區裡，住戶們大都貼上了一些個人化的標誌物。

為什麼領域感有助於附近居民的安全感呢？領域標誌品除了能幫助進行更為明確的空間限定、提供居民控制空間的能力和方法以外，領域感和社區的認同感緊密相連。領域感較強烈的社區，居民間的社會交往也較積極，社會合作也較多，所以財產受侵害的可能性也較小。領域感有兩個層面：在實質設計元素層面上，它意味著建立領域標誌品，並以此劃分和界定空間；在社會層面上，它意味著居民對場所的責任感和對社區的非正式社會控制。

2.可防衛空間

領域感為環境設計提出了新的要求，即如何透過環境設計促進領域感。促進領域感的環境設計方面最重要的理論是由 Newman 建立和完善的，他對低造價住宅的犯罪率進行了細緻的分析。他的結論是公共和半公共空間的設計與犯罪率有關。在他以前，Jacobs（1961）首先提出某些城市設計手法有助於減少居住區的犯罪。譬如，住房應該朝向有利於居民自然觀察的區域，公共空間和私有空間應該明確區分開來。公共空間應該安排在交通集中的地方等等。Newman（1972）發展了這些想法，並給他的理論貼上了「可防衛空間」的標籤。Newman建議，可防衛空間的設計特徵有助於居民對領域進行控制，這將導致犯罪案件的減少和居民恐懼感的降低。

「……真正的和象徵性的屏障，加強限定的影響範圍和改善監視的機會──組合起來，使環境可由其居民加以控制。可防衛空間是一種既能提升居民生活，又能保障家庭、鄰居和朋友們安全的現代住宅環境。」（Newman, 1972）

Newman 認為，有了可防衛空間能達成兩項目的進而阻止犯罪。

第一，可防衛空間能鼓勵居民之間的社會交往，有望促進感情而加強鄰里的團結；第二，改善視覺接觸，增加對居住區的監視。這可以由居民們不拘形式的或是由警察正式執行。建立真正或象徵性的屏障，可以幫助居民控制環境。真正的屏障包括籬笆、大門、高牆等，象徵性屏障包括花園、樹叢、灌木和台階等，透過這些屏障可以使得住房不能輕易進入。而且此類障礙物可以把一個似乎屬於所有人而實際上沒有多少居民真正關心的公共空間，劃分成一個個可以管理的區域，於是居民們的參與意識和主權感也得以激發了出來。

可防衛空間下列兩個方面是非常重要的。第一，需要明確哪些是公共領域、哪些是次要領域、哪些是主要領域，因而需要更為明顯的領域界限。明確的領域界限有助於每個人把私有住宅外的半私密、半公共區域視為住宅和居住環境的組成部分，有助於在住宅邊形成親密和熟悉的空間，可以使居民更能相互了解，加強對外人的警覺和對公共空間的集體責任感，這有助於防止破壞和犯罪。而領域標誌物，無論其是實質性的還是象徵性的，都是領域限定的要素。

第二，可防衛空間理論突出了居民自我防衛的重要性，居民的自我防衛，首先是提高對空間的監視機會，從而對犯罪份子具有心理威懾作用。Newman 以建築內樓梯和電梯為例指出，這兩個地方都是犯罪案件的多發地點。在大多數集合住宅裡，樓梯間與通道隔開，因此鄰近的住戶不僅不能主張將此劃入他們的範圍，而且也沒有機會對這些空間作非正式的監視。由於這個原因，樓梯間常常是犯罪的多發地。Yancy 在他的研究中曾敘述了高層住宅居民對使用樓梯時的恐懼。然而更明顯的是在關閉起來的電梯裡，犯罪人在電梯裡的所做所為更不為人所知。Newman 認為領域過度和所有權最不明確的地方存在於下述這樣的住房設計中：許多住家共用一個出入口，而任何人都可以透過此出入口進入某一單元；很容易進入的半公共區域，住戶對有些地方監視不到。此外他還認為，那些有柵欄、庭院以及其他區分公共和群體區域手段的公寓樓犯罪率較低。共用一個出入口的家庭數量少，窗戶和過道的位置使人能夠進行監視的地方，犯罪率也較低。

由於很多人對 Newman 的資料的準確性有不同的意見，自從他的

理論問世以來,很多研究檢驗了可防衛空間的準確性。絕大多數都支持可防衛空間的一個或兩個基本原則。譬如在一次調查中,有一個公園晚上所發生的反社會活動比其他公園少得多。研究人員就去尋找其中的原因。他們發現在公園邊上有一住戶到了晚上會點亮一盞燈來為夜晚的遊客照明。這明顯支持了 Newman 的可監視機會的想法。

我們的看法是,可防衛空間作為一種設計要素可以提高人們的安全感。但此結果的產生首先必須能影響人們的行為。一個較全面的觀點應該是這些設計特徵既影響了居民,又影響了破壞者,這種影響才是使犯罪活動下降的真正原因,否則,就落入了建築決定論的窠臼。可防衛空間的設計特徵對居民的影響可以有兩個方面,一是居民們的領域感增強了,二是他們的行為改變了,領域性行為增加,並加強了對領域的監視。

一個巴爾的摩的研究工作中,研究人員給居民看一組設計特徵不同的房子的圖片。這些特徵包括圍欄、柵欄、植物等,在有的圖片上院子裡還有人。當圖片上有柵欄和植物時,居民們相信外人擅自闖入的可能性較低,被偷的可能性也較低,此類房子是安全的。但當圖片上院子裡有一個人時,居民們的判斷出現了差異。那些來自犯罪率較高地方的居民把這看成是潛在麻煩的標誌,但來自犯罪率低地方的居民卻把這個人看成是降低犯罪可能性的因素。實驗用的是一些線條圖,這意味著來自高犯罪率地區的居民趨向於把這個人看成是外來者,這個人可能會進行犯罪活動。來自低犯罪率地區的居民則把這個人看成是鄰居,認為到房子外面放鬆一下或做一些園藝。所以這是一個很有趣的問題,這個人究竟是被看成是鄰居呢?還是過路人呢?顯然,可防衛空間的特徵並不能讓每個人都感覺安全。

可防衛空間是一種設計要素,它對安全感這樣複雜的問題有著重要的意義,但它不是社區犯罪的唯一的解決方法。包括 Newman 在內都承認在居住的安全感和犯罪問題上,社區的社會環境要比設計特徵更重要,如關心此方面研究的讀者可閱讀後面的有關章節。

3.鄰里的道路系統

社區中四通八達、暢通無阻的車流是居民活動的重大威脅。現在，居民感到社區裡的車子實在太多了，為了限制車流，許多社區非常有必要在其出入口設置路障。限制車流最明確的理由是使兒童的活動更安全，並減少交通噪音，此外還有一個重要原因就是可以增強居民的領域性行為。Newman 為此提供了觀察資料，他說在美國聖・路易市的一些大街上有可防衛空間特徵，包括入口上方有門樓，並嚴格限制了車流，降低了車流量。居住在這條大街附近的居民經常在屋子外面散步或在院子裡工作，從事戶外活動。雖然這些行為並非全是領域性行為，也不是都被看成是對鄰里的防衛，但其效果卻非常明顯。它降低了不法份子反社會活動的可能性。並且由於居民們自然形成對鄰里的監視，也導致無端闖入者大為減少。這是一個自然觀察研究，不能作為一種嚴格的論斷。然而此例顯示出如果能限制車流的話，社區裡所遇到的麻煩事就會少得多。

在許多城市裡實施的諸如封閉街道等一些措施，使居民對社區有控制感和認同感。如果進入社區的車不多，而且都是本社區居民自己的，居民們也能識別它們。

改進住宅區的街道設計是提升公共開放空間質量的策略之一。目前許多住宅區內的路面不是太寬，就是不能作為居民活動與交通運輸之間的緩衝。事實上住宅區現有路網可根據其功能重新規劃，比如在不通行汽車的地方設置路障，為了減少車流也可將原有的道路改成盡端式，使它成為只是通往道路兩側住宅的通道。改變道路功能以後，多餘的街道可以設計成小公園、停車場，或兼具兩者功能的街道空間。出入道路可以適度降低交通量，並創造更多樣性和人性的街道景觀。在著名的舊金山城市設計方案中，就包括在傳統的方格網道路系統中，供非穿越性交通使用的整體街道改善計畫，以及環狀的出入及服務道路系統。

Appleyard 和 Lintell（1972）兩人的研究肯定了此項計畫的效益。他們發現，社區意識與穿越鄰里道路的交通量成反比。兩位研究人員

選擇的是一個舊金山義大利裔社區的一個鄰里，這個鄰里有三條街，交通量有很大差別，他們對這三條街上的居民做了調查。三條街中一條交通量最大，為15750輛／天，第二條街交通量中等，為8700輛／天，第三條街交通量最少，為2000輛／天。居民類型多種多樣，有的早已在此地住了許多年，居民中有小孩的家庭大都住在交通最少的那條街上，也有一些單身住戶，不過他們多住在交通最多的那條街上。

Appleyard和Lintell向居民們提了很多問題，這些問題涉及交通事故、噪音、壓力、社會交往、私密性和家庭領域所及範圍等諸方面。那些住在交通量最大的那條街上的居民報告說他們感到環境惡劣，街上常常有交通事故等。當被問及住戶間的鄰里關係時，住在交通量最大之街道上的居民只認得街這邊的幾戶鄰居，街對面的住戶都不認得。而住在交通量中等和交通量最少的兩條街上的居民，他們的社交關係可以發展到街對面。交通量最小的街上的居民平均每人有9.3個朋友，交通量中等的街上的居民平均每人有 5.4 個朋友，而交通最頻繁的街道上的居民平均每人只有 4.1 個朋友。當研究人員請居民們畫出他們家的領域所及範圍時，交通量小的街上的居民傾向於把領域範圍擴大到整條街上，有的居民說：「我感到我的家擴展到整個街坊」，而交通量最大的街上的居民，他們所畫的家的領域只涉及整幢房子，其領域絕不延伸到街上。見圖 7-3。

但是想在社區內實行限制交通的措施通常會有很大阻力。「街道屬於人們，而不是汽車」是規劃人員常掛在嘴上的一句話，但實際的問題卻不是那樣簡單。擁有汽車的人是不會輕易放棄既有的停車空間，或是改變上班的路線。

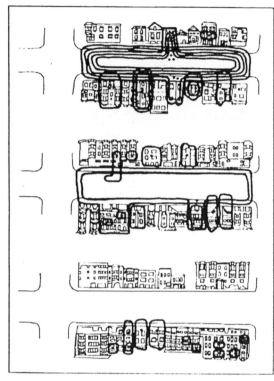

交通量最小（2000 輛／天）
居民平均每人有 9.3 個朋友

交通量中等（8700 輛／天）
居民平均每人有 5.4 個朋友

交通量最大（15750 輛／天）
居民平均每人有 4.1 個朋友

圖 7-3　不同的交通量與居民所察覺到家庭領域範圍之間的關係
（Appleyard & Lintell, 1972）

　　改變整個鄰里的政策是困難的。譬如交通路障將會受到乘公共汽車者的反對，而且也會受到那些感到交通不便居民的反對。另外，任何改變，其費用還是落到住戶頭上，這也是一個難點。但是無論如何，改善居住區的道路系統是增進鄰里的領域感和鄰里關係的重要方法，良好的街道形式會鼓勵積極的社區活動。改善街道形式並不僅僅是將盜賊從社區中趕走，而是促進社區的鄰里關係，增進社區活動的品質，進而提高居民的社區意識才是最重要的目標。在各種街道形式中，研究人員發現盡端式道路會提高居民對鄰里的歸屬感。

　　總結　本章考察了領域性行為的各個方面，包括它的涵義、類型

以及它在人類生活中的重要作用。領域性行為在社區、大小群體和個人的各個層次上都是人類生活的一個重要組織因素。沒有領域性，人們的生活將一片混亂，我們在這裡強調了領域性對人們的認同感和社會體系的安定感方面的貢獻與價值。當然領域性行為也受到了各種因素包括社會的、文化的和個人的諸方面的影響。最後我們也探討了一個非常有影響的 Newman 的可防衛空間理論和它對社區和睦與安全的意義。

　　在結束本章之時，我們應充分認識到社區的安全性和犯罪率的減少，只有透過設計的、管理的和社會的各方面相互協作、共同作用，才能達到此目標。居民在城市生活中的安全性是近年來環境與行為研究的焦點，也是各媒體關注的焦點。對該主題的詳細討論將在「社區的安全」這一章中展開。

第三篇

評價與環境

本書有一個明顯的脈絡，即從心理過程到社會過程，最後到環境中的場所，其實它們之間是密切相連的，只是研究還不能把它們完全編織起來。這個部分匯聚了圍繞某些具體環境類型的研究，我們主要探討的是國內外居住環境研究中的最新進展，這些訊息對建築設計和城市規劃等環境設計很有參考價值。

　　你或許會奇怪環境評價應該屬於心理過程，它並非完全是以場所為取向。確實，這就是這個領域的特色，這個領域是為滿足建築師、規劃師和環境政策的制定者的實際需要而形成的，它充分反映了環境心理學面向應用的特點，而且在這些方面理論又是非常薄弱的。

　　第八章，環境評價，揭示了環境的價值。我們在這一章探討了美學評價、滿意度的評價、情感評價以及目前在建成環境的評價中普遍採取的用後評價。第九章，住宅與社區，我們試圖勾畫良好的、受歡迎的居住環境的主要方面及其特徵。我們以居住滿意度為主線介紹了在住宅和社區兩個層次上影響人們對居住品質評價的主要因素，探討了建築設計和小區規劃與居民的居住品質之間的重要關係，以及居住環境中人們的行為。本書的最後一章，詳細論述了實質環境的設計、社會結構和管理對居民的安全感以及減少社區犯罪的重要意義。

環境評價

　　人們常常把一些顏色說成是暖色調的，譬如紅色、橙色和黃色；另一些則說成是冷色調的，譬如藍色和綠色。這種觀念可能是由聯想引發的，碧藍的海水暗示冷天的低溫，紅色、橙色和黃色則激發了人們對太陽和火的聯想，這似乎說明對這些顏色的感受基於人們的直覺。Benett和Rey（1972）曾試圖用實驗來弄清楚房間的顏色與其中使用者的舒適感之間的關係，他們把受試者請進溫度和濕度皆受控制的房間裡，要求他們先後戴上紅色、藍色和無色的眼鏡，在每一種條件下溫度是系統地變化的，並要求受試者估計他們的熱舒適感。結果顯示眼鏡片的顏色並不影響估計，紅色、藍色和無色透明（clear）對於受試者的熱舒適感並無影響，但是在顏色和溫暖之間存在著一種「理性」的關係，因為受試者們斷言「暖」色比其他顏色更有助於溫暖感。

　　Acking等人（1972, 1974）也提出了相同的問題，他們請受試者用一張形容詞表來評估一套房間的彩色幻燈片，房間牆體的顏色是可以控制的，實驗說明在這些受試者看來，房間使用者的社會地位是房間內的視亮度的函數：房間越暗越是充滿了各種裝飾細節者，越多的受試者判斷它是花錢的和富麗的。房間的寬敞感是隨著顏色的明度之提高而增加，當牆面保持淺色時越多的受試者認為房間更開闊了。房間的寬敞感經證明還取決於兩個方面，一是房間細部的顏色強度（intensity of the color）增加，二是使整個牆面的色彩飽和度降低。房間的複雜感，是由各種色調的顏色強度決定的，房間色彩飽和度大時，所獲得的複雜感評級就高。至於房間的舒適感則因人而異，沒有什麼特定的色彩偏愛。

　　很顯然上述幾位研究人員並不僅僅是在探討環境知覺的問題，他們感興趣的不是人們看到了什麼，而是對於所看到的事情是如何感受的。我們說一個房間是大的或明亮的，這堵牆是黃色的或粗糙的，這是一回事，而感覺到愉快的、興奮的或是安全的則完全是另一回事，儘管這些印象僅僅是那些房間、牆面或顏色所產生的。如果我們要規劃一個適合於居住的環境，就必須確切地知道這個環境應該滿足什麼需要，這是一個從環境知覺到環境評價的過程，上述幾位研究人員感興趣的也就是我們本章所要討論的主題即環境評價，它與環境知覺之

間存在著密切的聯繫，在很大程度上是機能性的。

環境知覺是構成人們行動的基礎，但僅僅依靠環境知覺是不夠的，人們必須了解接下來的行動是好的還是壞的，它的意義和價值有多大，環境知覺和環境評價聯繫起來人們才能作出行動的決定。環境知覺的任務是了解環境的本來面目、性質和規律，環境評價的任務是揭示環境價值的大小、性質、變化和各種可能性。所以我們研究環境評價時，對於環境的具體特性可以在物理分析的基礎上，譬如大的、靜的、明亮的等等，增加心理學的概念，譬如舒適的、惹人喜愛的和私密的等等，並研究兩者之間的關係。我們可以提出一系列的問題，是什麼使人愉悅，是乾淨的街道？是打扮入時的鄰居？還是路旁小販的叫賣聲？

一、環境評價

環境評價涉及人們環境感受的諸多方面，譬如描述、滿意、喜愛和情緒等，它們都是在我們與環境的相互作用過程中發展出來的。有時這幾個印象相互關聯，如果一個城市是美好的，你很可能也認為在這個城市中感覺很愉快，然而這些環境感受又不總是形影不離的，一個場所使人們在情緒上很有刺激作用，這種刺激可能是一種恐怖的體驗而不是讓人舒適，因而環境評價的不同方面在概念上應有明確的區別。這意味著我們對環境評價的理解在很大程度上取決於我們採用了何種評價方式，在某種意義上我們對受試者所提的問題要比受試者的個人特徵和環境特徵還重要。

1. 描述

語言是受環境和行為影響的社會存在，人們可以用語言來描述主觀感受並表達他對世界的品評，特別是一些形容詞可以表達主觀感受的程度，譬如人們可以用諸如「太好了」、「很好」、「一般」、「不好」、「太糟了」等詞彙來表示他對環境的喜愛程度，由於這個原因多年以前心理學家就已經開始用形容詞來測量情感方面的主觀感受。然而環境品質的影響因素很多，研究人員在調查中也使用各種不同的形容詞來考察這些因素，這往往會導致各種研究之間很難比較。另外，

作為評價使用的形容詞應該具有代表性並容易理解，不能含糊和模稜兩可。一些環境心理學家希望發展一套綜合的、標準的環境描述結構，它是一個描述環境的形容詞詞庫，當評價相似的環境時，研究人員就可以在裡面挑選相似的形容詞。採用這種評價結構在發現人們對於環境的特定方面做了怎樣的描述時顯得特別有用。

(1)環境描述

尋找標準的環境描述結構的努力最早可以追溯到Kasmar（1970），她提出了一個問題，這個問題成為早期環境評價的一個經典問題，即人們的環境描述是否包括一些明確的維度、主題和要素，如果有的話，這個環境描述的概念可以發展成為一個綜合的評價結構，那麼這些維度是什麼，是否有的維度是基本的，而有的是次要的呢？

儘管心理學家對意義的研究已經成功地揭示出三個基本的維度，即有效、活動和評價（Osgood等人，1957），但有意思的是沒有一個研究人員滿足於這三個維度，所有研究所提出的維度都超過了這三個，因而這個三維體系對勾勒環境特徵來說是遠遠不夠的。Kasmar想開發一部字典，其中的詞彙可以用來描述複雜的建築環境，這些詞彙在建築情境中是相互關聯的，而且它們不是專業上的術語，對於普通人而言它們是容易理解的。她讓學生們描述他們喜歡的和不喜歡的房間，如好—壞、亮—暗等。她讓人判斷這些形容詞對在建築總體和建築各個方面評定時的合適程度，然後削減它們的數目。以此方法她構成了評價建築環境的形容詞對，她在其中選擇了66對。下面的形容詞對是我們在Kasmar的195個形容詞對中挑選出來的。

色彩鮮艷的—色彩暗淡的　　變化多端的—沒有變化的
通風良好的—通風不好的　　使用方便的—使用不便的
色彩豐富的—色彩單調的　　溫度合適的—溫度不適的
容易理解的—莫名其妙的　　光線柔和的—光線刺眼的
生氣勃勃的—死氣沉沉的　　空氣新鮮的—空氣污濁的
大小適度的—不夠大的　　　有魅力的—無魅力的
吸引人的—不吸引人的　　　舒適的—不舒適的

流行的—不流行的　　健康的—不健康的　和諧的—不和諧的
有異味的—無異味的　有管理的—無管理的　呆板的—生動的
愉快的—消沉的　　熱鬧的—冷清的　　喜歡的—討厭的
清潔的—骯髒的　　粗糙的—細緻的　　優雅的—粗俗的
空曠的—占滿的　　昂貴的—便宜的　　複雜的—單調的
現代的—傳統的　　滿意的—不滿的　　獨特的—平凡的
堅硬的—柔軟的　　溫暖的—冷淡的　　寬敞的—局促的
親切的—冷漠的　　豪華的—簡樸的　　有序的—無序的
刺激的—平淡的　　安靜的—喧鬧的　　有趣的—乏味的
明亮的—昏暗的　　神秘的—明瞭的　　自然的—人工的
開放的—封閉的　　整齊的—雜亂的　　私人的—公共的
安全的—危險的　　緊張的—輕鬆的　　有用的—無用的
清晰的—模糊的　　協調的—失衡的　　誇張的—樸實的
莊嚴的—隨便的　　美的—醜的　　動的—靜的　　熱的—冷的
好的—壞的　　　　大的—小的　　新的—舊的

　　評價工作產生了大量的維度，有的維度出現得很頻繁，有的維度只是出現在一二個研究中，儘管還沒有出現一個被普遍接受的環境描述結構，而且我們認為尋找共同維度的努力如果不算是徒勞的話，至少也是在理論上經不起推敲的。但是 Cass 和 Hershberg（1973）提出的維度表還是值得重視的，在這張維度表上有些維度範圍很大，反映了環境的許多特徵，如美感，有些則範圍很小，只反映了很少的特徵。見表 8-1[1]。

---

[1] 引自 Cass 和 Hershberg，1973。

表 8-1　測試設計環境意義的語意量表（Hershberg & Cass）

概念	主要量表	替選量表
1.總體評價	好的─壞的	愉快的─討厭的
2.效用評價	有用的─無用的	友好的─敵意的
3.美感評價	獨特的─平淡的	有趣的─乏味的
4.活動	積極的─消極的	複雜的─簡單的
5.空間	小巧的─寬敞的	私人的─公共的
6.效果	簡陋的─精緻的	粗糙的─平滑的
7.整潔	乾淨的─骯髒的	整潔的─污濁的
8.組織	有序的─凌亂的	正式的─隨便的
9.溫度	溫暖的─寒冷的	熱的─涼的
10.照明	亮的─暗的	歡快的─沉悶的

次級量表可以包括：

老的─新的　　　昂貴的─廉價的　大的─小的
興奮的─平靜的　清楚的─模糊的　鮮艷的─柔和的
安全的─危險的　安靜的─嘈雜的　悶熱的─通風的

　　合適地選擇形容詞對可以組成語意差別量表，各種環境評價特別是在評定環境的美觀程度、吸引程度及合意程度時，語意差別量表通常是最常用的方法。Kaye 和 Murray（1982）曾在一個室內空間評價的研究中使用這個方法。他請了 176 名心理系學生作為受試者，實驗刺激是八幅關於一個起居室不同情況的鋼筆淡彩畫，這八種情況分別是窗（有與無）、家具密度（高密度與低密度）和家具布置（社會向心布置與社會離心布置）。實驗採用了一張有 30 個形容詞的量表，它們是從作者假設的 6 個維度上發展出來的。數據分析得到了 4 個因子，第一個因子稱為「社會─美感」，它包括了諸如「高興」、「誘人」、「友善」以及「明亮」、「興奮」、「色彩感」和「美麗」。第二個因子稱為實體組織，它包括「雜亂」、「組織」、「偶然的」。第三個因子所包括的形容詞有「沒有吸引力」、「單調」、「死氣沉沉」、「封閉的」和「沮喪」，這個因子稱為情緒。第四個因子包括「大的」

和「寬敞」，它被稱為尺度。數據統計說明，在起居室的三種情況中，有無窗戶和家具密度大大地影響了受試者的評價，特別是前者明顯地影響了「社會—美感」、情緒和尺度等因子。家具密度明顯地影響了實體組織和尺度因子。

如果把這個研究和 Canter 的房間友善評價研究和 Gärling（1973）的調查一起考慮的話，似乎說明美學方面和社會方面的因素始終在評價中占據了主導地位，如 Canter（1969）在他的研究中所得到的特徵因子包括了「明亮—昏暗」、「美麗—醜陋」和「令人感興趣—令人乏味」，這和 Kaye 和 Murray 的第一個因子相似，Kaye 和 Murray 的第三個因子情緒也和 Canter 的友善因子很相像，實體組織因子也和 Canter 的和諧因子差不多。Gärling 的例子中，用形容詞評定後所得的最重要的因子是美感／總體評價，第二個是社會地位。

事實上在採用形容詞對作為量表的評價研究中，大量的案例似乎都告訴我們「環境的美學方面」是評價中最重要的。但是在我們把這個發現推廣之前有一點是絕對不能忽視的，這些研究所使用的實驗刺激不是鋼筆淡彩畫就是透視效果圖，都不是真實的環境。

這些研究的結論也有某些不同，在 Kaye 和 Murray 的案例中窗戶的有無很重要，但 Canter 的研究認為在受試者評定房間的友善程度時，家具類型和屋頂類型要比有無窗戶重要得多，這可能是由於樣本不同造成的，Wools（1970）以不同的受試者把實驗再做一次時就發現窗戶的有無就不是那麼無足輕重了。

(2)視覺環境

下面是一組中國學者所做的視覺環境評價研究，他們也採用了語意差別量表，在工作中他們通常是以所評價環境的特殊性為基礎，在借用國外同類研究的量表的同時，合理刪除那些在語言上、情境上、國情上不太合適的形容詞對，並增加與評價密切相關的形容詞對。譬如，楊公俠和周志（1988）在中國畫陳列室的視覺環境研究中，對於畫幅評價的量表借用了 Loe 等人在評價西方水彩畫的評價量表，儘管中國畫和西方水彩畫受照明條件影響的很多因素已被包括在 Loe 等人

的量表中了，但結合中國畫欣賞中雅與俗的感覺方面，他們增加了幽雅／粗俗這一形容詞對。由於光輻射對於中國畫會產生嚴重的危害，為了保存這些藝術珍品，應盡可能地降低展品上的照度，但是給人觀賞又不能讓畫幅和視覺環境顯得昏暗或模糊不清，兩位學者試圖找出適合陳列中國畫的最佳照明條件。

　　楊公俠和周志選擇了石濤、倪贊、唐寅和王秋野的四幅畫為代表，請了 21 名受試者，其中與中國畫及其陳列有關的 9 名，非專業人員 12 名，實驗在一個模擬的陳列室中進行，陳列室外還有一個準備室，實驗中他們變換了各種燈具組合並調節了畫幅照度和空間光分布，受試者在隨機呈現的各種照明條件下對畫幅和空間光分布各做一套評價。透過因子分析他們找到了兩個因子，一個是「辨明感知」，一個是「情緒」，前者占有主導地位，在陳列室空間評價中這兩個因子都有隨照度增加而上升的趨勢。研究找到了反射率不同的水墨畫、工筆畫和現代水墨畫的適宜的照明條件，結合展品保護，楊公俠和周志認為在中國畫的陳列室中宜採用白熾燈作為照明光源，並建議了適宜的畫幅照度和空間光分布。

　　在對青銅器、彩陶和唐三彩陳列室的視覺環境評價研究中，楊公俠和司耘（1987）採用了相同的方法。由於立體展品的照明要求與平面展品有很大的不同，所以他們就把方向性照明的方位角、高度角和矢量／標量比（被定義為立體感強度）作為主要的照明變項。實驗在一個能提供各種方向性照明的模擬的陳列室中進行，使用了 16 名受試者，男女各半，專業人員與非專業人員各半。三種不同的展品採用了三個語意差別量表來測定不同照明條件下的主觀感受，青銅器外表圖案複雜，內壁刻有銘文且色彩變化少，所以加上了「模糊／清晰」，減去了色彩方面的量表。瓷器的高光問題複雜，因此採用了「單調乏味／活潑生動」、「骯髒／乾淨」、「吸引人／不吸引人」等量表作為高光問題的綜合評價。三種展品各發現了兩個因子，第一個都與外觀總評價有關，第二個因子有差異，青銅器和無釉彩陶相似都是古樸感方面的，唐三彩是色彩質感方面的。透過把因子得分按照矢量／標量比、方位角和高度角分別繪製成圖，他們得到了三種展品陳列的適

宜照明條件。

　　與通常的做法不同，郝洛西（1998）在她的博士論文中試圖建立一個關於視覺環境評價的雙極形容詞詞庫。她首先請了 54 名大學生參加問卷實驗，要求他們描述他們所喜歡的兩個房間和不喜歡的兩個房間，然後請 11 個建築系四、五年級的學生在建築師和設計師所建議的 13 個重要的空間方面把這些形容詞對歸類。在取消了意義繁多的形容詞對以後，第一步工作獲得了 197 個形容詞對。接著她對這 197 個形容詞對進行評定，請另外 42 名大學生根據一般建築空間視覺環境的準確性對每個形容詞對進行評定，在 197 個形容詞對中重複使用了 23 個，以考察可靠性。第二步工作保留了 113 個形容詞對。隨後她用六張具有代表性的室內環境幻燈片作為評定剩餘形容詞對準確程度的刺激，另外 44 名大學生參加了評定，這一步驟保留了 66 個形容詞對。最後她把這 66 個形容詞對組成的七級量表用來考察三個房間，以驗證它們的穩定性。郝洛西以此方法建立了一個包括 66 個形容詞對的視覺環境描述量表（VEDS），她從事室內環境視覺誘目性的主觀評價研究時就從 VEDS 中挑選了部分形容詞對組成了語意差別量表。

2.滿意

　　對於環境評價來說，一個更為直接的考察方式就是詢問人們對環境是否滿意，然而滿意是一個非常綜合的評定，它涉及了環境的很多方面，其複雜程度有時甚至超出了研究人員可以處理的範圍。城市的發展常常又是無規劃的和任意的，很多時候產生的是討厭而不是滿意，儘管環境評價的原則是每一個環境因素是與所有其他因素聯繫起來評價的，不存在任何獨立於環境其他因素的變項，但是我們不得不承認實際上絕大部分的滿意度評價僅涉及環境的某些特殊方面，甚至是家具的式樣、布置或者是照度問題。另外規劃環境會有許多目的，其中有些是相互矛盾的，譬如一座辦公大樓既要安靜又要鄰近交通是很困難的，大樓中聲環境的良好評價可能是以不良的熱環境換來的。所以確切地說我們需要用一種精確的方法來了解環境各因素之間的相互作用。

(1)滿意的結構

事實上建築師和規劃師應該最能理解環境評價的這種複雜性，在環境設計時他們需要平衡各方面之間的關係，如經濟的、材料的、場地的、環境的、文化的和設計的各方面之間的相互制約，建築師和規劃師必須沿著這些所有方面進行通盤考慮並作出權衡。這些必須考慮的方面就是我們所說的維度。建築師和規劃師用以權衡各種可能性的評判標準主要來自於他的職業教育和執業經驗，不幸的是建築師和設計師的權衡標準並不總是科學的和符合事實的，因而環境評價的一個重要任務就是為設計人員提供設計所必需的權衡標準和價值依據。

我們舉一個由 Canter（1973）介紹的蘇格蘭建築效能研究小組（BPRU）曾做過的建築物滿意的維度研究作為例子，他們考察的是教師所認為的滿意與學校設計中各因素之間的關係。研究人員首先與許多對學校建築設計很有經驗的建築師討論，並在 BPRU 中建築師成員的緊密配合下，擬定了建築師在設計時通常考慮的五個方面。它們是：①家具和設備空間的適用程度；②供暖、照明和通風；③教室在建築中的相對位置；④分心、視線和噪音；⑤總體上的建築和房間。研究人員在與教師的討論中以及對教師的先導調查中，已經發現教室在教師心理上最具影響力，因而前四個方面針對了教室進行評價，第五個方面針對的是對教室和建築的總體評價。

他們根據這些方面設計了一系列問卷總計有 100 多道問題，共有500 多套問卷發給來自 30 個學校的教師，研究人員並沒有按照學校來分析數據，而是考察了所有教師的反應結構。從問卷的個別分析得到了 18 個對教師有意義的並能控制的環境方面，接下來的工作就是找出這 18 個方面的維度。因子分析顯示可有三個維度來解釋。第一個維度可解釋共同方差的 56%，具有很高的普遍意義，雖然它擔負了教室滿意的總量度，但也涉及供熱、景觀、照明和教室大小等問題，這說明在人們的反應中出現一個滿意的總維度，這個維度上物理特性（如熱工）和教室本身（如房間大小）的滿意方面荷載都很高。

第二個維度可解釋共同方差的 25%，它涉及教室的位置，即教室

位置的方便程度和教室在大樓中的位置是否居於中心。這個維度令人感興趣，它說明儘管學校的平面差異很大，但對教師的心理體驗是相似的。第三個維度可解釋共同方差的 19%，而且與建築的整體的滿意相關，它包括了從走廊來的分心作用、從建築物外面來的噪音和其他教室來的分心作用等方面，這個因子可稱為「分心」，它非常獨特，但與建築的滿意有很密切的關係。

一旦鑑別出評價的維度之後，我們就可以判定它們彼此間的權重，因為設計人員不可能設計出各方面都達到最佳水平的建築，從理論上說權重可以確定滿意結構，透過揭示滿意的不同方面的相互關係，我們就可以建立一個比較好的滿意模型。

有好幾種方法可用來確定滿意的各方面的權重，最顯而易見的做法是透過評定環境各方面的相對重要性來確定權重。譬如馮國勝和張遜偉（1995）就採用評定重要性程度來確定權重。為了弄清楚在舊城區住房改造中各住房功能指標的相對重要性，他們選擇了 13 項指標，它們分別是戶建築面積、樓層層高、室內給排水管道、衛生設備、洗澡設備、廚房、煤氣、隔聲、隔熱、採光、通風、環境（噪音和綠化等）、使用安全。他們邀請專家評定它們的重要程度，分成從極重要到暫不考慮五級。聚類分析顯示其中最重要的是廚房和戶建築面積，通風和採光分列第三、第四位，煤氣設備和室內給排水再其次。這個研究針對的是老上海舊城區改造，研究結果在推廣於他處之前必須謹慎，但毫無疑問，如果設計之前能進行類似的調查的話，就能大大提升建成環境的質量。

不同的人對環境的評價可能不一樣，設計人員和普通市民對同一幢大樓的評價可能不一樣，觀察者和使用者可能也不一樣，Marans 和 Spreckelmeyer（1982）提供了很好的例子。他們調查的是 Ann Arbor 政府大樓。這座政府大樓在開放後不久就獲得很多的榮譽，包括得到美國建築師協會底特律分會和密西根建築師協會的優秀設計獎。但幾乎就在同時報紙報導了該建築物所發現的問題，並說雇員不滿意他們的工作場所。為了確定這些報導是否屬實，他們在調查中考慮了大樓內的工作人員和大樓附近居民是如何從建築學的方面來評定該建築的。

　　對居民的調查分成兩組，一組是由電話本上選樣獲得，共有 113 個居民接受了調查。另一組是 60 名大樓的來訪者，在他們離開大樓時與其接觸。研究人員向大樓內所有的工作人員都發了調查表，共有 239 個人接受了調查，除了調查表以外，數據蒐集工作還包括記錄環境訊息，如施工圖、家具布置平面圖，以及照度、溫度和噪音的現場實測值。

　　超過半數的居民和 2/3 的來訪者對大樓是持肯定意見的，雖然有一些特徵不是很令人滿意，譬如大多數來訪者對大樓的停車地點不滿意，但重要的是這兩組人中的大多數都說大樓中有一些特徵是他們喜歡的，居民們喜歡廣場景觀和台階，並認為大樓的總體設計和吸引人方面做得不錯，來訪者最喜歡的地方是總體設計和寬敞的內部空間。大樓的工作人員被要求從四個方面來評定建築質量，它們是大樓的設計、大樓吸引人的程度、空間的動人程度和建築質量，這四項與環境舒適程度一起可以構成建築品質的指標。工作人員對大樓建築質量的看法有較大差異，雖然他們對環境舒適程度和總體吸引力方面有中等程度的滿意，但對建築設計和內部空間則不太滿意。儘管有的人還是為能在此工作而感到驕傲，但有的人說「如果這幢大樓贏得優秀設計獎，我就再也不願在政府大樓裡上班了」，或是「設計者不顧雇員的利益去領獎，我對此很不滿意」等。

　　研究最重要的發現是在影響建築質量評價的各項因素中，雇員對於所在工作部門環境的評價最為重要，對大樓保養的評價為其次。當研究人員尋根究底般的考察後，他們終於弄清楚雇員對工作部門的評價中最重要的影響因素是雇員們的直接工作空間，其次是空間品質和從其他部門傳來的噪音，以及別人在工作空間來回走動和本部門發出的噪音。

　　Marans 和 Spreckelmeyer 的調查說明儘管在每個層次的評價中都包含了美學的和物理的因素，但是在使用者心目中最重要的是其直接生活和工作的空間，其中物理的因素超過了美學的看法，而且人們對其直接工作空間的感受可以部分地代表他對整個工作空間的美學看法。這可能正是觀察者和使用者之間的區別，在此案例中居民和來訪者的看法和建築師的看法差不多，但使用者的看法就相差較大。

(2)工作環境

工作人員對其直接的工作空間的看法，是他對工作環境滿意評價中最有效力的因素，這點已為大多數研究人員所接受。一個良好的工作環境可以使工作人員心情愉快，也能提高工作效率，因而很多公司和機構也捨得在這上面投資，把它既看作是為員工提供的福利，也是提高競爭能力的有效措施，但現實不那麼樂觀。Bosti 公司曾用 6 年的時間對 70 多個公私機構近 1 萬名職員和經理所做的調查發現，81%的員工感到他們被排除在工作環境的設計決策之外，79%的人樂於參加這類決策，72%的人對被排除在外感到不滿。鑑於這麼高的不滿意率，對一個進行辦公室改造或是即將搬遷的公司來說，請員工參與不失為一個好主意。

工作環境也是隨社會進步而發展較迅速的環境之一，景觀辦公室的興起和電腦的普及大大地影響了環境的外觀，但建築工學的某些相關調查曾說明視覺顯示終端（VDT）和設計不佳的家具，在總體上與視力疲勞、頭頸肩膀和後背的疼痛、緊張、疲勞以及持續的勞損等有關係，而且也降低了對辦公環境與工作的滿意度。

Kurk（1989）提供資料說美國為賠償與工作有關的背後勞損的案例，每一個案例的賠償金為 6000 美元，每年此方面的賠償金總數約為 60 億美元，這使得符合工學的家具在市場上大受歡迎。這些家具的工作平台能組合進鍵盤和螢幕，工作面的大小也可以調節，椅子也能隨個人的形體而調節高度和靠背。Housh（1988）作證說投資在這些「系統式家具」（systems furniture）上將有極高的回報。在一個案例中生產率在開始兩個月中上升了 15.4%，兩個月以後又上升了 13%。他引證國家職業安全與健康研究所（National Institute for Occupational Safety and Health）的統計資料，該資料說明與一般的工作空間相比，在經良好設計的工作站裡工作的職員其工作績效平均提高了 24.7%。

工作空間、家具和電腦這些方面都與職員們對工作環境的滿意程度有關係。Carlopio 和 Gardner（1992）具體調查了這些方面對滿意的影響，他們向一家銀行 4 個部門的 370 人分發了包含一系列量表的問

卷，在回收的問卷中，33%的人是在全開放的辦公空間裡工作，50%的人是在有遮擋的半開放辦公空間中工作，在傳統的封閉辦公室中工作的人有34%。在這些接受調查的人中39%的雇員報告說他們的桌子上有個人電腦（PC），66%的雇員報告他們有某些工學家具。研究人員發現那些有電腦的工作人員與無電腦的工作人員相比對環境的地點和設施比較滿意，但儘管如此，有電腦者不太滿意環境的安全和健康方面。那些使用符合人體工學家具的工作人員對環境也較滿意，而且他們較滿意工作地點，所察覺到的擁擠感明顯減少。與全開放（無隔板）辦公室相比，在傳統的封閉辦公室裡的工作人員擁擠感少，而且在與人溝通上有更好的私密性。因而對環境較為滿意，半開放（有隔板）辦公室的滿意情況在兩者之間。

當把辦公人員分成普通職員、專業人員和管理人員三種級別來考慮時，發現普通職員主要是在全開放辦公室和半開放辦公室裡工作，專業人員主要是在半開放辦公室裡工作，也有相當一部分專業人員在全開放辦公室中工作，而大多數管理人員是在半開放辦公室和封閉辦公室裡上班。調查說明經理更滿意於封閉辦公室，對開放和半開放辦公室則不太滿意。與此相反，普通職員最不滿意封閉辦公室，倒是對開放和半開放辦公室較為喜歡，專業人員則對半開放和封閉辦公室較滿意。

另一方面，如果家具是符合人體工學的話，經理和專業人員會對環境更滿意，但普通職員則不是。這個研究與早先的調查一樣發現，與普通職員相比，實質工作環境對經理和專業人員的工作滿意評價上有更大的影響力。因而提升工作環境質量特別有助於高級職員提高工作積極性並提高工作績效。

大量的調查發現很多環境特徵影響了人們對工作空間的滿意評價，譬如工作空間的大小，包括工作面的大小、儲藏空間和周圍辦公空間的大小；封閉和私密性控制程度，譬如工作平台周圍有沒有隔板或是可上鎖的門，能否看到或聽到同事們的動靜；環境舒適程度，包括供熱、通風和照明系統；周圍環境品質，包括牆體、頂棚和地面的材料、質感和顏色，以及有無室內外溝通的窗戶；當然大樓的空間組織，包

括辦公室的位置、同事的工作位置、空間的形狀都會對工作環境的滿意產生作用。

　　Marans 和 Yan（1989）曾對工作環境的滿意問題展開過一次範圍較大的國家性調查，他們所取得的預報因子中，最重要的是工作環境的空間評價，其次是照明品質和家具質量、安靜和嘈雜、談話私密性和視覺私密性分列第四、五、六位，而且無論是封閉辦公室還是開放辦公室，這些預報因子都一樣，只是後幾項的排序略有差異。現在滿意的評價和使用者調查普遍採用後評價的方式，用後評價可以評定從自然環境到建成環境的範圍廣泛的環境質量，這些將在本章的稍後部分予以討論。

3.喜愛

　　當詢問別人的場所感受時，他們經常作這樣的回答，「它很不錯，我很喜歡那個地方」或是「普通，沒什麼讓我感興趣的」、「它太糟糕了，比別的地方差遠了」。我們說評價包括這樣一些概念，如品質、價值、愛好以及等級次序等。在對場所的品質、價值進行判斷時，人們會有意無意地在場所之間進行比較，這種標準是由經驗中的評價構成的，而且這種一個環境與另一個環境的比較是含蓄的，但是對喜愛（preference）和等級次序進行判斷時，這種環境之間的比較則是明確的。我們問學生是否喜歡這個教室，在做此判斷時他會把它與所到過的其他教室一一進行比較，就像我們問是否喜歡上海博物館，他會把上海博物館與故宮博物院或是江蘇省博物館相比較一樣。因而環境評價的一個重要特徵就是比較性。

(1)空間特色

　　是否存在一些環境是大多數人所喜歡的，而有的環境人們就不太喜歡呢？有的研究已經說明典型的自然景觀要比典型的城市景觀和市郊景觀更漂亮，也產生更積極的心理效果。曾有人認為在室外，城市環境中空間的閉合感是喜愛度的重要影響因素，空間的閉合感越強，人們越有可能喜歡它。瑞典國家建築研究所的 Brodin（1973）檢驗了這個假設，她挑選了分別代表城市中心、市郊和別墅（villa）三種地

方特色的一些鋼筆線描透視圖，這些透視圖中除了反映空間品質以外，既沒有車、人，也沒有植物，更沒有顏色、質感，Brodin 解釋說這樣做可以消除這些中型的「無關的」元素所帶來的影響。

她首先請建築師在一個七點量表上為挑選的透視圖給予閉合感評定，因為她認為閉合是建築師用來創造實質環境的一種手法，所以閉合感也是建築環境的一種使公眾滿意的視覺品質。然後她請來自城市中心、市郊和別墅環境的 270 名受試者在一張包括 29 個形容詞對的量表上評定這些透視圖的視覺品質。故這個研究實際上探討的是公眾如何看待建築師所認為的閉合感。

實驗的結果出人意料，對於人們喜歡閉合感強的空間這個假設，只有在別墅環境中才成立，在市郊環境中只能說存在這個趨勢但在統計上不顯著，而在城市中心，閉合感越強的環境人們越不喜歡。另外大多數受試者喜歡別墅環境的特色，最不喜歡城市中心環境的景象。從後者來說，住在城市中心的人比其他人較樂觀些。對於這個結果 Brodin 有些失望，她認為空間的開放程度不是影響喜愛度的唯一空間因素，而且它也是和其他空間因素共同起作用的，後來的研究證明她可能是對的。在城市環境中人們並不喜歡閉合性強的空間。

我們可以從多個方面來區分空間，如開放和閉合、寬敞和侷促、無組織和有組織、限定的和無限定的、多功能的和單功能的等。認知心理學家 Kaplan（1979）建議根據人們喜愛程度的評定可以把環境分成四個類別，首先是寬敞—有組織型空間（spacious-structured），在這種空間中通常包含樹、植物、邊界和地標等元素，而且這些元素在空間中合理地安排，使人們能在深度上認知組織這些元素。與之相反，開放—無限定型空間（open-undefined）通常是無景深的、開放的和缺乏空間限定的。閉合型空間（enclosed）常常是一個掩蔽的（screened）或是人們可以躲藏的保護區域。視線—阻隔型空間（blocked-views）指的是在觀察者附近有阻隔視線的東西而使視線不能穿越。在這個環境分類中兩個關鍵的空間變項是開放和限定，它們不僅區分了空間也影響了喜愛度。人們最喜歡寬敞—有組織型空間，不喜歡開放—無定型空間和視線—阻隔型空間。某些閉合型空間人們是喜歡的，有些太侷

促的閉合型空間人們就不喜歡。10年以後這個理論沒有多大變化，只是閉合型空間從這個體系中被去掉了。

Herzog（1992）在一個調查中檢驗了這個假說。他請了300多名大學生受試者，讓他們對70幅幻燈片在一系列的量表上予以評定，其中包括一個喜愛度量表。他用最小空間分析（SSA）來作為環境分類的數據統計工具。在最小空間圖上確實發現了四種空間的集中趨勢，而且在喜愛度評定中只有寬敞—有組織型空間得到了好評，其他三種空間都是人們所不太喜歡的。

環境特徵是影響喜愛度的重要因素。但好像對那些不太精彩或沒有吸引力的景觀而言，實質元素和視覺喜愛之間的關係就不明顯了，因而我們還需要繼續發現哪些線索導致觀察者喜歡某個景觀或不喜歡某個景觀。一般而言人們總是喜歡容易理解的環境，如Kaye和Murray（1982）說明有窗戶的房間要比無窗戶的房間更有吸引力。Nasar（1983）對於居住環境調查後報告說人們喜歡裝飾華麗的、清潔的、開放的且用途單一的建築景觀。他還發現方形的房間要比三角形的房間更受人喜歡。有些調查也發現電線、電線杆、標誌、廣告牌、汽車、塗鴉以及被高密度使用的工廠等人工構成物時常讓人討厭，而樹木、花草、水面等自然的東西總是令人喜歡。

其他影響喜愛度的實質環境特徵要抽象一些，在這些不太明顯的特徵中，秩序和複雜性是較受人矚目的。秩序指的是環境中元素的協調組織程度，秩序感可以提高認別性、清晰感和一致性，特別是在對城市道路景觀和居住區景觀的評價中，人們往往喜歡秩序性強的風景。而複雜性與秩序正好相反，它指的是環境各元素之間的對比。複雜性與喜愛度之間的關係是隨環境的不同而不同，有的研究說複雜性和喜愛度之間是一個線性關係。但在這些研究中難以控制複雜性場景中的無關因素，如電線、電線杆、標誌，一些採用反映自然環境特色的幻燈片複雜性也不夠，其他的一些控制變項如人們使用的強度等，由於沒有控制也會使結果產生偏差。複雜性和喜愛度兩者之間可能還是一個反向的U形關係，即隨著複雜性的增加喜愛度將提高，但複雜性增加到某個階段喜愛度會達到一個最高水平，然後喜愛度隨著複雜性的

增加而減弱。

各種城市景觀中可能算商業景觀為最複雜了，城市商業常產生視覺超載現象，引起超載的主要因素是標識圖像的多重複雜性。儘管標識能引起路人的高度注意，但觀察者只能以簡單的方式來理解。

Nasar（1984）曾利用一個商業區的模型研究了標識的複雜性和一致性以及它們與喜愛度之間的關係。他拍了9張不同標識景觀的彩色照片，並區分了三種複雜水平（不複雜、中等複雜和非常複雜）和三種對比水平（無對比、中等對比和最大對比），模型模擬了建築、人行道、鋪地、街頭家具、汽車、動物、人和街道輪廓線。這些與景觀和標識的其他特點保持恆定，於是每個景觀僅僅是標識景觀的複雜性和對比有所不同。他訪問了92個人，讓他們看這9個場景，請他們根據自己的感覺選擇最想訪問、購物和逗留的地方並對場景排序。結果說明大多數人選擇了中等程度複雜的標識景觀和最一致的標識景觀。

總結說來，環境複雜性和秩序與喜愛度之間的關係非常微妙，複雜性增加提高了人們的喚醒程度，因而提高了人們對環境的興趣，秩序感的提高減弱了人們對環境的興趣卻提高了喜愛度，所以只有中等程度的複雜性和較高的秩序感才能獲得較高的喜愛度。

(2)老房子、新房子和自然

城市的空間總是不斷變化、不斷填入新的內容。有些本來是邊緣的地方可能變成了一個中心，本來是中心的地方現在變成了邊緣，本來是一些新的房子現在變成了老房子，作為城市發展目擊者的我們總是發覺這兒有點什麼被拆去了，那兒又有點什麼建起來了。如果一個設計方案存在兩種可能性，其一是保留老房子並對它改造；其二是推倒再建新的，除了是國家和當地政府規定的保護建築以外，大多數建築師會選擇後者。這就是老房子的命運。這也絲毫不奇怪，老房子在結構和使用上的缺陷以及改建設計的費用過低等都是推倒重來的理由。但有的時候明明是適用的老房子也難逃被拆除的命運。

在城市環境中建築房齡的長短會對喜愛度有強烈的影響。很多人都喜歡老房子，老房子所具有的獨特感、神秘感和歷史感深深地俘獲

了它的觀眾，老房子所具有的豐富的視覺特徵也是大多數現代建築所沒有的，複雜的線條、豐富的圖案、濃重的顏色和變幻的空間，或秀美壯麗，或素樸典雅。但是有的調查說人們並不喜歡老房子，它和喜愛度之間是負面的相關關係，這是怎麼回事呢？

Frewald（1989）在她的博士論文裡回顧了八個研究案例，其中的六個說明人們喜歡較古老的環境，餘下的兩個裡，一個說老房子是人們最不喜歡的環境類型，另一個則說老房子的喜愛度是中等，既不是特別喜歡也不是特別討厭。Frewald斷言有的研究為什麼會發現人們喜歡現代建築而不喜歡老房子，是因為被調查的老房子的物質狀況比較糟糕，因而如果老房子能得到保養的話，人們就會喜歡它。她仔細挑選了保養情況差不多的 52 幢新舊房子來評價它們的喜愛度，她發現儘管這些房子的建築特徵有很大差異，但在此情形下人們確實喜歡老房子而不是現代建築。實際上一些居住環境評價的調查也已經說明房屋的維護與環境的喜愛與否有很大關係。

上述 Herzog 的調查曾說明老房子也影響了喜愛度，但它的影響是負面的，其原因可能就是由於沒有考慮建築維護。Herzog（1996）請了 453 名大學生作為受試者重新檢測了二者的關係。實驗刺激是 60 張城市建築的幻燈片。實驗變項除了房齡、維護和喜愛度以外，還增加了自然元素。早先的一些理論家以及後來的調查都說明城市環境中的自然元素如草地、樹木、鮮花等使環境生輝，因而提高人們對環境的喜愛程度。這個結果說明，如果不考慮建築維護的話，人們喜歡新房子，但如果把維護變項控制起來的話，人們就喜歡老房子，換句話說，在相同的保養情況下人們還是喜歡老房子。這強調了維修和保護老房子的現實意義，老房子能提高視覺環境的品質，而且它豐富的視覺特徵也很難替代。與此相似，儘管說自然元素能提高環境的品質，但無人護理的樹木和花草不會讓人愉悅，與其提供一個雜草叢生的背景，還不如沒有它們。

維護無論是對建築還是樹木花草都是重要的。一些調查說，高山、樹木、花草、植被和水面被認為是人們喜歡的自然元素，可能多姿多彩的水是其中最具感染力的，大面積的水面、水的倒影、流水和被樹

木植被包圍的水面可以大大提高環境品質。而岩石、沙漠等硬質自然是人們所不太喜歡的。城市街道如果能種上大樹的話，視覺品質也會大大提升，聯想到在上海淮海路改建時，竟然會把有幾十年樹齡並作為淮海路街道景觀象徵的法國梧桐連根拔掉，更美其名曰「為商業空間讓路」。殊不知在城市的「文化、現代、商業、娛樂和校園」五類景觀中（Herzog & Kaplan, 1976），人們最不喜歡的可能就是商業景觀了。後來又不得不在淮海路上重新栽樹，經濟損失就不去談了，但是當年人們在淮海路樹影婆娑下流連的快事，近年內是很難找到了。

(3)熟悉和文化

無論一個人是喜歡還是不喜歡某一環境，評價既取決於實質環境特徵也取決於個人特徵。Sonnenfield（1969）所做的探索性調查是針對個人因素的，實驗採用了一組反映阿拉斯加和德拉瓦風景的幻燈片，他發現觀察者的喜愛度強烈地受到個人因素的影響，如年齡、性別和文化。年輕人喜歡奇特、浪漫的風景，婦女喜歡有很多植物和暖調子的風景。德拉瓦人更喜歡德拉瓦的風景，阿拉斯加人更喜歡阿拉斯加的風景。Canter 和 Thorne 曾給蘇格蘭人和澳大利亞人看一些蘇格蘭的住宅景觀，結果發現澳大利亞人更喜歡其他國家的風景。

文化的影響頗令人費解，三種可能性都有據可查。Kwok（1979）調查了新加坡的華人學生和倫敦的中產階級專業人士，研究使用了Küller 的語意差別量表，他發現二者對建築和景觀的評價與 Küller 對瑞典學生調查所獲因子一樣，這說明不同文化之間在喜愛評價方面是相似的。而 Kaplan 和 Herbert（1987）在對澳大利亞人和美國人的喜愛度評定中則發現二者有驚人的相似，也有某些令人意外的分歧。

第三種情況是不同文化背景的人在環境喜愛方面有很大不同，譬如 Nasar（1984）的調查說日本學生喜歡美國的街道景觀，美國學生卻喜歡日本的街道景觀。Yang 和 Brown（1992）的報告中還有一個跨文化調查案例，他們選擇了代表日本式、韓國式和西式的 40 張黑白園林幻燈片作為實驗刺激，作者之所以選用黑白幻燈片是為了消除色彩的影響。他們請了漢城居民、漢城大學的景園建築學學生和非景園建築

學學生，以及在漢城的西方旅遊者作為受試者，用 Likert 量表評定幻燈片的熟悉感和喜愛度。結果說明如果不考慮文化差別的話，韓國人和西方旅遊者都最喜歡日本式園林，如果把文化因素考慮在內，則韓國人更喜歡西式園林而西方旅遊者更喜歡韓國園林。

該如何解釋上述的分歧呢？可以說肯定存在其他未為實驗控制的影響因素，儘管不同的個性導致人們喜歡不同的環境，而且不同的個性確實影響了環境的喜愛，但這不足以解釋文化的差異，更糟糕的是各個調查報告所反映的個體差異和環境喜愛之間的關係相差甚遠。社會文化因素的作用現在看來是場所知覺和評價的關鍵變項，但這些方面的報告很少，還需要更多的調查和研究。

還有就是兩個方法論上的難題，大量喜愛度調查採用了幻燈片作為實驗刺激，結果是一方面我們必須用實驗室研究作為基礎，然而感知和評價的應該是情境的全部，人們在現場中的情境因素如心情、態度、意義和新奇感經證明會影響評價結果，但它們很難在幻燈片研究中考慮到。另一方面我們對語意和行為之間的差別也不是很清楚。

(4)環境需要

上述分歧我們如果把它引伸開來的話就變成一個大題目了，個人對環境有什麼需要，這些需要是否普遍，或是只是某一類人的需要，這些心理需要的性質是什麼，它們是否超出如屋頂、溫暖和安全等最基本的需要。環境心理學的研究領域很少涉及這類問題，然而在職業心理學中類似的研究已經持續了幾十年，提供了一張不同需要的等級表，在這張等級表上我們可以看到某些社會集團會提出特殊等級的需要，它反映了他們文化上的愛好、職業經歷和個人的處境。

人們對環境的需要也是建築師和規劃師經常提出的一個問題，人們在環境中期待什麼呢？喜愛可以看作是一個「社會─美感」方面的評價，滿意更多的是一個綜合全面的判斷。不願意住在城市中或住在市郊的人們（如果他能自由選擇的話）的環境需要將包括：生活更安靜一些，與自然更親近一些，與鄰居更遠一些，住房更寬敞一些。住在城市中的人們的環境需要可能是：生活更舒適一些，社交更活躍一

些，與工作單位更近一些，與朋友的聯繫更方便一些，訊息也更靈通一些。一個全面的選擇是幾種需要共同的結果，人們不得不在多種需要之間權衡各種好處和代價。

了解人們的環境需要必須依靠綜合的調查而不僅是特定問題的專訪。Levy-Leboyer（1982）報告了一個調查，她要求一個公寓街區的未來居民和其他多戶住宅中的居民對他們的環境需要發表意見，絕大部分的老年人說喜歡在戶外的某一地方坐坐，但要遮陽和避風，所以建築師就採取了措施，每套公寓提供了一個陽台，然而住戶們很不滿意，他們不用這些陽台並抱怨減少了公寓的面積。他們事實上要求有一個共用的地方可以坐坐彼此聊天，而不是一個人坐在裡面的專用空間。這本質上是一個社會需要。

如果我們能了解人們有哪些環境需要並知道環境能滿足哪些需要的話，我們就能了解個人的行為並預測個人的反應。Levy-Leboyer（1982）的報告中還有一個調查，這是在1500個17～24歲的法國青年中展開的，她用因子分析法分析了100多道問題，得到了好幾個可鑑別的和獨立的需要。第一個涉及安全，它包括了人身的安全和對家庭的根的需要，它產生了一種穩固的社會基礎的感覺。第二個與環境評價的方式有關，即在環境的固有價值（如寧靜、美、完整、和諧等）中獲得它的價值是重要的。接下來是功能方面，如接近工作單位、交通方便和容易展開業務等。這裡環境的重要性是劃分兩類人的依據：那些認為環境不如就業前途、工作成功可能性和工資級別重要的人，與那些認為環境作為表徵社會地位而言是重要的人。

然後是社會需要，它包含了三種不同的目標：注意整體化（integration），譬如或服從（conformity）或自由選擇一個人的社會關係的可能性；較多或較少的依賴於社會和它的服務；以及社會生活的重要性，不論是基於家庭內部還是基於家庭之外。最後是參與活動的需要，也就是說希望主動地為環境的規劃作出貢獻，這可以用個人空間或公共規劃來表示。

Carp和Zadawaski（1976）報告了另一個研究，他們調查了2541名18歲以上的各類人士，這些人儘管很不相同，但興趣比較集中（全都

關心一種新的道路系統）。數據分析揭示了 20 個因子，它們又被作者重新組成了六種基本需要：安靜和無噪音、環境的美感、鄰里關係、安全、流動性和防止討厭事情的一般保護。我們比較這兩個調查以後可以發現，某些需要會隨著年齡而消失，有些需要會一致地存在。

　　(5)理解和參與

　　人們在場所中的目標與環境需要密切相關，人們總是喜歡那些能滿足需要並有助於完成基本目標的場所，譬如安全的、容易尋求保護的或是食物充盈、氣溫宜人的。Levy-Leboyer 的研究是希望要找出一個一般的需要體系，這些需要對每個人來說都是強烈的，不論他的年齡、性別、職業、社會經濟地位或所負的責任如何。S. Kaplan 和 R. Kaplan（1982）的說法則超出了基本需要的範疇，他們相信人們與環境的相互作用要比環境的內容更重要，並提出了一個著名的喜愛度模型。

　　S. Kaplan 和 R. Kaplan 認為人們在環境中有著強烈的能理解（make sense）和參與（involving）的願望，人們理解場所的一個結果就是建立和使用認知地圖，人們喜歡某些風景和建築景觀是因為「這些地方提供了參與和存在意義的保證」，所以這個理論帶有很明顯的 Gibson（1979）供給論的影響。S. Kaplan 和 R. Kaplan 說，環境喜愛是由兩個認知過程調和的：理解和探索。理解指的是在環境中尋求和領悟意義，探索指的是環境使人興奮，人們被額外的訊息源吸引，這兩個過程都作用於喜愛度。這個模型可以解釋一些作者建議的環境變項，如 Lynch 的一致、神秘和清晰以及 Nasar 的複雜。見表 8-2。

表 8-2　環境喜愛度框架

訊息的有效性 （availability）	理解	參與
現時的或立即的	一致	複雜
將來的或有保證的	清晰	神秘

S. Kaplan & R. Kaplan (1982).

一致性的景觀使觀察者能立即組織景觀中的各個元素,是直接能理解的景觀。複雜的景觀提供了大量的訊息來維持觀察者對環境的興趣,這種直接環境的豐富與變化導致觀察者的直接參與。清晰的景觀可以使觀察者在環境中不會迷失或迷向,它保證觀察者在一段時間內會理解環境的。神秘的景觀告訴觀察者如果能進一步深入環境就能得到更多的東西,它保證了這種參與在將來可能會得到驚喜。

這個理論能部分地解釋熟悉在喜愛度上的作用。一旦成功地理解了一個場景,我們便熟悉它,高度的熟悉感有時降低了參與的意識,於是理解和參與有時候導致環境喜愛趨於相反的方向。如果環境對我們而言是陌生的,環境喜愛度依賴於我們對環境的理解,但這時參與是低水平的。然後存在一個中心點,我們對環境的理解相當豐富,使得我們可以參與進來。最後我們對環境意義的理解足夠豐富了,我們不再保持高水平的喜愛度了。在多數情況下隨著熟悉程度的提高,人們在環境中的價值將依附於環境中的特定意象,而有的環境,可能只占少數,我們對它的好奇心會越來越強烈,參與將永遠持續下去,我們對環境的喜愛也不會減弱。

用一致、複雜、清晰和神秘來預測喜愛度不是一件容易的事,一個環境過於清晰很可能降低了神秘,環境一目了然便減少了趣味,而尋找一致和複雜高度統一的環境又很困難,如果複雜性增強了,而景觀的組織性又可能降低了。但這個模型很有吸引力,它告訴我們一個喜歡的環境至少包括三個內容:首先,環境必須對生活在裡面的人有意義;其次,它必須提供新奇、挑戰和不確定性,因而當界限被打破了,未知的變成已知的,人們依然會探索並控制新的部分;第三,環境必須允許選擇和行動的自由,環境必須提供變化但不強加。

這個綜合的認知理論來源於經驗,而且首先是在自然環境的研究中發展出來的,把它應用在城市環境中是否合適尚需要檢測。儘管其中的大多數元素如複雜和一致很多研究人員都曾經考證並支持它們,但神秘很可能難於成立。在城市環境中神秘的環境往往導致不安全,而安全是城市環境最重要的目標之一。

4.景觀評價

美像泡沫，難以分析，稍縱易逝──Lynch, 1976

喜愛度評價通常探討的是環境中的美感和視覺品質，它可以為建築師、規劃師和景觀建築師做很多工作。藉著它，在城市以外我們可以探討以自然風貌為主的國家公園的視覺品質，或是曠野的宜人程度，以及一個高速公路的地景，在城市內部我們可以分析一個城市設計方案對城市環境的影響，也可以檢討一個高層住宅設計對社區外觀的衝擊等等，由於它可以檢測那些還未建成的尚在圖紙階段的設計對視覺環境的影響，所以它具有極大的潛力。

很明顯，視覺外觀可以增進使用者的滿意度，提高資產的價值，居住環境評價的一些研究資料已經指出社區的外觀可以和其他設計方案一樣轉化為經濟效益。如果一個區域、一個城市、一個社區以及一幢商業建築有良好的視覺質量的話，則既可以提高當地的環境品質，提升居民的信心，又會促進當地的經濟發展和土地經營。

以前視覺景觀的評價工作都是由建築師、城市規劃師以及景觀建築師處理的，根據傳統的看法，設計是由藝術家來做的，這些人有藝術的天賦並經過良好的培訓，他們對視覺設計更專業，對美也更敏感，因而設計方案基本上體現了這些藝術家的審美經驗。對於大眾的批評他們往往嗤之以鼻，認為這是典型的不理解前衛藝術的表現，並譏諷那些要求視覺品質評價的人，認為他們庸俗不堪。因而傳統的設計與視覺品質的喜愛度評價是有牴觸的。但是隨著研究事業的深入，環境設計界已經對這種固步自封的態度有所警覺，並對公眾參與持歡迎的姿態。

我們大致可以將視覺品質的評價分為兩種，即以專家評價為主的，認為美既存於景觀之中的形式美學模式，和以檢測公眾的知覺與認知為主，應用社會科學方法的喜愛度模式。

(1)專家法

無論是專家評價也好還是喜愛度評價也好，都可以找到同一個人，

他就是 Lynch。他是強調現場公眾的認知與實質環境設計之間相互促進的代表人物。Lynch的五種認知地圖構成要素：路徑、邊界、節點、區域和地標，實際上是一種圖形符號系統，這些元素是城市環境設計與社區規劃的基本單元，於是藉著探討公眾的意象，Lynch 把專家法又推進了一個層次。

1961 年Gullen的《城鎮景觀》（*Townscape*）一書發行以後，很快獲得建築師和規劃人員的認同。他的主要貢獻是在城市景觀分析的概念與方法上，他以圖解方式分析城市景觀，他指出城市設計的概念就是一種程序、一種產物。令人印象深刻的是該書以簡單的文字準確地表達了城市所包含的結構、顏色、質感、尺度、形式、特徵、個性和獨特性。

Appleyard、Lynch 和 Myer（1964）年在《道路上的景色》（*The View From the Road*）一書中建立了動態知覺評價的基礎框架，他們認為城市環境中的公眾都是處在運動中，不論是步行的或是坐車的、來或去，對這些變幻的景緻、延伸的視野、時時改變的意象複雜性的了解，是城市設計評價重要的課題。在運動過程中包含了事件、視覺、知覺、判讀解釋的連續性，因而須對現存的情境、事物的內容、環境以及可能變更的計畫以特殊的繪圖及概念系統加以分析。見圖 8-1。

所以對城市設計評價來說，重要的是形成一套景觀分析的方法，發展一套可以作為結構性分析的基本語彙，這個程序可以修改、改進或是詳細描述，它是可以應用在任何城市設計計畫之上。可是城市顯然要比單幢的建築物或是一個特別的景觀複雜得多，一個標準的城市景觀分析方法雖然令人著迷，但離被普遍接受的程度還有差距。很明顯，該領域的研究工作已經站在了學科發展的前端。

專家法的視覺調查與分析包括：①首先選擇在哪裡觀察景觀；①視覺景觀的描述；③視覺環境的展示；④評價視覺品質。

可惜關於環境設計人員如何分析景觀的詳細討論非本書的目的，無論如何，在整體上專家法堅信自己的專業技能，認為透過繪圖技術可以完整地記錄與分析視覺要素的關係。見圖 8-2。

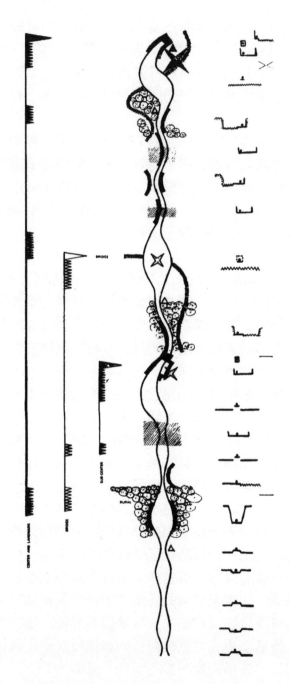

圖 8-1　連續性的概念（Appleyard, Lynch & Myer, 1964）

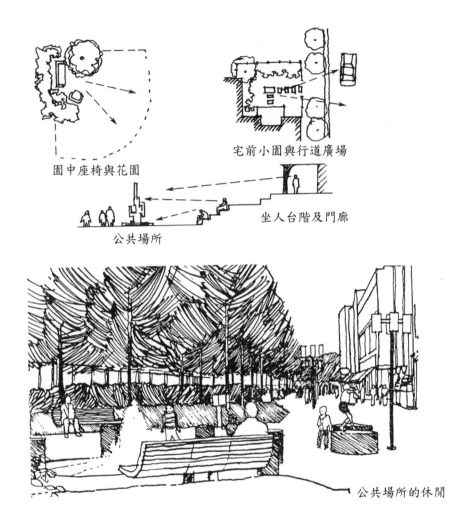

園中座椅與花園

宅前小園與行道廣場

公共場所

坐人台階及門廊

公共場所的休閒

圖 8-2　專家法的繪圖分析（Salder & Calson 等，1982）

(2)社會科學法

　　Lynch 的研究工作引起了環境心理學家、社會科學家，和其他感興趣的環境設計人員的興趣，他們繼續開拓關於一般民眾對實質環境的看法的研究工作，深入了解人與實質環境關於美感的複雜關係。對於美觀知覺的研究我們很自然地想到了 Brunswik 的理論，但是他的模型只具有一般的指導意義。

　　一個標準的景觀研究的方法至少要考慮四個方面，即觀察者、環境展示、研究目的和測量工具。

　　首先是研究目的，社會科學法可以幫助我們：①揭示環境品質的屬性或因素，所以它可以分析環境的意象和環境的意義；②揭示環境的價值，可對環境做比較、評判和排序等，所以可以分析人們對環境的喜愛與滿意程度；③對環境中的變化做預測。

　　不同的目的導致研究工作中挑選不同的觀察者、環境和測試工具。對觀察者來說，環境評價存在著個人與群體的差異，所以在大部分的工作中都是要確定這些觀察者是否有代表性。

　　景觀評價也可以檢測人們對建成環境的反應。不過，大多數工作探討的都是還在圖紙階段未建成的環境，所以重要的是環境展示。我們可以選擇：①現場勘測；②建築的平面、立面和剖面展示。前者是最準確的，但比較昂貴，主要用在建築環境的評價上。後者對一般公眾而言是太專業了一點，我們也可以選擇；③系列的照片、幻燈片和錄影帶；④模型。這兩種模擬法比較適當，特別是在目前 3D 模型和虛擬現實技術可以模擬包括高速公路上的連續景觀等一系列複雜的環境。

　　測量方法就是測試觀察者反應的量化方法，對美感這種無法用物理定義的品質，主要用問卷來測試人們對環境的喜愛程度，以判定環境的美感。常用的量化方法有配對比較、分類、排序和等級測量等。這些方法依賴語意，但是我們也可以用態度量表測量。

　　透過實驗、案例研究和準實驗研究等，環境美學有了很大的發展。譬如，Schroedor 和 Daniel（1980）測量森林景觀，他們發現大樹、大面積的地被植物及灌木、小量喬木與小樹的組合，有較高的美感。Buhyff 和 Wellman（1980）從照片測量景觀特徵，並發展出如下的預測模式：

$$
\begin{aligned}
景觀喜愛度 =\ & 10.83 & （凸出的山形） \\
& -0.59 & （凸出的山形）^2 \\
& 1.57 & （遠處的森林） \\
& -8.60 & （中景中鬧蟲害的樹木） \\
& 0.97 & （平坦的地形）
\end{aligned}
$$

　　這些數字指的是這些項目對景觀喜愛度的貢獻程度。雖然凸出的山形、遠處的森林與對景觀喜愛是正相關，凸出的山形有近 11 倍的值，是相當重要的預測因子。但在這個回歸方程中，凸出的山形與景觀喜愛呈倒 U 形的關係。也就是說對凸出山形的喜愛上升到某一點以後，如果照片上有太多的凸出山形（方程式中的 2 次因子），則反而它就降低了環境中的美感。

　　一般來說，自然景觀中的樹木、天空和水體等自然要素的面積、類型與位置（中心與邊緣、附近與遠處等）對於環境的喜愛度都有影響，而且在不考慮個體差異的情況下，這些實質要素能構成美感方面的差異。Hull 和 Buhyoff（1983）探索了距離在美感判斷中的作用。在他們所呈現的圖片中間有一座小橋，他們發現景觀美麗的程度隨著背景中橋的距離的變化而變化，但這種變化不是線形的，橋略近一點或是遠一點，美麗程度便會提高。當橋在中間距離時，景緻的美麗程度就下降了。

　　在另一項研究中，研究人員也證明植物在景觀中的位置也是美感的重要的預報因素（Patsfall 等，1984）。他們請心理學學生評價幾十張在一條州際公路上拍攝的風景照片的美感，在第一個實驗中他們饒有興趣地發現，位於中心的中景植物和位於中心的遠景植物對美感的判斷最重要，而且前景中的植物對美感也有影響，前景中左邊有植物時美感會降低，而前景中右邊有植物的美感會提高。研究人員接著做了另一個實驗來判斷這種「左右效應」，他們把原先在左邊的植物換到了右邊，而把右邊的換到了左邊。結果發現這回是前景中左邊的植物提高了美感，而右邊的降低了美感。他們總結說觀察者對前景中的內容及其布局非常敏感，並沒有存在左右效應。

　　這些關於環境美感的實驗已經說明下面幾點在審美中的重要作用：①景色中不同元素的比例；②距離；③景色中這些元素的位置。

　　案例研究能幫助我們探討一些更為具體的問題，案例研究強調了基地的獨特性，它適合應用在景觀設計、城市設計、小區規劃和建築單體的方案階段上，特別是有兩個或多個方案相執不下時，喜愛度評價可以幫助確定其中哪一個更為優秀。在城市中做景觀評價需考慮更

多的因素，譬如聲音、陰影、日光、燈光、風和空氣品質等等。案例研究中應重視觀察者的選擇，由於方案可能牽涉某些人的切身利益，所以一定要選擇有代表性的觀察者。

專家法和社會科學法在評價環境時各有優缺點，前者切中要害但不一定正確，後者精確有餘，卻不一定切中要害，所以應把兩者結合起來，取長補短。某些可以直接描述的實質因素應該由專家來評價。我們應該認識到現有的一些美學概念並不適合於當代人的審美觀點，但是現代的環境美學卻未能發展成為設計的基礎，這是一些環境設計師抱著虛無主義的態度的原因之一。

5. 情緒

對環境的實質或是客觀方面作出了價值判斷的同時，這種判斷本身也會引起我們情緒上的變化，譬如覺得愉快、興奮、激動，或是不安、沮喪和恐懼。我們說環境評價是人們對環境訊息的價值的估計，評價環境是好的還是壞的，也就是說它是值得接近還是迴避，因而評價是賦予環境以意義的結構，有些心理學家認為評價是情緒產生的根本條件，在我們看來情緒是我們對環境的一種反應，它既是評價的結果，也是一個中間變項，作為環境評價的情緒很可能不是情緒的全部，而且建築環境所引起的情緒不是強烈的、直接的而是持續的、累積的。

一個人評價某一環境是好的、滿意的、美的、喜歡的，那麼他也可能感到愉快，在某種程度上品質的評價、喜愛的判斷和積極的感覺之間是相互疊搭的，但是情緒的生理、行為和認知方面與美觀、滿意的判斷所引起的東西完全是兩回事，有必要把環境引起的情緒從描述、滿意、喜愛諸方面獨立出來。

⑴情感評價

情感（affective）評價指的是個體對在環境中產生的情緒品質的判斷，一個環境是舒適的還是煩人的、是歡快的還是憂鬱的、是興奮的還是沉悶的，這些環境所引起的情緒都屬於環境的情感評價。儘管情緒是心理學研究的重要內容，早在 19 世紀著名的實驗心理學家 Wund t 就提出了情緒評價的三維體系：愉快─不愉快、興奮─平靜、緊張─

鬆弛。不過環境心理學很少涉及這個方面，只有Russell等少數人一直
從事這方面的工作。他和 Pratt（1980）提出的情感評價模型包括兩種
基本的情緒：愉快和喚醒，這兩種基本的情緒在模型中形成了一個圓
環，愉快和喚醒分別是圓環上的橫軸和縱軸，他們相信環境的情感評
價可以對應圓環上的一個位置。見圖 8-3。

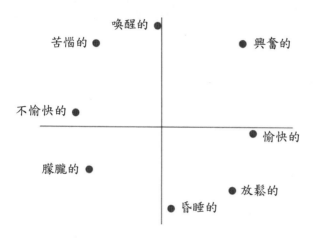

圖 8-3　情感的兩個主要維度和它們形成的圓環（Russell & pratt, 1980）

　　圖中的 8 個變項只是典型代表，如果細分的話可以把它們分為 4
個象限，見圖 8-4。象限 I 中包括將環境評價為高度喚醒和高度愉快的
詞語，像興奮的、有趣的和振奮的；象限 II 包括將環境評價為高度喚
醒和高度不愉快的詞語，譬如瘋狂的、緊張的和混亂的；象限 III 包括
喚醒程度低的和不愉快的，譬如沉悶的、不刺激的和昏睡的；而象限IV
包括了喚醒程度低的和愉快的方面，譬如寧靜的、安詳的、平和的和
休閒的等。

　　按照作者的說法，評價場所的第一步是對愉快和喚醒的品質進行
判斷並得到一個值，這可以在圖 8-3 上為評價的場所找到一個合適的
位置。第二步則是把該場所引起的情感進行分類，譬如是愉快的、沮
喪的、或是無壓力的、放鬆的，這些情感反映在此二維空間的某一位

置上。然後可以比較場所在二維空間上的位置與該情感在同一空間內位置之間的距離比例。所以圖 8-4 的意義在於它反映了一個情感評價的結構。Russell 和 Pratt 所提出的這些情感儘管涉及情緒的很多方面，但是這些詞語也反映在很多專業工作者的研究之中，此外 Russell 等人的工作是在幾百個真實環境中總結出來的，有一定的可靠性和完整性。

　　環境品質引起的情緒可以透過形容詞來測量，多數此類研究針對的是較小規模的場所，在大尺度環境中並不多見，但 Hanyu（1993）

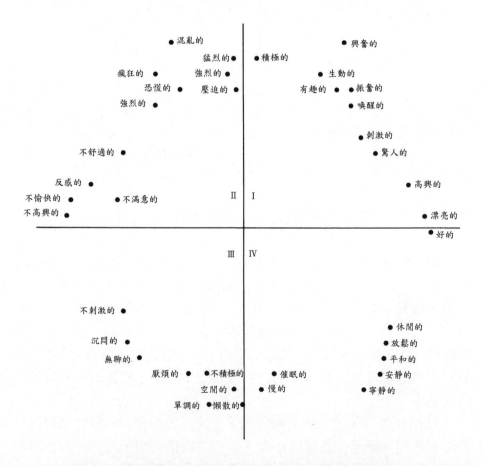

圖 8-4　情感描述的 40 個類別（Russell & Lanius, 1984）

的工作調查的是人們對東京的情感評價。他請 32 名當地大學生判斷東京 23 個區的相似性，多維量圖分析和聚類分析產生了兩個維度和五個組。為了減少多維量圖解釋的主觀性，又請了另外 87 名大學生在一張包含 15 個形容詞對的量表上對每個區予以評定，得到的三個因子是動態／靜態、評價和興奮。其中前兩個因子是和 Russell 和 Pratt 的喚醒和愉快相似的，它們可以代表多維量圖上的兩個維度，這個調查說明在情感評價的結構上東方人和西方人沒有多大的差別。

　　這份調查報告揭示了受試者是以土地使用方式、社會經濟地位和發展時間長短來看待各個區的，每一個組中的各個區在這些方面很相似。第一組講述的是傳統住宅區，這裡有很多年代久遠的廟宇和神社，保留著高密度的土地使用方式和傳統的日本式景觀。第二組代表的是老的中心商業區，這些城區包括重要的政府大樓和公共設施，譬如皇宮、國會大樓、最高法院等，以及日本和世界大公司的辦公大樓。第三組表達的是新的商貿區，與第二組的城區相比這些城區是市中心區而且高樓林立。第四組中的城區代表的是中上階層住宅區，這些地方建築密度相當低。第五組是一些居住、商業和工業的相混雜的城區。

　　從動態／靜態維度上考量，土地使用方式是決定因素，商業貿易區（二組和三組）被認為是動態的，而居住區（一組、四組和五組）是靜態的。從評價維度考量，土地使用、居住區的發展時間和社會經濟地位是重要的影響因素。中上階層住宅區比其他兩個住宅區有更好的評價，受試者對傳統住宅區（一組）的評價最為負面，其他兩個商業區的評價一般。

　　環境的實質特徵和情感之間存在著密切的聯繫，我們從這個案例來看土地使用方式和居住區品質似乎是城市環境情感評價的決定因素，但是作者並沒有系統地考察實質環境的各個特徵，因而還需要更多的工作來解釋其他環境特徵的影響。在情感評價的實際工作中，我們除了可以採用 Russell 和 Pratt 所建議的方法之外，也可以採用類似 Hanyu 的方法或是更靈活的途徑。現在關於場所情感的意義研究特別是在建築學界有些體現了現象學取向，雖然取得了較豐富的成果，但是如何在研究設計上做得更完善些仍是一個方法論上的難題。

(2)經歷

　　任何評價都離不開判斷標準，不同的判斷標準使得人們對相同環境的評價有差異。同樣的黑夜，有的人覺得寧靜，有的人覺得恐懼；同樣的舞廳，有的人覺得刺激，有的人覺得沒勁；同樣的劇院，有的人覺得輝煌壯麗，有的人覺得樸素寒酸。一個人的評價標準不僅反映了他的個人需要，也是文化薰陶、傳統習俗、社會影響的結果，並且與他的經驗有關。一般來說設計人員對城市環境的評價比普通市民的低，這可能是因為後者長期處於視覺混亂的環境中，而前者受過嚴格的專業訓練因而對環境顯得格外挑剔，正由於此，設計人員也能洞察一般人所難以察覺的細部之美。

　　不同的經驗導致人們的判斷標準不一樣，有時甚至是極細微的差異也會產生影響。Canter（1988）報告了 Surrey 大學的學生對格拉斯哥及其附近現存房屋的若干照片就愉快感予以評定，見表 8-3。首先 50 個人都對所有照片評定，但每個人看照片的順序不同。從第一次評定中選出三組照片，第一組照片評分最高，第二組評分最低，第三組居中。然後讓另一些學生做第二輪的判斷。這一次把得分居中照片的一部分放在高分的照片之後，另一部分放在得分低的照片之後。

　　這個研究清楚地表明評價一個環境不僅和環境各因素有關，而且也和先前的經驗有關。一個從迪斯尼樂園歸來的人會覺得上海錦江樂

表 8-3　編排的得分關係不同時房屋愉快感的平均得分（Canter, 1988）

照片編號	在令人愉快的房屋之後（分）	在令人不愉快的房屋之後（分）
1	4.0	5.3
2	4.8	6.7
3	3.3	5.7
4	2.7	4.5
5	5.5	6.9
6	2.2	4.8

園實在很乏味，但是只在社區遊樂場玩耍的孩子去錦江樂園會高興得不得了，正所謂「五嶽歸來不看山，黃山歸來不看嶽」。用適應水平理論來說，就是我們判斷一個刺激總是與所在的情境有關，這包括現在的刺激和先前經驗過的刺激。

Russell和Lanius（1984）把Russell和Pratt的情感評價模型與Helson的適應水平理論結合起來形成了一個綜合的模型，見圖8-5。簡單地說這個綜合模型就是，如果在評價一個刺激（A）之後，那麼整個適應水平將會向（A）移動，造成的結果是在此之後目標刺激（T）的評價將會在評價空間圖上沿著（A）的反方向移動。換句話說如果經歷了一個非常愉快的場所以後，我們對後來場所的評價將會向不愉快的方向移動。你如果去上海大劇院看了一場戲，歸來以後你會發覺學校大禮堂比以前更糟糕了。

總結　在分別討論了描述、滿意、喜愛和情緒等幾方面的環境評價之後，我們將說明幾個問題。首先，美感和情緒等是人們體驗和思考環境的方式，環境知覺建立了心理的表象，這樣知覺訊息便可以作為豐富的和有意義的信號，於是外部世界就超越了它的純物理性質，

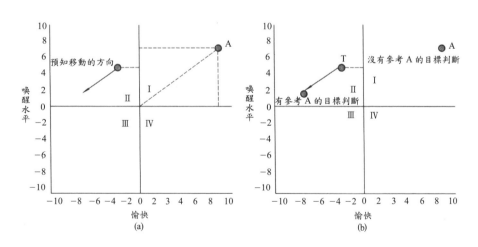

圖 8-5　在評價刺激（A）之前，對目標刺激（T）評價的移動
　　　　位置(a)和實際移動位置的預測(b)

對感知者來說它們就具有了價值，但美感和情緒是環境的一種或一組價值而不是環境品質的全部，相比較而言滿意則較為全面，它是人們對環境的綜合反應。滿意通常作為用後評價的評價結構，雖然環境的特定方面對滿意的貢獻較難確定，但是有一些事情還是比較清楚的，對使用者來說最重要的是其直接生活和工作空間的空間品質和舒適程度。

其次，上述探討的研究案例有不同的重點。有的案例考察了建成的實際環境，並以應用為主。它們通常選擇有代表性的如學校、辦公室、博物館等，希望能用自己的工作來說明功能類似的環境在建築和環境設計上的合理或不合理的措施，其中有的研究案例直接受業主委託，針對的是業主指定的建築，透過對設計、使用和管理上諸方面的調查提供建議來增進績效。另一方面有的研究工作直接應用的可能性較小，是以理論探討和知識積累為主，可以看成是對評價研究本身的考慮。

最後，根據環境評價工作的目的、取向、方法和用途可以把環境評價分為兩類，一類是對評價工作的研究，即以純學術的觀點對評價工作的有關理論和方法論的研究，另一類是專門對已被使用的建成環境的評價，這也就是我們下面要討論的用後評價。此外廣泛見諸於各建築雜誌的建築評論，儘管它評價了建築設計的作品，特別是設計的構思和表現，但是由於其缺少清晰的系統的方法，也更多地依賴於評價者個人的美學品味和好惡，有更多的互相討論的性質，因而不屬於我們的討論範圍。

🌀 二、用後評價

環境設計特別是建築設計的主要任務，是為在其中生活和工作的人們提供一個良好的物質和社會環境，設計成功的主要標誌是它能夠滿足人們在環境中的願望和需要，人們的生活方式得到鼓勵和加強，價值觀得到確認。儘管這個信念在現代環境設計界從來沒有動搖過，但是隨著歷史上的某些特殊事件，這個信念在逐步增長並為越來越多的人所接受。

發生在美國Pruitt・Igoe公寓的故事就是其中突出而深刻的實例。

該公寓由一位著名建築師設計，在上世紀50年代建成時曾作為一個解決貧民窟的榜樣而大受讚揚，還獲得了優秀建築設計獎。然而設計本身並沒有顯示出對以往社區模式的理解和尊重，面對擁擠、破舊的狀況，設計者推倒了原有的三層住宅，代之以高層住宅。於是過去低層住宅所具有的特點，譬如對街道的監視和對頑童的照看已不復存在。高層住宅把住戶原來存在著的街道生活隔開，導致社區犯罪和破壞事件不斷發生，公共財產受到重大損失，結果當局不得不把該公寓炸毀。此事件的來龍去脈耐人尋味，我們可以說建築師遭遇到了一個非常糟糕的社會背景而不自知，但無論如何他不了解使用者，不了解環境又加上他的某些不符合事實的設計假設，直接造成了悲劇的產生。

1.用後評價簡述

現在我們都已經明確了環境設計過程的所有方面都應受到足夠的重視，譬如精心調整現存環境、改進新設計、儘量避免建築標準和生活安全準則的重大改變等，其中最重要的是關心使用者，了解他們的需求和愛好，了解他們對環境的看法和意見，這才是設計成功的最重要的保證。我們對使用者的關注並不應僅僅停留在諸如「評價是設計的終點，也是設計的起點」之類的教條上，確實地了解使用者的需要和願望，首先就必須做大量的調查。非常遺憾，特別是在國內針對建築物和建築環境使用方面的調查工作很少，這不僅造成實際工作中設計質量完全依賴於設計者的經驗和個人好惡，也造成大學的建築設計教育在教與學方面都受到了一些影響，以致難以提升建築在設計和使用上的品質。國外對使用者的調查和檢測他們對環境的滿意程度已普遍採用用後評價的方式。

(1)用後評價的性質

對建成環境中使用者的需要、願望和他們對環境的看法與意見的調查，通常是以用後評價的方式進行的。用後評價是一個跨學科的術語，基本上它來自市場營銷（marketing）領域，這也絲毫不奇怪，儘管說大多數設計師都在某種程度上迎合市場的要求，但是市場營銷人員要比環境設計人員更重視市場，因而也更重視使用者的調查，不過

市場方法在揭示人們對設計空間的意願和滿意度上的失敗，為創立測試使用者反應的正規方法提出了需要。現在用後評價的理論背景涉及多種社會科學，如社會學、心理學、統計學、文化人類學以及環境心理學等，所研究的範圍又包括城市系統、環境影響、建築計畫、建築經濟、能源使用、建築設備以及視覺和美學等，因此用後評價是一個多學科介入的研究領域。

用後評價（Post-occupancy Evaluation, POE）是環境設計研究的一種重要方法。總而言之，用後評價就是用系統而嚴謹的方法以使用者的觀點來評價建成環境的實際效果。用後評價可以視為對建築環境中的設施、組織、使用者等與各種活動間的適合性的檢測工具，它檢測了個人或群體對建築環境的滿意程度。狹義的用後評價可以看成是檢討設計意圖、目標與建成環境實際表現之間的得失，廣義的用後評價可以看成是對建築業在管理、規劃和設計工作提供資訊，以改進決策品質的一種工具。

用後評價與我們每天所做的對建築的非正式評判不同。我們路過一個快餐店而不駐足，想尋找另一家更愜意的，這不是用後評價。用後評價包括下面幾個重要的特性：首先，用後評價強調以一種系統的方式展開評價工作，必須使用嚴謹而清晰的研究方法，並要求採用蒐集訊息的標準技術（如訪談和問卷等）和使用者及其行為的抽樣調查。第二，用後評價的評價準則必須客觀合理，唯有如此的評價工作才具有說服力。第三，用後評價強調它的應用性，它多以分析和解決問題為取向。

闡明用後評價的目的或許能使人更容易了解它的性質。一般而言用後評價最根本的目的是蒐集資料以供相關決策，根據陳格理（1992）的說法，用後評價的目的可分成下列幾項：①改進相關計畫和設計的決策工作；②建立建築基本類型的研究；③設計工作參考性資料的修正；④了解和評價相關生產性工作的效率；⑤提升設施保養維護的效率和價值；⑥了解能源事業的成本效益；⑦了解和測試一些實驗性的設計成果；⑧評估企業組織的相關目標；⑨用以建立前導性（pro-active）的設施管理計畫。

(2)用後評價的方法

用後評價主要係透過人的知覺能力對環境品質作出判斷，具體的方法與環境心理學其他研究領域中所使用的方法很相似，如調查、訪問、行為觀察、問卷以及數據蒐集和相關結果分析等。Zeisel（1981）曾在《研究與設計──環境行為研究的工具》（台灣關華山譯）一書中詳細介紹了這些方法以及如何提升研究品質，這本書就像它的書名一樣，已經成為環境行為研究和用後評價的必備工具和研究方法的首選教材。

除了這些通用的方法之外，許多研究人員致力於開發用於特殊建築類型的評價手段。如 Moos 和同事們發展了一套評價護理環境的標準程序，Kraik 也花了很多年摸索了景觀評價的方法等。在居住環境評價方面的評價模型就更多了，如 Canter、Rees、Francescato 和 Gifford 都曾提出過類似的評價模型。用後評價的研究品質和可信程度幾乎完全依賴於它的研究方法和程序。所以用後評價必須非常小心地使用合理而有價值的方法，這意味著多變項的方法要好於單變項的方法。使用者應該參與研究方法的制定，這樣可以保證研究人員沒有主觀估計一些重要的命題。另外，其他研究文獻中的方法不應該不加批判的吸取，實驗的特徵和小樣本實驗方法，譬如實驗控制組，如有可能也應使用。

(3)用後評價方法的品質

對於從事用後評價的人來說，閱讀研究文獻不僅要看研究的結論，可能更重要的是看該研究使用了什麼方法，這樣便能利用此方法來解決自己的問題，如此研究人員就有可能彼此改進研究品質。評價一種研究方法的效力主要看它的信度和效度。

信度（reliability） 信度指的是評價的一致性和可靠性。一個完全可靠的研究方法如果在某一不變的情況下重複實驗會有相同的結論。如果在解決實際問題時重複使用一種方法，所得結果變化很小，表示此法的信度大，相反每次我們以不同的研究工具測量相同的事件，如果結果不同則我們的工具便不可信。對於特殊評價的設計，我們可以

評價不同方面的信度，譬如由兩個以上觀察判斷的評價，我們必須在判斷間建立其一致性，這種信度包括觀察者的內部信度，一致性的計算是觀察者的同意數除以判斷的整體觀察者。

信度檢驗有很多方法，如 Zeisel 所說的檢驗再檢驗，即用同樣的方法在一段時間以後再詢問同樣的人，爾後比較兩次的回答；或是替選技巧法，即將兩種屬同類的方法儘量設計得不一樣，比較所得結果，而以較可靠的技巧檢驗另外一個；或是一分為二法，即將研究對象一分為二，用一種方法測試一半對象，再用另一種方法測試另一半，然後比較兩種方法的結果。譬如調查校園環境的整體狀況，將 50 個測試項目分成兩組，設計得彼此重複，然後拿 25 個問題的回答與另一半的 25 個問題之回答相比較。

不幸的是絕大多數研究的情境都在持續變化之中，即使有完全的信度，也無法期待恆定的結論。為了應付這一難題，最好使用多重研究技巧，使用多重技巧可以蒐集同一現象的不同類型的數據，彼此彌補各種技巧的偏差。

效度（validity） 效度指的是評價的準確性。假如一個評價能夠很真實而正確地評價場所的特質時，我們便說評價具有很高的效度。效度可以從幾個方面來衡量。首先是方法的適宜性，這稱為表面效度，指面對事件時方法的準確性。這是由判斷來決定的，通常是由評價法的接受度來決定。第二種形式是內容效度，主要指的是測試項目反映評價目的的程度。如果缺乏此效度會出現答非所問的現象。內容效度是由判斷來決定，更進一步的是可以用統計法如因子分析來建立。效度的第三種檢驗是比較前後評價法及其結果，即交叉效度（cross validation）或聯合效度（conjoint validity），這通常是由相關性取得。

同時效度檢驗指的是比較用一種方法所得之結果，與用另一種已被接受並視為有效的方法所得之結果，譬如新近提出的住房滿意度量表，如果所得之結果與其他曾成功使用過的某種量表所得結果大部分相合，就表示它有效。

效度的兩個重要現象是評價法的敏感度與實用性。實用性是指評價程序中可用資訊的應用，敏感度是指與測量目的相結合的程度。一

般說來，同時使用越多的方法去觀察一個複雜現象的不同方面，越容易確定研究方法的效度。

　　總之，效度檢驗可以讓我們發現研究方法是否解釋了我們需要它解釋的問題，信度檢驗確定了研究者使用和重複使用一組方法所蒐集的數據的可比性，這樣不同的用後評價可以彼此共享。當然研究方法的其他方面如取樣方法也會對評價的品質產生重大影響，研究設計對這些也要非常重視。

⑷用後評價的發展過程

　　用後評價應該說是在環境心理學還未成為一個專門的領域之前就已經開始了，特別是英國研究人員對建築進行評價已經有 40 多年的歷史，儘管它當時的名稱叫建築鑑定（building appraisal），主要是對建築物做綜合的檢測。Brooks 和 Vermon（1956）的一個早期研究，調查了一個科學博物館的兒童畫廊，他們在報告中作了這樣的預言「在將來這樣的研究有很大的前途──這樣的研究會受到絕大多數的博物館館長們的歡迎。」

　　英國用後評價研究在上世紀 60 和 70 年代的發展可以用蘇格蘭的建築效能研究小組（BPRU）和 Canter 所做的學校、住宅和辦公大樓的卓有成效的評價工作為代表。美國的用後評價工作較英國為遲，可以認為是起自於上世紀 60 年代，但是美國的用後評價研究發展得很快，不僅所發表的文章最多，而且其影響也最大。譬如 Schorr（1963）對低收入者生活實質環境的調查研究中，清楚地顯示出集合住宅的問題實際上是政治、經濟、社會和建築等多方面的因素共同作用的結果，他的成果最後促使美國更重視這方面的問題，而成立了房屋及都市發展部（HUD），影響不可謂不大。

　　到了上世紀 70 年代，美國的用後評價無論是在範圍、數量、規模和嚴謹性方面都有相當大的改進。此期間研究成果最突出的可能是 Newman 的工作了。Newman 對 100 多幢集合住宅做了深入的調查，這份報告對美國社會產生了重大的影響，它說明在集合住宅區裡的犯罪原因與集合住宅的建築造型、規劃布局、建築配置和交通安排有密切

的聯繫。這個研究的結果不但直接影響到美國政府對集合住宅的政策，更促使政府對各地許多既有的公共集合住宅進行改建和更新，該報告中的某些結論甚至直接成為政府評價住宅的依據。Newman 的工作不但直接使民眾認識到用後評價的功效，也使許多研究人員開始重視用後評價的價值和影響力。

另一個在上世紀 70 年代產生重大影響的用後評價工作是由以 Francescato 為首的 Illinois 大學建築系的一群教授所做。這個研究案針對影響集合住宅使用者滿意度的各種因素，特別是管理方面的問題，就其本質上的變化和相互間的關係做了詳細的調查。研究結果顯示提高集合住宅使用者滿意度的最佳方式之一，在於讓使用者參與設計或改善方案的決策工作。

總體上說，上世紀 70 年代是用後評價的蓬勃發展期，用後評價到了此時期進一步發展出了較清楚的研究理念和較具體的研究方法，這時期的研究工作開始注意到建築物的物理性能和相關技術的問題，另外評價結果的公正性、合理性，以及評價準則和測試技術已逐漸被認為是評價研究的重要項目，而且研究的主題也轉變到以使用者的滿意度來反映實質環境的好壞。

累積了 20 年大量的用後評價研究案例之後，研究人員開始認識到眾多的建築類型很難用同一個評價工具，因而上世紀 80 年代用後評價發展逐漸轉移到建立研究框架和針對不同建築類型發展出不同的評價模式，譬如 Moos 和 Lemke 發展了一套內容廣泛的針對護理環境中實質環境和社會環境的測試方法，Farbstein 和 Wener 也試圖為收容所評價建立一套標準問卷，Canter 和 Rees 試圖用塊面法為多變項居住滿意度評價建立一個模板，Donald 曾試圖用塊面法建構多變項辦公室評價的全面標記語句，上世紀 70 年代末和 70 年代的一段時期很多攻讀環境心理學的研究生的碩士論文就是為各種建築環境的用後評價建立模型。

除了這些以外，比較重要的還有 Marans 和 Sprecklmeyer 的工作，他們從實質環境和企業組織的本質來研究一幢辦公樓對使用者行為和滿意度的影響（其部分結論可見上文），並透過使用者的滿意度來檢討工作環境的績效，從而建立了一個新的模式。這個模式反映出使用

者對滿意度的表達和評價的結果都受到評價準則與標準的重大影響。在這個調查中他們開始逐步擺脫對問卷的完全依賴，利用各級主管對各種因素影響的評價表、各種資料檔案以及對環境直接觀察，才作出較完整的判斷。由於此項研究的成就，美國的《進步建築》（*PA*）雜誌在 1982 年把它評選為年度的最佳建築研究獎。Marans本人由於在用後評價方面的經驗，也有機會接受委託為美國國家標準局建立一套小到單個建築大到整個社區的評價指南。

上世紀 80 年代用後評價亦有兩個主要趨勢，首先是從以往對建築環境中社會性關懷又回歸到對建築本身的重視，上世紀 70 年代略微提到的環境物理性能和環境舒適程度如照明、空調等現在已經成為調查的主題了。第二是以功能為導向成為研究發展的主流，這和以往以研究者興趣為導向有明顯的差異。功能導向的研究是以達到業主的需要為主，著重在調查既定目標和企業使命變動間的關係。這種研究方式在運作上很接近建築設計的工作型態，清楚簡明的研究結果幫助業主調整其決策以回應外部條件的變化，只是這種研究工作對評價準則或研究成果的品質沒有很嚴格的要求，多屬私人企業委託，其成果也極少對外公開。

進入上世紀 90 年代，用後評價依然保持強勁的發展勢頭，不僅數量上有增加，而且在地域上已經不僅局限在北美、歐洲和日本、澳大利亞、紐西蘭等發達地區和國家，南美、亞洲等發展中國家的用後評價研究的數量也大大增加。此外理論上又出現統合的趨勢，發展出一些綜合的評價理論，如Canter所建議的場所評價理論就是其中的代表。

(5)環境設計評價和建築計畫

一些研究儘管它的名稱不一樣，但和用後評價密切相關。它們或者是調查的範圍、類型以及調查方法和用後評價相似並有相當程度的重疊，或者是以用後評價研究為基礎對所得資料進行再研究。這裡介紹環境設計評價和建築計畫。

環境設計評價　環境設計評價就是對所設計的場所在滿足和支持人的表面或內在需要及價值方面程度的評判（A・弗雷德曼等，1990）。

環境設計評價也要求採用嚴格的方法，透過考察和分析建築環境與使用者主觀體驗之間的相互關係，描述和評判建築環境在多大程度上滿足了使用者的需求，檢討設計的得失，並將此種分析量化和標準化。總體說來，環境設計評價和用後評價非常相似。

由於環境設計師不能預測自己設計決定的結果，也不能系統地學習以往的經驗，因而一直受到各界的批評，環境設計評價就是運用環境行為研究的方法和資料對建成環境進行嚴格而系統的評判。1974 年美國風景建築師協會（ASIA）建議，在環境設計和規劃專業中開設一個環境設計評價的研究課題，並將它列為該專業中最前端的研究課題之一。該建議認為：

「對完成項目的系統分析和評價，為改進專業工作所需的基礎資料和知識提供了最大潛力，系統化的方法應該為比較及案例研究提供基礎，研究的結果不僅對持續、重複的現代教育課程具有價值，而且對設計—規劃決策同樣如此，它可以為決策的制定提供一個更加客觀的依據」。

Zeisel 和 Griffin（1975）報告了一個集合住宅研究的例子，他們調查了觀河住宅區居民的行為是否與設計者的意圖吻合。在這個設計中建築師布置了三塊綠地，並希望它們能成為居民的活動中心。Zeisel 和 Griffin 訪問了居民，並拿出一張完全按比例的基地圖，請他們在上面畫出或者指出他們由家門口走到停車位置、區內小店、公共汽車站的路徑。見圖 8-6 和圖 8-7。

這個研究可以清楚地看到設計師的意圖落空了，大量的路線並沒有從綠地附近經過，究其原因可能是停車場位置不當，商店的布點不合理和交通路線安排有問題等。這是一個典型的環境設計評價，當然也是一個靈活而精彩的用後評價。

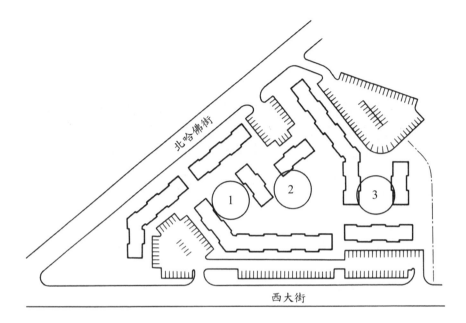

圖 8-6　觀河住宅區的基地平面圖以及三塊綠地（Zeisel & Griffin, 1975）

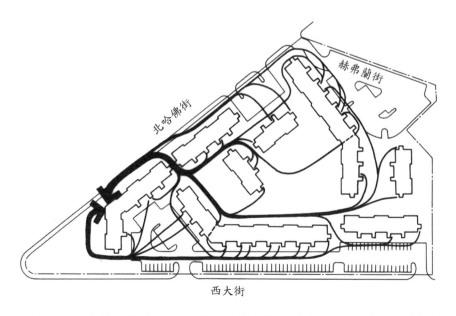

圖 8-7　重疊所有受訪人由自家到小店的路徑（Zeisel & Griffin, 1975）

建築計畫　用後評價的結果除了可以充實決策者的參考資料以外，對建築設計者而言，最有效的方法就是將研究的成果資料轉變成建築計畫書或設計準則。建築計畫（architectural programming）指的是設計過程開始階段的一系列活動，包括系統、綜合的數據蒐集和分析方法獲得使用者的需要和願望的陳述、具體目標和績效標準，並把此訊息傳達給主要的場所參與者──使用者、業主和設計師（Preiser, 1975）。為了設計出好的建築和環境，需要事先充分了解人們生活上對建築和環境的要求，然後去思考為了提供能滿足這些要求的場所需要哪些技術，因而建築計畫就是從多方面加以分析學習如何以建成環境來滿足需求的學問。

建築計畫是一種設計前研究，用後評價是項目完成之後的工作，但是兩者必須結合起來。任何工程與建成項目都會有聯繫，在設計一個有創新性的建築時，意願的闡述會比建成項目的用後評價更為有用，但在絕大多數普通建築類型中有很多現存的例子進行過用後評價，那麼用後評價就更為有用，此時兩者結合能更有效的發揮用後評價的研究價值。

建築計畫書通常是一份書面的設計綱要，它將不同的使用者、活動和區域進行分類。在這份文件寫作之前，各類使用者的意見必須綜合起來，通常不同人士的意見會相互矛盾，所以應用系統分析方法來考察不同元素之間的相互影響。最後完成的建築計畫書將是人們的意願與基地、預算和業主許可範圍內的綜合協調，是個人意願、場地特徵和組織目標協調的產物，建築計畫所要考慮的因素相當複雜，實在是一個高度的專業性和學術性的工作。

Sommer（1983）曾介紹了一個如何將使用者需要轉譯成設計綱要的例子。1982 年一位景觀建築學講師弗朗西斯接受家長和老師的委託為學校的室外環境制定建築計畫，弗朗西斯調用他的學生進行需要分析。透過兩星期的數據蒐集，包括對基地的觀察以確定校園的特徵和使用方式，組織交談和班級地圖聯繫，還包括對學生家長的詢問、教職工的分組討論等。一份報告總結了這些訊息，並從中發展出設計途徑，這些途徑提供給由家長、老師和兒童參加的會議。將從詢問反饋

中概括出來的主要傾向轉譯成型態、材料、基地和行為活動的一般概念。大家一致同意選擇木材、草皮和植物（為炎熱的谷地氣候多提供些陰影）作為庭院的材料。不喜歡的材料是混凝土、鋼和塑料。年齡小的孩子們喜歡砂，教師們卻怕因此添亂。很多小孩喜歡水，但老師們考慮到一些能源、資源和安全問題而不願要。對於基地的型態，希望平坦的谷地能有少許的起伏，可以採用小山丘和台地的形式，但不能有太高的東西（家長所關心的）阻擋視線（老師所關心的）。既然發現孩子們在遊戲活動中是按年齡分組的，就可以考慮用地形來組織障礙物和標誌物，另外還應考慮孩子們在場地活動時教師監護的可能性。

為了尊重使用者的意見，室外區域就不能設計成有固定的金屬設施、很少甚至無綠化的庭院，設計綱要的另一任務是無論取消砂或水等項目，還是包括這些項目並提供配套設施（如防止砂子在校園中到處灑落，或是提供水，但不致於浪費和弄亂環境），都要明確其間的衝突並儘量減少它們。最終的設計計畫書包括一個有爭議的項目，但至少要明瞭潛在的麻煩。

建築計畫研究不僅能為設計師提供設計綱要，而且也會增加各使用者對環境的信心和興趣，它也有助於促成使用者參與設計，在此案例中有超過半數的家長願意在暑假參加建造工作。

合理的方法和程序是建築計畫成功的關鍵。根據最終的形式和數據蒐集的模式可以把計畫分成各種取向，Mazumdar（1992）建議可以把它們分成兩個維度：即從所需要的空間或是從使用者的願望之觀點出發，來蒐集和呈現訊息的人／空間取向，和從計畫的解析單元如個體、群體（aggregated）和團體（group）出發的單元取向，從而確立一個包含六種建築計畫研究取向的類型模式，其中研究中使用較多的是群體空間取向、群體人員取向和個體空間取向。

2.上海居住環境評價──一個用後評價的案例

1992～1994 年，本書兩位作者接受上海市建委的委託，在上海建設技術發展基金會的資助下進行了一個用後評價研究，期望透過此項研究能調查了解 20 世紀 80 年代以來上海新建住宅的優缺點，居民在

這些住宅中的使用情況和各層次居民對居住環境的評價，進而建立一套居住環境評價的系統化方法。調查結果可以為新的住宅小區和商品住宅的規劃、設計提供建議和訊息，為房改工作提供重要資料，並為上海市小康居住水平標準提出建設性意見。下面我們介紹這個案例研究的部分資料（楊公俠、徐磊青等，1994）。

(1)方法

　　研究目標　我們將此次調查的目的定義為運用用後評價的理論和方法來探討住房的客觀條件（包括居民在其中生活和流動的環境的實質特徵，不同戶型與住宅的設計特徵等）、社區感染力和居民的社區生活、建築的維護和社區管理、居民涉及環境的行為與居住環境的主觀滿意度評價之間的關係，揭示居住環境滿意度的重要預報因子，進而對居住環境以量化評價。

　　研究模型　居住環境滿意度評價有很多文獻可以查閱，我們主要考察了 Canter 和 Rees（1983）的多變項住房滿意度，Francescato 等（1978）的工作，以及 Oseland 和 Donald（1993）的住房空間評價構架，並在此基礎上建立本項調查的理論模型。見圖 8-8。

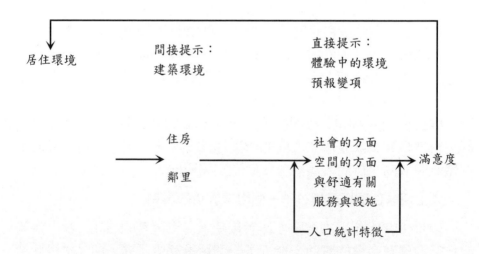

圖 8-8　居住環境滿意度主觀評價的研究模型

　　居民對於居住區存在著住宅和鄰里的明確分類。本研究進而對住宅和鄰里根據建築的一般原則進行細分。住宅包括廚房、洗手間、居室、臥室、陽台、儲藏空間、大樓內的公共空間、樓梯（電梯）等。鄰里包括小區道路、綠地、遊戲場、停車場、管理設施、醫療設施、文娛設施、商業設施和社區總體等。本項調查中居住環境滿意度評價的組成部分被分為三個方面：社會的方面、空間的方面和與舒適有關的方面。

　　預報變項　從總體上說使用者的環境滿意度評價取決於研究中使用的變項，這些變項應該包括個體的、社會的、城市的、心理的和行為的等。各文獻中並沒有反映出一個被普遍接受的居住變項的分類，所以我們根據調查對象的特殊性，本研究的預報變項包括三方面：

　　空間的方面，包括大小、位置、布置、數量、方向、高度、活動、使用性、採光、通風和設計情況等；

　　社會的方面，包括私密性、鄰里關係、交往、安全感、美觀、安靜、感染力等；

　　與舒適有關的服務與設施方面，包括交通、維修、基本設施供應、噪音、管理和社區服務等。我們把這些預報變項組織在一張五點量表的問卷中。

　　研究方法和步驟　調查問卷在初稿完成以後，邀請房地產專家、房管所（物業管理人員）和居民進行了兩次對問卷的討論會，原本問卷中有 200 多道問題，在兩次修改之後完成了調查問卷的正稿。最後的調查表中對多層住宅的問題有 46 道，對高層住宅的問題有 47 道。

　　接著與居委會開會，討論分發和回收調查表事宜，採納了居委會對評價工作的建議。並了解了小區的背景資料，包括區塊基地的歷史，居民的生活方式、收入與人口組成，可得到的安全系統，居民娛樂的機會，老年人的比例，受教育的情況等。與此同時還蒐集小區的土建資料，如小區的總面積、綠化和容積率，被調查住宅的平面，各公共建築的位置和管理經營情況等。

　　研究人員在居委會同仁的陪同下，上門直接向居民分發調查表，居民在接到調查表一週以後填寫完畢並交給居委會，由研究人員到居

委會回收調查表。回收調查表以後，在填寫調查表的居民中又隨機挑選了 30 戶作上門訪問，採訪內容包括 10 個問題和行為調查表，每戶由男女主人分別填寫，共 60 份，時間為 2 小時。

取樣　研究所選擇的樣本由上海房屋科學研究院推薦，它們是分布在上海東北角的延吉新村和西南角的仙霞地區的幾個新村。它們是上世紀 80 年代建成的兩個有代表性的小區，其中前者在 80 年代中後期三次被評為全國文明住宅小區。調查問卷實發 1120 份，回收 970 份，有效問卷 921 份，其中多層住宅 603 份，高層住宅 318 份。

數據統計　研究採用上海計算研究所的 RDAS 數據統計軟體。

(2)結果

樣本特徵　樣本特徵見表 8-4 和表 8-5。

表 8-4　樣本中多層住宅的特徵（總計 603 戶）

項目	一室一廳	二室一廳	三室一廳	四室一廳
總數（%）	37.8	51.0	10.2	1.0
居住面積（不含廳）（m²）	11～14	21.23	37～38	42～44
廚房面積（m²）	2.5，2.9，3.3，3.5	3.3，3.5，3.6，3.2	3.3，4.7	3.3，4.7
洗手間面積（m²）	2.3，2.5，3.3，3.5	3.2，3.3，3.5	3.3，4.2	3.3，4.2
廳的面積（m²）	6.2，8.0，9.4，10.5，11.5，12.7，13.1，主要是 6.2，9.4，10.5	7.5，8.5，12.1，13.0，11.5，主要是 7.5	9.2，10.2	14

在調查的樣本中，主要是工薪階層人士，職業有工人、教師、職員、機關幹部等，樣本中老人的比例較高，達到 20%，而在某些新村中比例則更高。

表 8-5 樣本中高層住宅的特徵（總計 318 戶）

項目	一室一廳	二室一廳	三室一廳
總數（%）	24.4	73.1	2.5
居住面積 （不含廳）（m²）	14～15，少量的 19	25～26，少量的 29，30	43.4
廚房面積（m²）	2.9，3.6，4.1，2.9 占絕大多數	2.8，3.1，3.4，3.6，4.1，主要是 2.9，3.6	4.3
洗手間面積（m²）	大部分只有 2，少量的 4.1	主要是 2，3.4，4.1	2.6
廳的面積（m²）	7，10.2，12，大部分為 7	5.6，7.4，8.4，10.2，11.5，主要是 5.6，8.4	6

　　滿意度評價的重要預報因子　本研究取累計貢獻率為 70%的公共因子個數，根據因子分析相關矩陣的特徵值，預報因子的數目無論是多層住宅還是高層住宅都是 17 個。

　　分析結果顯示多層住宅的居住環境滿意度主觀評價的最重要預報因子，集中在諸如廚房和洗手間的大小、設備和使用上的方便與舒適等問題上，我們為它取名為廚房／洗手間因子。第二個非常重要的預報因子出人意料，這個因子集中在老人對活動空間、社會交往和服務水平的評價等問題上，我們取名為老人的評價因子。另兩個重要的預報因子是廳和儲藏空間情況，社區服務設施、安全和管理，分別排名第三、第四位。以下的因子重要性大致相同，分別是臥室的位置和朝向，社區的文娛設施、水電供應、停車場以及孩子對環境的評價，社區內的社會交往和親切感，鄰里關係，廚房和洗手間的空間品質，社區的安靜感等。

　　高層住宅的居住環境滿意度主觀評價的預報因子與多層住宅相似。最重要的因子圍繞廚房、洗手間的大小、設備布置和使用的方便與舒適等問題，該因子取名為廚房／洗手間因子，第二個重要因子圍繞安全感和社區管理等問題，因子名為管理／安全。老人對活動空間、社會交往和社區服務水平的評價，水電的供應情況分列第三和第四個。以下因子的重要性大致相同，分別是住宅在大樓中的層次，對電梯使

用和管理的評價，廚房的空間品質，臥室的私密性，儲藏空間，社會交往和社區的親切感，以及孩子對環境的評價，社區的服務設施，大樓的維修等。

　　滿意度評價的結果　得到影響多層住宅和高層住宅居住環境滿意度的因子後，就可以對樣本計分，以確定評價的結果。計分方法是根據 17 個因子的重要性進行加權，每個因子以它的特徵值作為權重 K，對集結在每個因子下面的問題的原始得分，取它們的平均值作為因子得分 W，這樣每個樣本的居住環境評價得分 Q 可以計為：

$$Q = \Sigma KW$$

　　根據問卷的五點量表，「很不滿意」計為 1，「不滿意」計為 2，「一般」計為 3，「滿意」計為 4，「很滿意」計為 5，我們可以用上述公式計算這五點上的滿意度得分。見表 8-6。

表 8-6　居住環境評價五點量表的滿意度得分

	很不滿意	不滿意	一般	滿意	很滿意
多層住宅	32.27	64.54	96.81	129.08	161.35
高層住宅	532.35	64.70	97.05	129.40	161.75

　　上海多層住宅總體的居住環境評價得分為　　$Q = \Sigma KW = 81.8$
　其中　延吉新村樣本居住環境評價得分　　$Q = 80.36$
　　　　茅台路樣本居住環境評價得分　　$Q = 83.78$
　　　　天山路樣本居住環境評價得分　　$Q = 66.1$
　　　　虹橋路幹休所樣本居住環境評價得分　　$Q = 99.75$
　　上海高層住宅總體的居住環境評價得分為　　$Q = \Sigma KW = 94.76$
　其中　仙霞路樣本居住環境評價得分　　$Q = 93.77$
　　　　延吉六村 13 號居住環境評價得分　　$Q = 100.58$
　　　　延吉六村 17 號居住環境評價得分　　$Q = 93.3$
　　　　延吉五村 65 號居住環境評價得分　　$Q = 96.04$
　　　　延吉四村 68 號居住環境評價得分　　$Q = 89.16$

(3)結論

　　無論是多層住宅還是高層住宅，兩者最重要的因子都是廚房和洗手間的大小、設備布置和使用上的舒適性。老人對居住環境的評價、社區管理質量和安全感都是極其重要的因子。在揭示的 17 個因子中，尤其是前面幾個重要因子，都傾向於對室內環境、社區配套設施及管理的評價，而對社區總體吸引力如美觀、安靜和親切感等的評價都不重要，社區中得到的社會關係和社會交往、鄰里關係等也沒有在主觀滿意度評價中占主導地位，我們將它與實地觀察資料聯繫起來，充分說明在所調查的時間和樣本裡，上海居民的居住行為活動還不是很豐富多彩，主要還是局限在家庭內部，居民缺少關心環境的意識。

　　從居住環境評價得分來看，無論是多層住宅還是高層住宅的滿意度得分並不高，都在一般水平之下，說明在當時及所選擇之樣本的居住水平較低。這主要是由於居民對廚房、洗手間的大小和使用性的評價不高，在多層住宅中尤其如此。還有一個重要原因是在兩種住宅中老年人對住房和社區設施的評價都非常的低。

　　本次調查樣本中，高層住宅的滿意度高於多層住宅的滿意度。這可能是由於在所選樣本內高層住宅的居住面積大一些，也是由於高層住宅的安全性和社區管理質量是好的。多層住宅滿意度得分低的另一重要原因是居民對廳和儲藏空間的大小和使用性極其不滿，可是此兩點之重要性位列滿意度的前茅。

　　總體說來，居民對社區的管理和服務水平是滿意的，其中對水、電、煤的供應最滿意，對社區的配套設施以及對社區的總體品質如安靜感、親切感和社區的規劃布局是肯定的。但對停車的場地和管理以及諸如廳的大小和儲藏空間等室內品質不是很滿意。

　　本項研究說明環境心理學中的用後評價完全適用於中國的居住環境評價的調查，說明這個模式是有效的，另外也說明居住環境評價可以用理性、量化和公正的方法進行，它不是社會普查體系而是一個嚴謹的學術探討系統。

(4)深圳樣本

本次調查工作華東師大心理學系是我們主要的合作單位，當時正在攻讀博士學位的王青蘭女士赴深圳蓮花小區也進行了滿意度調查。這是一個居住條件較好的樣本。新村的環境較好，綠化程度高，活動場地多，住宅寬敞，大都為二室二廳、三室二廳、四室二廳，也有部分複式住宅。深圳作為一個年輕的移民城市，樣本完全體現這一特點，年輕人多、老年人少，人口素質高，這個新村建成於1991年，1993年獲得建設部文明小區稱號，用做數據統計的樣本有80份。對這個樣本的因子分析我們提取了四個滿意度的因子，它們是：

美觀／社會活動／設施因子，它涉及諸如社區內住房的美觀、形式上的吸引力，社區提供的活動場地，居民的社會交往，學校、幼托、交通等的便利和安全等方面。此因子名列第一。社區氣氛和管理因子，它涉及親切感、識別性，社區的管理、服務和防止犯罪等設施方面。洗手間因子，它涉及洗手間的大小，設備布置、洗澡的方便與舒適，以及洗衣機布置等方面，這兩個因子是第二、三位。最後一個因子包括對客廳的評價和水、電、煤氣的供應情況。

把這個樣本與上海的樣本比較之後我們會發現在住房寬敞以後，人們便開始關注社區的吸引力，開始追求社區生活的質量，最明顯的變化是滿意度的因子中社區本身的美觀、活動、感染力等因素列在住房室內環境特徵等因素的前面，這從實證上說明隨著居住水平的提高，居民在居住環境評價上已不僅僅關注室內生活方面，對社區和環境的重視程度大大提高，並朝著心理上更高的層次發展。

總結　受到環境與行為研究工作的影響，那些關心環境發展的學者們自上世紀50年代開始從事於一些建築物的用後評價工作，儘管開始時的規模不大，但由於其揭示了與民眾福利密切相關的環境問題之後開始獲得大眾的矚目，政府和各機構開始大量投入經費，研究單位也積極進行這方面的工作，於是用後評價進入了一個蓬勃發展的時期，吸引了更多的學者投身到這個工作中來，研究的範圍也大大拓展了，並且由於它極強的應用性，將在未來很長的時間內繼續保持生命力。

本部分介紹了用後評價的性質、方法、標準和用後評價的發展歷程，也闡述了與用後評價密切相關的環境設計評價和建築計畫研究，最後討論了我們所從事的一個用後評價的實例——上海居住環境評價研究案例。

我們說用後評價是一個循序漸進的過程，這不僅指很多的用後評價研究是建立在前人工作的基礎之上，並且對於特定的用後評價而言，它考察的環境也在持續地變化，一個用後評價有著很明確的適用時間，在此之後我們就需要對環境進行新的評價來認清事情的真相，就像上海居住環境評價研究，現在上海的住宅建設發展非常快，居住環境質量也提高很快，但人民對環境的要求也在變化之中，人們的居住環境滿意度的預報因子肯定發生了變化，如果要了解這些就需要進行再評價。用後再評價的工作代表著用後評價的成果在經過幾次實踐（設計工作）和檢討（再評價）後，研究資料的累積和再研究以肯定用後評價的價值。

第9章

住宅與社區㈠
——居住滿意度

　　住宅是生活中最重要的場所。從人與環境相互作用的觀點來看，首先，人在住宅裡的時間最長，跨越整個人生，從生命的開始到終結，絕大部分時間是在住宅裡度過的。據計算一個人每天在住宅裡的時間平均約有 13～14 小時，也就是說，一個人在住宅裡的時間超過了生命的 2/3。其次，住宅中有人們最重要的社會關係，與人們一起分享這個空間的，或是丈夫、妻子，或是父母、孩子，或是爺爺、奶奶、孫兒、孫女。無論你身處何時何地，他們都讓你牽腸掛肚，如果失去其中的任何一個，生活將會遭到重大打擊。再者，面對城市裡的各種壓力，住宅也是人們重要的「避風港灣」，人們在自己家裡享有較多自由，較少受到外界的干擾與限制。在住宅裡，人們可以按照自己的興趣布置家具，擺設器物，安排生活，修身養性。

　　住宅對人們來說不僅是一個純粹功能性的、實用性的空間，人們在與住宅的相互作用過程中，為它附加了一系列重要的心理上的意義和價值。住宅是人們與之融為一體的地方，它不僅是一個場所，也是一個象徵。它是安身立命之所，是一個生命開始的地方，是力量的源泉和情感的匯聚之地，也是一個人生命旅程中安全而永恆的停泊所。由此，我們才把住宅，而不是公司、學校、公園，或是其他什麼地方稱為「家」。「家」這個詞比住宅帶有更豐富的色彩和更深刻的內涵。

　　生活中居住占有極重要的地位，儘管居住和健康、家庭和經濟收入等與整體的生活品質的關係最為密切，但對環境設計而言，居住環境較其他因素更容易受到設計和規劃的改變。

一、居住滿意度

　　不同專業的人員對居住環境有不同的視角。政治學家、經濟學家、社會學家和建築學家可以在同一個居住區裡發現不同的問題。居住問題實在關係國計民生，所以各個國家制定了一系列法律和政策確保居民能夠得到適當的住房，並以經濟和管理機構來配合，使這些法律和政策得到有效執行。傳統上住房品質是由規劃和設計人員用一定的判斷標準來評判的，這些標準包括經濟上的，如造價和租金；設計品質上的，如住房結構、衛生設備、面積等；社會性因素，如擁擠程度等

等。但是近年來這種評判標準使用起來已相當困難了，這一方面是由於這些評判標準本身受到了質疑，一些研究顯示這些標準並不能準確地鑑別適當和不適當的住房。另一方面，有些住房本身的「品質」是相當不錯的，但其居民卻很不滿意，典型的例子就是美國聖‧路易市的 Pruitt-Igoe 高層公寓。

傳統判據之所以不起作用，其原因在於缺少了居民本人對居住質量的判斷。隨著對居住環境研究的深入以及相關知識的累積，現在看來這一條是更加重要。居民們的重要需求得不到充分認識是傳統判據不成功的主要原因。環境與行為研究正好能彌補這方面的缺陷，因為環境與行為研究從人與環境相互作用的觀點來探討環境各個方面之間的關係，其中就包括居住環境中居民的感覺和行為，社區中實質環境和社會關係的諸特徵對居民行為的影響。

越來越多的研究人員在環境與行為研究中把滿意度作為研究的主要組成部分，此方面 Fried 和 Gleicher（1961）是滿意度研究的開拓者之一，他們認為在住宅質量判斷標準中，居民對居住的主觀評價應該是比衛生設備或是住房的結構更重要的因素，而且確實有證據說明居民對居住的滿意程度與個人綜合的生活品質極為相關。在他們之後，有很多研究人員論證了這個觀點。

你對你住的地方滿意嗎？你喜歡住在哪裡？你夢想的家園是什麼樣的？你對住房的實際品質與你的期望之間有差距嗎？這些都是與居住滿意度密切有關的問題。如果你是住在一個理想的環境裡，或是接近理想的環境，你便會非常滿意。不幸的是，許多人的住宅與他們的理想差距很大，他們對居住不太滿意。居住的品質與人們的期望之間的比較就是居住滿意度。理論上，居住滿意度是使用者與建成環境之間，人們的期望、需要與實際的住房狀況之間的平衡，如果此種平衡被打破，個體將重新修訂他們的期望與需要，調整他們對住房的評價，或是改變這個居住狀況，這種調整將持續到他們自我認同為止。

為了了解居住滿意度就必須做大量的調查，但這種調查不是簡單地去問「你喜歡你的住宅嗎？」，研究人員已經發現當詢問居民以前的住宅，或是理想住宅的情況時，滿意度會隨即發生變化，所以，相

當多的因素都會影響居民的居住滿意度。

　　總結來說，居民的滿意度將取決於居民的個人特徵，如人口統計特徵、個人的需要與期望、居住時間和個人發展階段等；社會聯繫，如鄰里關係、朋友和家庭成員等；空間特徵，如密度、設計特徵、維護、是否與工作地點和以前居住區域鄰近等環境的實質品質等；心理因素，如知覺、認知和情感構成，包括識別感、認同感、歸屬感等環境的意義，以及居民的態度、信念等；還有行為意向（intention）和實際行為，如參與、搬遷和搗亂破壞等。

二、住房中的環境心理

　　居住滿意度（residential satisfaction）可以分為兩個方面，一是住房滿意度（housing satisfaction），二是社區滿意度（community satisfaction），這兩個方面密切相關，儘管在定義上各有側重。住房滿意度雖然提到了社區的重要性，但它更關注住房內部實質特徵與居民行為之間的關係，這些包括住房面積、房間尺度、空間、私密性和活動等。社區滿意度則強調了住房外部的實質特徵、鄰里的社會關係品質，以及社區管理對居民行為的影響等。居住滿意度要比上述兩者更綜合，很多地方與兩者相互重疊，既包括住房內部的諸方面，如住房面積、空間等，也包括社區的、實質的、社會的和管理的諸方面以及與此相關的個人因素。所以居住滿意度研究就是一一剖析這些方面在滿意度判斷中的相對重要性。但我們應該牢記住房評價不應局限於住房內部的生活空間及其安排，它也應包括室外空間和鄰里關係等。後者在住房滿意度評價中引發了重要的調整作用。在居民們看來，住房並不僅僅指「可用的和有組織的空間」的客觀方面（Lévy-Leboyer, 1993）。反過來，居民對社區的知覺也對住房品質具有重要影響。有確切證據顯示，當住房條件改善以後，居民將更加關注社區裡的社會聯繫和自然及接近自然的環境。

　　我們將以居住滿意度為主線介紹居住環境的相關研究，讓我們首先從住房開始。

1. 個人特徵

這些居民是誰？他們的文化、個性、性別和職業是什麼？這些居民居住此房以前有沒有住過其他的房子？在評價住房時他們是與理想住宅相比較呢？還是與其過去的住房相比較？抑或是與從朋友和媒介得來的居住標準相比較？在評價住房時，他們是住房的主人還是住房外的路人？研究證明居住滿意度明顯受到了居住者個人特徵的影響。

(1)生命週期的不同階段

Michelson（1977）調查了加拿大多倫多市的居民後說，超過 85% 的居民在一生的各個階段都希望擁有自己的住房。有孩子的家庭喜歡住在市郊，老人和獨身者更願意住在市中心的公寓裡，因為在市中心可以更經濟地享受到城市提供的各種設施和服務。在一次對住房風格的調查中，Nasar（1983）發現年輕人熱衷於裝飾華麗的住宅，而老人則喜歡樸素無華的住宅。這種住宅外觀看上去並不動人，卻也潔淨明亮，老人們喜歡這樣的住房，重要的原因可能是他們自己已不能再像從前那樣頻繁地走動並接受複雜的訊息了。

一般來說，老年人的居住滿意度要高於年輕人。北愛爾蘭的一份住房研究報告（Melaugh, 1992）說，老年人（大於 55 歲）要明顯比年輕人（18～34 歲）對住房更滿意（88%對 77%），在對住房不滿意的人中，老年人只有年輕人的一半（8%對 15%）。有的研究甚至發現，那些在旁人看來有明顯缺陷的住房，而住在裡面的老年人卻對它挺滿意（Campell等人，1976）。老年人的居住滿意度較高的原因可能是他們對居住環境很熟悉，與環境之間建立一種歸屬感和認同感，也可能是他們對住房已不再有太多的期望，因而不願意表達對其的不滿。

國內的居住研究也有類似的結論。中國城市小康住宅課題組對全國九個城市做了抽樣調查，在這個研究裡，滿意度可以看成居民對現有住房與小康水平住房的比較。課題組發現越是年輕的住戶，認為與小康水平相差甚遠的比例越高，而且人均面積與戶主的年齡並無明確關係，由此得知，越年輕者對住房的要求越高（小康住宅研究科研組，1995）。但這絕不意味著老年人對住房就滿意了，上海居住環境評價

發現，老年人對住房評價非常不滿意，在五點量表裡的均值小於 2，此說明老年人對居住很不滿意（徐磊青，1995）。我們發現上海的樣本與國外（特別是西方發達國家）的樣本幾乎無可比性。西方國家大多數老年人與孩子分開居住，居住標準高得多。但在我們的樣本裡，多數老年人與子女同住，住房面積小。老年人對住房不滿意的主要原因在於擁擠，活動受限制，私密性嚴重缺失。

(2)居住時間

　　居住時間越長，居民的滿意度可能越高。北愛爾蘭的研究報告（Melaugh, 1992）說，有10～20年居住經歷的居民裡，滿意者為88%，不滿意者為7%，2年以下居住時間的住戶滿意者為82%，不滿意者為13%。一般認為，居住時間越長，住戶與居住環境越會建立一種歸屬感和認同感，這有助於提高居住滿意度。

　　但事情也不盡然，有時居住時間長短與滿意度關係不大。譬如Kaitilla（1993）對巴布亞新幾內亞的住宅研究說明兩者的關係並不明顯。可能問題在於居民對自己的居住狀況有無選擇權，在西方國家，房地產市場發達，居民收入也不低。如果對居住確實不滿意的話就可以另覓他所。巴布亞新幾內亞是個發展中國家，住房市場沒有多大開發，住房短缺，居民除了住在這裡以外並無其他選擇。中國城市居民住房情況也有類似的地方，一方面房地產市場積壓了大量閒置的空房少人問津，另一方面很多城市居民的住房品質不佳，但在商品房令人咋舌的價格面前卻步，所以他們除了暫時將就以外也別無選擇。

　　不過中國也有自己的特殊性。小康住宅研究科研組（1995）發現，從入住的年份來看，越是最近遷入的，認為與小康水平相差甚遠的比例越少。這是因為中國十幾年來居民的住房水平提升很快，越是晚建成的住房標準越高，面積越大。住房建造年代越是久遠標準越低，面積越小。所以在中國快車道上發生的情況與西方發達國家所發生的恰恰相反，入住時間越短，居住滿意度越高。

(3)住房屬權

　　很明顯，擁有住房產權的居民比租房者對環境更滿意，幾乎每一

個相關研究都認為存在這樣明確的關係，儘管沒有發現有關的國內研究工作，我們相信不會有太大差別。住房是一項成本極高的投資，如果對居住環境不滿意，就不會在此置業。

其實購買住房產權的重要意義並不僅僅在於擁有，可能還與生活的安定感、安全感和歸屬感有關，這些方面都對人們的幸福生活起了促進的作用。擁有產權的住戶往往捨得在住房裝修上大量投資，美化環境，並欲在此地居住更長的時間，這些都使得他們對環境更滿意。

(4)社會經濟地位

生活富裕的人為了能夠與自己的社會地位相適應而在住房上大量投資。他們選擇或建造較好的住房，我們常常可以從社區和住房的外觀就可以分辨出主人的收入情況。Melaugh 說北愛爾蘭中產階級和上層階級對住房滿意的人占 90%。高層工作人員（upper working）對住房滿意的人為 87%，一般工作階層（working class）對住房滿意的人為 84%，窮人對住房滿意的只有 65%。在兩個極端中，中產階級和上層階級對住房不滿意的只占 8%，窮人不滿意者占 20%。

小康住宅研究科研組的研究說，儘管家庭收入與小康感覺似乎沒有多大關係（這可能與居民隱瞞收入有關），但從其他一些相關方面可以管中窺豹，略見一斑。從職業來看，工人家庭認為與小康水平相差甚遠的比例高，因為工人家庭人均面積比幹部或技術人員平均少 1.5～2.2 平方米。從學歷來看，「大專畢業」者、「高、初中畢業」者、「初中以下」者和「小學以下」者差距明顯，學歷越高，認為與小康水平相差甚遠的比例越少，它反映出這些家庭人均面積上的差異。

(5)性別

丈夫與妻子往往對住房的滿意程度意見相左。譬如 Michelson（1977）對加拿大多倫多市新近搬家居民的滿意度調查發現，當居民們被問及哪些方面使得他們的新家令人愉快時，在搬到市中心公寓的夫妻中，超過 40%的妻子提到她們滿意於家的品質，但提到這點的丈夫只有 5%，另一方面，在搬到市郊公寓的家庭中，超過 50%的丈夫提到了家的品質是他們滿意的原因，但只有 5%的妻子提及此點。

Canter 和 Rees（1983）也發現了這一性別差異。在他們的目標評價中，角色也是一個重要的方面。他們從事滿意度評價工作時，每一個問題分別由丈夫和妻子回答，然後透過 SSA（最小空間分析）統計發現，這兩種角色在空間圖上有不同的範圍，妻子在評價她們的住房時非常重視與鄰居間的社會交流。

影響居住滿意度的個人特徵還有很多，譬如是否有孩子、有幾個孩子、孩子的年齡、妻子的就業情況等。居民的個性與居住評價經證明也有相關作用，可惜這些方面資料不多。

建築師與規劃師可能會懷疑研究個人特徵與居住滿意度之間關係的價值，他們認為根本不可能使一幢住宅樓裡的所有人都滿意。設計中經濟的、技術的、法規的和場地的限制已經使他們沒有多大一展才華的餘地了，所以他們希望環境與行為研究能更多地揭示出空間品質對居民的主觀評價的影響。當然此點也很重要，但個人特徵與居住滿意度的相關知識絕不是多餘的。設計過程的關鍵在於了解使用者的需要，目前主要的問題是建築師與規劃師通常不去理會使用者與業主的需要。環境與行為研究的一個最普遍的結果是建築師與他們的委託人對建築的評價不一樣，所以隨著市場經濟和買方市場的到來，此時累積一些個人特徵與居住滿意度之間相互關係的知識則顯得很合乎時宜。

2. 住宅內部的空間與行為

住宅空間的實質特徵與人們對住房的評價是密切相關的，這些特徵包括面積、通風、保溫、隔熱、隔聲、日照、景觀和空間組織等。

⑴空間大小

住宅設計意味著在決定尺度、細部、採光、材料和色彩的同時，綜合考慮房間在功能、社會和心理上的需要，從居住滿意度來說，可能最重要的莫過於空間的大小。

面積是極重要的，這在全世界都一樣，無論是在美國（Marans & Wellman, 1976），還是以色列（Oxman & Carmon, 1986），抑或是在委內瑞拉（Wiesenfeld, 1992），住房面積越大，越令人滿意。

小康住宅研究認為，當前最大的住宅問題是面積不夠。調查中提

出住房「狹窄」者的比例最高,而日照、通風等環境與物理條件次之。面積越小者,認為與小康水平相差越遠。從此點可以看出,小康住宅首先是面積達到一定標準的住宅。住宅面積應該與家庭人口數一起考慮,於是和面積同樣重要的是家庭密度。家庭密度主要反映在兩個指標上:人均居住(建築或使用)面積和每間臥房人數,前者是空間密度,後者是社會密度。更多的空間總是人們一致的追求,Wiesenfeld(1992)調查了委內瑞拉低收入遷居居民以後發現,這些居民遷居的理由,最主要的就是獲得住房所有權和尋求更大的面積。

Lévy-Leboyer(1993)調查了法國帶小孩的年輕夫婦的住房,這是一個中產階級和上層階級的樣本,作者認為他們的住房條件很好甚至是相當好,這些人有較高的社會經濟地位和令人羨慕的職業。43%的家庭人均居住面積在 17～21 平方米,34%的家庭人均居住面積大於 27 平方米,這次 Lévy-Leboyer 有意安排妻子而不是丈夫回答問題,因為妻子比丈夫更關心空間問題。調查得知,對居住滿意度來說,最重要的是空間的大小,特別是家庭的人均空間,即人均居住面積和每間多少人數。

從中國目前情況來看,可以認為密度不僅是影響居住滿意度的重要因素,而且是其中最重要的。小康住宅研究認為「狹窄」是住房的最大問題,當人均使用面積超過 10 平方米後,提出住宅「狹窄」的家庭比例 50%以下,人均使用面積達到 13 平方米時該比例是 40%以下,人均使用面積為 15 平方米時該比例為 30%。即使從小康感覺與住房密度的關係來看,也是住房密度越小,與小康的感覺越接近。

室內高密度是當前城市住宅的最大問題。客觀地說,近 20 年來城市居民住房條件在不斷改善,居住面積不斷擴大。以居住問題比較突出的上海為例,1949 年市區人均居住面積為 3.9 平方米,到 1995 年已提高到 8 平方米,成套率 50%,到 2000 年,上海市區人均面積將達到 10 平方米(折合使用面積 13 平方米),成套率將為 70%。上海城市住房發展只是全國住房建設的一個縮影,城市居民人均住房面積大幅提高是中國改革開放的主要成果之一。但由於歷史上的欠帳太多,即使是各級政府花了很大的力氣,很多居民的住房還遠談不上寬裕,即使

城市中人均居住面積已經超過 10 平方米達到了小康標準，還是有一批數量龐大的居民其住房條件比較差。

家庭室內高密度有很多不良效應，它會導致壓力增加並與社會問題聯繫起來，特別是當社會密度高時後果更為惡劣。因而除了要強調人均居住面積以外，每房間人數也需重視。

與室內高密度緊密相連的就是擁擠，高度擁擠的環境使得人們對空間和空間裡發生的社會活動極為不滿，這會帶來更多的行為和健康問題。這些知識我們在第五章裡已詳細討論過了，需要強調的是，由於居住環境太重要了，所以家庭中的擁擠將比公共環境中的擁擠產生更嚴重的後果。來自 65 個國家的數字說明，高居住密度（每個房間人數）與高自殺率有關。Saegert（1981）說在學校裡成績差的學生往往來自高密度的家庭。還有，高密度的實質特徵將長期地影響兒童重要技能的發展。

Bradley 和 Caldwell（1984）首先考察了 12 個月大的孩子的家庭，他們發現那些高密度家庭裡空間組織雜亂，孩子們沒有多少遊戲用品和空間。5 年以後他們發現這些孩子的閱讀成績比較低（研究控制了智商的影響）（引自 Gifford, 1987）。Rodin（1976）也發現那些生活在高密度家庭中的孩子與低密度家庭中的孩子相比，當被給予權利挑選獎品時，會放棄這種選擇權而讓研究人員為其挑選。這似乎說高密度家庭裡的孩子還沒有學會自我控制，或是當有機會時還沒有學會掌握機會主動選擇。研究還發現高密度影響了孩子與父母之間的正常關係。

但高居住密度的負作用顯然要比研究所指出的小，這是怎麼回事呢？首先，在居民家裡直接研究擁擠有很大難度。我們顯然對研究人員進入家裡做調查感到不舒服，而且與其他問題相比，擁擠又是特別令人不舒服的，所以許多居住擁擠的相關研究都是在學生公寓或監獄等不太普遍的臨時住所中開展的，有關兒童的擁擠研究也是在幼兒園和學校裡進行的，透過觀察與來自低密度家庭的兒童在學習等活動上的差異來獲得知識。第二，家庭內部可以透過各種調和機制以努力減輕高密度的影響。從此角度來說，很多中國城市居民的居住活動也是為克服高居住密度而進行持續調整的過程，而且此種調整是相當成功的。

⑵**私密性**

擁擠可以看成是私密性缺失。私密性是健康居住生活的關鍵因素，英國環境健康研究所（Institute of Environmental Health Officers, IEHO, 1989）住房政策白皮書中強調保證最低限度的私密性是一個健康的居住環境的基本要求。

在家庭中個人生活和家庭生活是相輔相成的，家庭是社會的最基本單元，憑藉家庭生活事務的參與及家庭人際關係的互動，把這種關係逐步推至鄰里和社區，使我們定居的環境成為一個良性作用的社會生態體系。如果家庭中個人生活與家庭生活嚴重衝突，那麼他與家人之間的關係會出現障礙。有研究顯示，為獲得私密性而煞費苦心的家庭，以及教育孩子學會獨處的家庭，將比不這樣做的家庭裡的孩子表現出更強的社交能力。

私密性就是人們控制他人接近他們所在之處的能力與程度，在環境設計裡主要考慮的是視覺私密性和聽覺私密性，前者側重於活動不被人看到，後者表示聲音不要讓人聽到，這兩種私密性都與空間有關。因而從建築與健康兩者關係出發，居住空間的標準應該由人們的私密性需要和有利於兒童的健康成長兩方面來定義。

與人均住房面積相比，每間臥房人數更準確地反映了家庭裡的私密性的情況，一般來說，人們在住宅中的壓力會隨著每個房間的人數之增加而增加，在對台北市都會區住宅品質標準的研究中，陳建仁和張金鶚（1992）建議將每間臥房人數為 1 人者可定為舒適標準，計 80 分。每間臥房人數為 2 人者定為最低標準，計 60 分。每間臥房人數為 0.5 人者定為最適標準，計 100 分。如果每間臥房人數 4 人以上者則為 0 分，因為此時無私密性可言。

對住房來說，個人私密性的最重要的保證就是一個有個人房間。世界衛生組織（WHO, 1972）總結說，如果家裡沒有這樣一個場所，那就會產生一種煩躁、不滿和挫折的感覺。臥室就是這樣一個場所。（單獨使用的場所可以幫助人們控制私密性的水平，當他感到需要加強私密性時，他就可以躲在臥房裡不受干擾地學習、休息或做其他一

些私密性的活動）。

(3)空間組織與家庭活動

討論居住滿意度則一定要談到家中的環境與行為，兩者關係極為密切。家庭中的行為包含廣泛，這裡討論兩個方面：空間組織與家庭活動。

當我們在家庭中工作和活動時必須知道如何布置有限的空間。從小康住宅研究和上海居住環境評價兩個國內調查來看，住宅內部的設計與組織在居民對住房的主觀評價中占重要的位置。後者透過因子分析發現，無論是多層還是高層住宅，對廚房與洗手間的評價是最重要的，在多層住宅中，對起居室與儲藏空間的主觀評價是第三位的因子（徐磊青、楊公俠，1996）。這兩個調查可以反映出中國在上世紀90年代初的城市居民的居住水平，我們認為越是在住房不很寬裕的條件下，室內空間的組織與活動就越重要。

如果將上海居住環境評價與王青蘭同時在深圳做的一個調查做比較的話，其中關係就更明白了。她於1993年對深圳的蓮花小區以同樣的方法也進行了調查，這個樣本與上海的樣本相比較就顯得居住水平高很多，多數為二室二廳和三室二廳，也有部分的複式住宅和四室二廳。在居民的滿意度評價中，名列前二位的因子是美觀／社會活動／設施，此因子涉及對住房的美觀、社區裡的活動場地、社會交往和社區設施等的評價，和社區氣氛／管理，此因子涉及親切感、識別性、社區管理與服務、防止犯罪的設施等。比較這兩個樣本我們似乎可以得出如下的結論，即在居住滿意度評價中，隨著居住面積的增加，最重要的預報因子將逐漸從室內空間評價轉移到對室外環境和社區總體的評價。

在住宅內部人們可以進行的活動幾乎是無限的，所以我們也只能探討典型的和有限的家庭活動與空間之間的關係。儘管不同的家庭或許有不同的空間使用模式，但隨著社會的進步與工業化的發展，不同國家不同民族的空間使用模式存在著趨同的傾向。如果觀察住房裡每個房間所發生的事情，可以發現每個地方會發生一些典型的活動，這

些活動構成了住房的整體特徵,這就是住房功能上的分化。在住房功能高度分化的家庭中會有許多特殊目的的房間,如廚房、洗手間、起居室等。住房功能分化程度越高,住房品質越高,居住水平也越高。

廚房　在西方人眼裡,廚房是家庭的核心,這與其空間組織有關。很多西方家庭的廚房裡安排了一個用餐空間,所以事實上就存在兩套用餐空間,廚房於是除了作為備餐外還是家庭團聚與活動的地方。Sebba 和 Churchman(1983)總結說,住房包括個人的、共享的、公開的、專管的和活動區域。所有的臥房都被看成是私人領域,96%的起居室被認為是公共區域,56%的廚房被認為是專管(jurisdiction)區域,即為家庭所用但歸母親管轄,是家庭主婦的領域。Oseland 和 Donald(1993)採用塊面法研究住房空間,他們支持上述說法,並更進一步認為廚房可以作為住房裡私人區域和社交區域之間的過度。中國學者基本上認為廚房既不是公共區域也不是私人區域,它是一個家務活動中心。

中國廚房的主要問題是面積不敷使用。小康住宅建議 6 平方米作為廚房的面積標準,並說可以在這樣一個廚房裡用餐。不過除了面積以外,設備布置也很重要。瑞典的實驗證明,可同時容納 2 個人操作的廚房,其設備布置最好成一直線。單獨生活的輪椅使用者的廚房,其內部設備宜擺成拐角形。在緊湊式設計中常見的小面積廚房如果布置成 U 形,將會造成使用上的不合理(蒂伯爾伊,1993)。

餐室　小康住宅研究認為居住滿意度與用餐地點有關。從用餐地點來看,有餐室的家庭認為與小康水平「相差甚遠」的比例為 46%,在臥房用餐者該比例為 85%,在方廳、廚房和起居室進餐者該比例為 61～65%。

從功能分化的角度來看,一個獨立的餐廳是所必然。中國住房建設近幾年發展如此之快,1995 年還在討論 D+K 式用餐廚房的可行性,1995 年以後大量在市場走俏的商品房已經將餐廳獨立出來。俞永銘和羅戈(1995)說,他們所調查的深圳樣本由於有專門的用餐地點,大多數家庭(94%)願意在餐廳裡用餐。

用餐的重要性不僅體現在地點上,用餐也促進了家庭成員之間的

溝通，可以說吃飯是現代社會主要的社交形式。Omata（1992）調查了日本的各種住房以後發現，儘管家庭內許多活動都與家庭成員間的溝通有關，但吃飯是家庭內部溝通的最重要的方式。

　起居室　起居室又稱為客廳是中國家庭生活當之無愧的核心。小康住宅研究揭示了起居室對家庭成員的溝通和情感維繫起到多大的作用。據調查，晚飯後家庭團聚頻率每週 3 次以上者達 78.5%，1～2 次者為 18%，總和為 96.6%。其中在起居室團聚者達 65.6%，這在深圳和廣州為最高，分別為 100% 和 98.2%（趙冠謙，1995）。見圖 9-1 和圖 9-2。

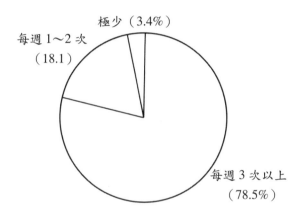

圖 9-1　晚飯後家庭團聚頻率（趙冠謙，1995）

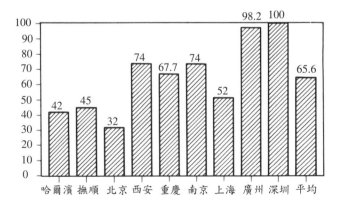

圖 9-2　在起居室內的團聚頻率（趙冠謙，1995）

　　深圳與廣州的起居室利用率高的主要原因是面積大，譬如小康住宅研究所調查的九大城市中起居室小於 12.5 平方米為最多，有 45.7%，但廣州大於 15 平方米的起居室為總數的 82.4%。起居室空間的大小深刻地影響了家庭活動的模式，林建平（1995）把這種相關性量化了。見圖 9-3 和圖 9-4。

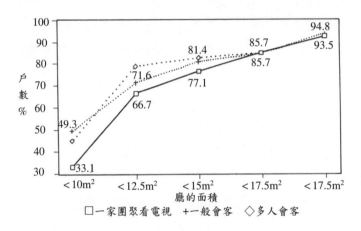

圖 9-3　起居室的面積與主要起居活動的關係（林建平，1995）

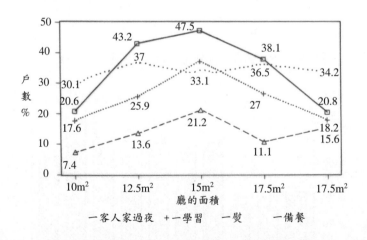

圖 9-4　起居室的面積與輔助性起居活動的關係（林建平，1995）

　　林建平說，隨著起居室面積增大，選擇起居室作為全家團聚、看電視和接待客人等活動的家庭明顯增加。當起居室小於 10 平方米時，全家聚在一起和在裡面看電視的家庭只有 33.1%，當起居室大於 17.5 平方米時，這一比例就達到了 93.5%。所以從圖上可以看到，起居室的面積應在 12.5 平方米以上才能作為大多數家庭的活動核心。林建平還發現，起居室面積與住房總面積和人均使用面積有關，住房總面積和人均使用面積越大，起居室的面積也就越大。

　　除了面積以外，方位也很重要。當設計建成後起居室（廳）不符合使用要求時，譬如過道廳和小方廳等，小康住宅調查中發現，北京、上海和南京的居民們往往把住房中面積最大方位最好的房間騰出來作起居室用。

　　臥室與洗手間　臥室是家庭中的私密區域，客人通常不進去，但如果家庭居住緊張，則臥室有時也會成為公共活動區。譬如小康住宅調查說在臥室中的會客行為有 25.4%。很顯然這是與睡覺等私密活動相衝突的。

　　有三種策略可以解決家庭中的空間衝突，即一是時間策略，就是家庭成員錯開使用一個特殊的場所；二是空間策略，就是試圖把有衝突的活動放在不同的地方；最後是互相妥協策略，即家庭成員共同參加一個活動。那麼在臥室裡吃飯就是第三種策略，在臥室裡會客就屬於空間策略。在臥室裡主要進行的活動都是安靜的私密的活動，如睡覺更衣等，有時也在臥室裡做一些如縫紉熨衣等家務活動。深圳調查中發現多數住戶在臥室裡學習，所以考慮在臥室中休息、學習和儲藏等活動，臥室的面積不宜太小。

　　如果說在住宅裡還有什麼房間比臥室與廚房更易受忽視的話，那就是洗手間了。上海居住環境滿意度調查說洗手間的合意程度是居住滿意度最重要的預報因子之一。

　　洗手間大多數是三件套的定型化設計，現在國內研究關注的焦點是洗手間裡的便溺、淋浴、盥洗和洗衣等四大活動是否可以分開。深圳的調查說，如果洗手間的面積較大，則應該把便溺、淋浴與盥洗、洗衣分開，因為當上下班高峰時，則不致因一人用洗手間而導致別人

不能洗漱。總體上，洗手間的研究與洗手間在住宅中的地位不相稱，我們已有的資料顯示個人衛生問題需要更深入的探討，如此它將大大促進生活的舒適程度。

3.住房類型

住房類型不同，居民的滿意度也不同。Michelson（1977）說在搬進獨戶住宅的多倫多市居民中，有超過 50% 的人認為他們確實滿意，但在搬進公寓的居民中，只有不到 25% 認為他們確實滿意。此種對獨戶住宅的偏愛已經在西方持續了好多年，有時候居民也會喜歡公寓，那只是因為獨戶住宅的價格使人望而卻步。Melaugh（1992）也報告說，在北愛爾蘭的調查中住在獨立式（detached）住宅中的居民滿意者達到 89%，不滿意者為 6%。住在半獨立式（semi-detached）住宅裡的居民滿意者為 95%，不滿意者為 5%。住在聯列式（terrace）住宅中居民滿意者為 76%，不滿意者為 16%。住在公寓裡和其他住宅裡的居民的滿意程度最低，滿意者為 72%，不滿意者為 17%。可見住房類型與滿意度的關係還是非常明顯的。這裡結合中國的情況，討論兩種類型：獨戶住宅和集合住宅。

(1)獨戶住宅

獨戶住宅是大多數人理想的住宅模式，它倍受青睞是有很多原因的。許多事實證明獨戶住宅的巨大吸引力在於它被看成是個人成就與家庭樂園的體現，它使人感到自己有能力選擇自己所喜歡的生活條件。這種成為自己家園主人的感受在如今這個讓人們越來越感到無法把握命運的年代裡顯得尤為珍貴。

獨戶住宅在面積、設施和設備方面要比集合住宅的標準高，而且社區的建築密度又相當低，於是每個家庭有了更多的室外活動空間，很多獨戶住宅邊上都有私用的綠地，住宅之間的距離比較大，空間的層次又多，居民的領域感也容易滿足。這些實質環境品質都促進了積極的社會交往。一方面居民們能在自己的社區裡交朋友，並與鄰里有更多的相互合作，另一方面，獨戶住宅是兒童的樂園，它有助於孩子們戶外活動，增加與成人的接觸。與集合住宅相比，獨戶住宅對兒童

而言是安全的。

　　獨戶住宅中居民的私密性較強，但一些建築理論家如Alexander相信這樣的環境為居民提供了較多的私密性，從而導致居民們在社會交往中被孤立起來。Wilson和Baldassare（1996）透過研究說明這種顧慮是多餘的。他們調查了美國加州的橘市（Orange）市郊居住區的部分居民。統計說明約 55%的居民說他們對私密性非常滿意，31%的居民說他們在某種程度上滿意，14%的居民非常不滿意。最令人感興趣的發現是居民對私密性的滿意程度直接影響了人們的社區感，居民們對私密性越滿意，他們的社區感就越強烈。這證明在市郊居住區裡的居民透過避免與鄰居間的不必要的交往而減少了社會壓力。如此反而發展了與鄰居間的積極交往，久而久之，形成了總體上的社區感。

　　人類學的研究也指出，獨戶住宅區裡鄰居之間的友情往往是透過隔著籬笆打招呼之中建立起來的。許多人對獨戶住宅的生活方式感到滿意，而那些願意遷出的家庭，則是希望搬到私密性更強的住宅中去，譬如獨立的、帶花園的別墅。

(2)集合住宅

　　中國的情況與西方大不一樣，從可持續發展的角度來看，在可以預見的將來，絕大多數城市居民依然會住在城市的集合住宅裡，即我們通常所說的獨門獨戶的新村住宅。那些獨戶住宅，只能是極少數人的奢侈品。所以研究集合住宅對行為的影響更具有現實意義，事實上我們上面提到的兩個居住環境評價都是針對集合住宅的。

　　集合住宅與獨戶住宅相比有許多特點，首先，可能也是最重要的，集合住宅的密度大，住戶之間的距離很近。第二，除了底層住戶以外，樓上的住戶沒有獨用的活動場地。從形象上看，集合住宅也很難混同於其他類型的住宅。它是一種密集的具有非個人財產的印象，是單元式的、漠視個性的城市景象。與傳統住宅相比，它巨大、理性、抽象。在結構上，它既獨立又相互依賴、既混雜又單純、既密集又疏遠。它是個人生活與集體居住的對立統一。

　　現在集合住宅有一些不良的名聲，它被一些研究人員說成是對孩

子的成長和成年人事業不利的地方。他們說集合住宅往往與許多孩童時代的痛苦聯繫在一起，這包括阻礙了活動的能力、更多的攻擊行為、缺少睡眠、緊張、社交水平降低以及被迫分開的玩耍活動等。聽起來這些挺嚇人的，但顯然是不真實的，否則還有哪個兒童可以生活在集合住宅裡呢？儘管此類結論值得懷疑，但它提醒我們在集合住宅的研究工作上要花更大的力氣。建築學上通常把集合住宅分成很多類別，我們主要分析兩種分類方式，即板式住宅與點式住宅，高層住宅與多層住宅。

　　板式住宅與點式住宅　板式住宅與點式住宅的主要區別是前者每一層樓的住戶比較多，所以板式住宅有一個較長的走道。Baum 等人（1979）考察了大學公寓，他們比較了長走道與短走道的公寓以後說，那些住在長走道公寓裡的居民要比住在短走道公寓裡的居民在維持足夠的私密性方面遇到了更多的問題，他們還觀察到前者的房門比剛搬進來時關閉的次數明顯增多。擁擠研究也有相似的結論，調查顯示那些住在長走道公寓裡的學生們不僅表現出更多的壓力和不滿，而且還利用各種應付機制在門廳裡調節他們的社會交往，並且他們在公寓中待的時間更長。一系列實驗也說明住在長走道公寓中的學生在門廳裡坐得離陌生人較遠，很少聊天，也不太打量陌生人，表現出迴避社會交往的傾向。

　　現在已經很少看到中間一條走道兩邊住戶的雙負荷板式住宅方案了，常見的是北面走廊南面住戶的單負荷設計。不過這種設計不利於那些位於樓梯或電梯附近住戶的私密性控制，經常有人走過家門和窗口，徒增擁擠感。

　　曾有一種設計特意放大外走道，認為這樣可以有利於居民把一些住家的和鄰里的活動安排到走道中進行。在走道裡鄰居們可以聊天，孩子們可以嬉戲，老人們可以打牌。但有調查說儘管這樣的走道裡放些椅子可以擴大為舒適的半私密空間，卻很少有人這樣做，走道基本上還是僅用於通行。

　　在英國曼徹斯特曾對十五種不同型式的板式住宅做了調查，結果有 2/3 的居民認為走道不是遊玩和活動的地方，超過一半的居民認為

他們不會在走道中與他們的鄰居聊天。可見，放大走道的效果不理想。這是什麼原因呢？首先，那些在大街上和鄰里中進行得很好的活動放到走道中就未必合適。第二，板式住宅中的問題是私密性不足和擁擠，因而居民們在走道中會刻意迴避與鄰居的交往。但此設想有一個優點，較寬敞的走道空間非常適合孩子們的遊戲，家長對他們在走道裡玩耍很放心，樓層越高越如此。

　　聲名狼籍的Pruit-Igoe高層公寓也是板式住宅，這個由著名建築師設計的住宅樓單體中每兩層設置了一個電梯出口，那些住在沒有電梯出口樓層的住戶必須先透過兩條走道和一段樓梯才能到自己家門口，建築師相信，由於必須走這段路，增加了鄰居們相互見面的機會。於是鄰居之間的社交活動也會增加，鄰里就會更加和睦。遺憾的是這兩個目標都沒有實現，因為居民們首先需要的是私密性，他們需要有足夠的方法幫助他們控制在這些空間裡與他人的接觸，這樣才會感到安全。可惜的是建築師沒有為此提供方法，卻為流氓的惡行提供了方便。流氓們發現從住宅樓間的過道裡逃跑要比從樓底下的街道上逃跑要方便得多。在這片高層板式住宅中，儘管住在一起的居民可以相互照應，但流氓們依然可以在居民進入家門之前，兩面截擊他們，把他們打倒在地，然後入室搶劫。雖然社區中社會的、文化的、經濟的因素是造成這個悲劇的主要因素，但建築設計也有直接責任，故該工程在竣工後10年不得不全部推倒夷為平地。

　　目前板式住宅已日趨式微，這多半不是因為聽取了社會學家和心理學家的真知灼見，而是基於市場的選擇。市場上板式住宅不受歡迎，市民們厭惡此種設計，建築師也發覺板式住宅使他大縛手腳。為了應付激烈的競爭，滿足人們越來越高的住房要求，建築師紛紛放棄板式住宅而取點式住宅。

　　事實上成功的板式住宅設計極為鮮見。其中英國著名建築師Erskine在紐卡斯爾設計的板式住宅是難得的亮點。這個住宅樓是曲線型的，它打破了板式住宅常給人的「公共機構」的印象。每個住宅單元的入口都做了特殊處理。它是一個凹形空間，與走道有一個踏步的高差，地面上鋪了一塊地氈。空間的主角是一個種植架，主人可以在上面養

自己鍾愛的花草。種植架邊上是一個板凳，它與種植架連在一起。整個入口空間可由主人的不同布置而凸顯出主人的不同氣質，是把過道與家門聯繫起來的過度空間，主人在此空間裡放上自己的東西而使它有更強的領域感，它避免了戶門直接開向走道而引起的種種不便。

總體上說，板式住宅是不成功的，我們引用英國環境部的一份報告（1981）做最後的結論：「有著長走道的住宅，不大可能受到住家的歡迎。」

多層與高層　高層住宅總有些不良名聲，一些研究說明高層住宅對人們的生活特別是對核心家庭有消極作用。McCarthy 和 Saegert（1978）比較了高層與多層集合住宅中門廳、樓梯間、電梯間和其他公共區域中的私密性情況，這些高層與多層住宅是紐約市為低收入者建造的，居住者年齡相似，教育程度與人口統計數據也差不多，然而高層的居民感到有更多的社交負擔，更多的匿名性，安全程度低。居民對住房不滿意，並感到難以與鄰居建立互幫互助的支持關係，同時他們感到無力改變住房政策。一些西方學者相信，多層住宅居民往往比高層住宅居民更具社交性，更喜歡社交活動，更樂於參加社區中的各個組織，因而社區感也較強烈。

高層住宅受到指責還由於它對兒童成長不利。當住戶家裡有孩子時，父母感到讓孩子在室外活動不放心。Hall 也曾說過高樓簡直不是撫育孩子的地方，如果孩子們在 15 層樓下的公共遊戲場裡玩耍的話，母親根本看不見他。

但近年來有些研究則不支持這種負面印象，相反，發現高層住宅居民有良好的鄰里關係，並可以獲得私密性。我們在上海居住環境評價研究中比較了多層與高層住宅，調查了兩個社區，一是延吉新村，一是天山小區，前者上世紀 80 年代末獲得過建設部的文明小區稱號。結果發現高層住宅居民的滿意度略高於多層住宅居民的滿意度，且在鄰里關係、安全感和對孩子的活動之擔心方面並無多大差異。我們對此的解釋是，由於樣本裡高層住宅套型面積大於多層住宅，以及社區所提供的良好的管理與服務設施使得滿意度較高（徐磊青，1997），不過這兩點都不是高層住宅的特性。

高層住宅有兩個主要特徵，一是高度，二是人數。從高度來看，優點是新鮮空氣、景觀和遠離地面的寧靜，缺點是受到電梯的限制，大人為小孩的戶外活動擔心，也害怕孩子從窗口掉下去。從人數上說，人數多，無論是大人還是孩子都可以從中選擇朋友，如果他願意，他也可以從匿名之中獲得私密性，這是人數多的優點，人數多的缺點在於噪音和擁擠，難以與鄰居交往和協作。

Churchman 和 Ginsberg（1984）調查了以色列的三個中產階級鄰里，這三個鄰里全部是由 4 層以上不同高度的住宅樓組成。實驗組是從 16 幢不同高度（8，12，16，20 層）的點式高層中抽取。控制組是從相似設計的 4 層高住宅樓中選取。8 層和 12 層住宅大樓每層 4 戶，16 與 20 層大樓每層 6 戶，344 個家庭主婦接受了個別的有組織的訪問。兩位學者發現，在滿意度方面，高層住戶與多層住戶並無明顯差別，雖然後者略高一些。因而居民們的滿意程度與房屋的高度無關，只是多層住宅住戶較高層住宅的住戶較喜歡目前的住房高度。

在高層住宅的印象方面，所有居民都認為高層住宅既有優點也有缺點，一致同意的優點在於入住的人多。缺點則與房屋高度有關。所以在此樣本中，以色列人對高層住宅的印象是它一方面能使大人與孩子在鄰里中有更多的機會交朋友，並獲得所需的私密性。另一方面，雖然住得高有好的景觀，但依賴電梯以及害怕孩子從窗口掉下去的缺點也很明顯。有意思的是，那些不住在高層住宅的居民傾向於同意高層住宅的缺點，那些住得較高的居民更傾向於同意高度的優點。這裡，是絕對高度而非相對高度影響了居民的感受，換句話說，那些住在 8 層樓裡的居民，無論他是住在 1 幢 8 層住宅樓的頂層，還是住在 16 層大樓的中間層，都一樣。住得越低的人越傾向同意人多的缺點，這裡，是相對高度而非絕對高度影響了居民的感受。換言之，住在 8 層建築樓裡第 8 層的居民與住在 16 層大樓中第 8 層的居民之回答是不同的，後者更多的同意人多的缺點。另外研究發現，家裡孩子的年齡越小且住得越高的居民越擔心孩子們在戶外的活動。

一個意料之外的結果是研究發現在高層住宅中，每台電梯的服務人數明顯影響了居民的知覺。由於 12 層大樓中每台電梯服務人數較

少，因而 12 層大樓居民的擁擠感最低，差不多與多層住宅居民所體驗到的一樣。兩位學者說 12 層大樓與 8 層或更高的大樓相比，居民們在半公共空間內碰到的人比較少，碰到的不認識的人也少。此發現的意義在於，它似乎說減少每台電梯的服務人數，可能是緩和高層住宅中人多缺點的有效辦法。

Churchman 和 Ginsberg 的工作很有價值，他們的結論與某些西方同類研究對高層住宅所持的負面印象有較大出入。兩位作者認為，其原因至少包括以下幾條：首先，居民的社會經濟狀況和家庭規模不同。以色列高層住宅居民主要是中產階級和中等規模家庭，很多同類西方研究的樣本則是社會上的窮人。第二，在鄰居關係與孩子們自由活動上存在文化上的差異。以色列人經常能互幫互助，譬如幫助照看鄰居的孩子在戶外半公共空間裡的活動。第三，以色列高層住宅是居民買下來的，而不是居民們租來的，這可以認為居民是自願住在這裡，而不像西方研究樣本中，高層住宅是政府提供的福利房，居民們除了住在此地以外別無選擇。第四，以色列的高層住宅不超過 20 層和 120 戶，其規模不算很大。第五，在此研究中與高層住宅做比較的是 4 層樓住宅，但在許多西方國家的調查中與之比較的是獨戶住宅。

對照以色列的高層住宅，可以發現他們與我們有不少相似的地方，高層住宅並不像西方學者指稱的那樣都是缺點，如果在設計中降低住宅樓的高度，減少每層的戶數，就可以弱化高層住宅的缺點。我們完全有理由相信高層住宅會受到居民的歡迎，並對人們的生活有較好的影響，目前上海房地產市場上 9～12 層一梯兩戶小高層熱銷，可以從側面說明這一點。

在研究工作中我們也應注意到，高層住宅的優缺點，是係於其獨特的屬性，還是係於居民的社會經濟地位，生命週期的不同階段，房屋產權，以及建築的規模，設計和社區管理等。高層住宅十分複雜，還需要不斷積累這方面的知識。

三、社區中的環境心理

住宅外部情形與住宅內部特徵一樣是居住環境的組成部分，這些

外部環境就是鄰里與社區。我們關心的是怎樣的鄰里與社區令人滿意？社區中的哪些實質元素讓人愉快？社區中的哪些環境條件使人們互相幫助而不是傷害？社區中人們相互交往的特點何在？首先讓我們回答這個問題：「為什麼要住在這個地區的這幢房子裡呢？」

1. 住房的選擇

　　選擇住房有許多理由，譬如說希望能多一些空間，對孩子們的成長有好處，這個地段有更大的升值潛力，並能享受到更多的自由，這些因素已經很重要了，儘管必須付出諸如丈夫上班時間增加以及太太又不得不結交新朋友的代價。有關研究說明影響住房選擇的因素主要分為兩方面，一是住宅本身的屬性，這包括住房類型、價格、面積等；鄰里的特徵，包括噪音水平、空氣品質、戶外環境、犯罪率、交通、鄰居和是否適合孩子等；以及住房的位置，這包括附近是否有學校和托兒所、是否有商店和超級市場、是否靠近娛樂設施、與上班地點的遠近、是否鄰近自然區域和是否靠近朋友與親屬等。

　　第二個因素是個人和家庭的因素，這些變項也有一大堆，其中包括年齡、職業、教育程度、收入狀況、種族、有無孩子，以及孩子的年齡等。譬如 Feldman 和 Tilly 曾利用戶口調查資料，證明教育程度是一項相當重要的決定因素，收入狀況也與此有關。當將職業和收入放在一起考慮時，工資較高的藍領工人（技術工人與監工）顯然有利用其較高的可支配收入脫離藍領階層的其他成員，而遷到他們高薪支付得起地區的傾向。但就這兩個方面來看，住房本身的屬性可能更重要。

　　不過，以上這兩個方面也受到人們對這些屬性的價值判斷的調和。Lindberg 等人認為（1987）人們對住宅各種屬性的評價顯然與他的價值觀和生活信念有關。人們對住房這些屬性的評價標準，是看這些屬性對他重要的生活目標或價值有多大的幫助，這些目標包括幸福、自由、舒適和好的經濟狀況等。

　　較受青睞的居住地點的空間分布顯示，多數居民願意居住在離中心城區有一定距離但不是太遠的地方，譬如市郊。這是因為大城市的中心區人口稠密，尤其是繁華的中心地帶地價昂貴，建築密度高且多

數都是商業和辦公區。其中的住宅區則往往歷史悠久，設施破敗不堪。而市郊的環境質量相對好得多，建築密度小，綠化率高。Fuguitt 和 Zuiches（1975）曾說明，與大城市的接近程度是人們選擇小城鎮與鄉村生活的決定要素。他們發現大部分居民願意生活在離較大的城市約 50 公里以內的地方，其最主要的理由是這些地方犯罪率較低，空氣清新水源潔淨，有適合孩子的戶外環境，當然他們對娛樂和文化設施並不看重。相反，那些願意生活在大城市裡的人則不是很注重低犯罪率、乾淨的水與空氣以及適宜撫育孩子等因素，而是把娛樂和文化設施看成是最重要的。

　　事實上人們如何評判這些住房屬性和鄰里與社區的品質是與個人因素有關的。譬如不同年齡就有不同的價值觀，於是評判的標準也不一樣。Lindberg 等人（1992）調查了瑞典 Ume Ō 市從 17～80 歲不同年齡的居民，並把住宅與市中心的距離分為 6 段（分別距市中心 0.5，1.5，3，7，15，40 公里）。他們發現儘管總體上各年齡組都希望使居住地點與市中心保持一個中等距離，總體上選擇距市中心 1.5 和 3 公里者最多，但家裡有孩子的受試者組（30～49 歲）要比其他組希望住得更遠一些。另外兩個最年輕的組（17～18 歲，19～29 歲）和年紀最大的組（65～80 歲）則比其他組希望住得離市中心更近一些。對於不同年齡居民對住宅地點的不同選擇，Alonso 曾形象地用圖來描繪這種遷居模式，見圖 9-5。

　　年輕人和老年人更願意住在城市中心，前者希望能經常到各色文化和娛樂設施中去玩，後者比較重視商店和醫院的便利程度。有孩子需要撫育的年輕夫婦總是為孩子考慮很多，通常會選擇市郊。因為市郊環境品質好建築密度低，是有利於孩子健康成長的地方。中國在這方面也差不多，可能中國人更重視孩子的教育，於是有較好的幼兒園和學校的社區總是受歡迎的。在目前不景氣的房地產市場上，有精明的商人便在自己開發的居住區裡建設高級別的幼兒園或小學、中學，有的樓盤乾脆就建在有名望學校的周圍。由於購房者大都定位在 30～40 歲的人士，通常這樣的經營策略是有效的。

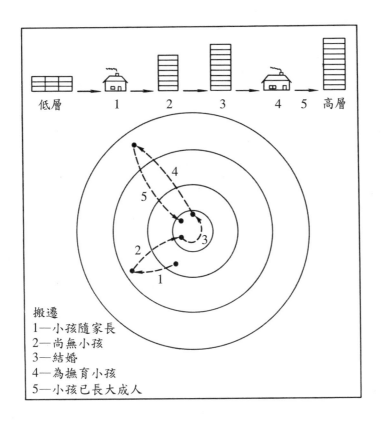

低層　　1　　2　　3　　4　5　高層

搬遷
1—小孩隨家長
2—尚無小孩
3—結婚
4—為撫育小孩
5—小孩已長大成人

圖 9-5　北美城市居民的搬遷與所處生命週期的關係（Alonso）

2.社區品質

社區和鄰里品質不僅是人們選擇住房地點的一個決定性要素，而且社區滿意度也部分地取決於它，社區的與鄰里的品質包括它的美學品質、噪音、管理與服務等。

⑴美學品質

住房外觀　居民對鄰里的滿意與否在很大程度上依賴於鄰里的美感。Nasar（1983）曾經把60張居住區照片給建築師和居民看，請他們就喜愛程度打分。結果發現他們都喜歡整理良好的庭院和外觀華麗的建築，只有老年人喜歡風格素樸的房子。

住房外觀形式使人悅目，與住房設計風格無關，而主要係於建築是否錯落有致，輪廓線是否有變化，以及立面的豐富與和諧等。Francescato 等人（1979）在美國住宅與城市發展部（HUD）的資助下調查了全美很多住宅區，他們說居民們普遍把外觀上較複雜的住房評分較高。譬如一幢聯列式房子，不同質地的各種材料變化而和諧的統一在一個立面上，屋頂形式和裝飾也較複雜，居民們很喜歡這樣的形式。另一方面，居民們不喜歡的住房外觀，其共同點就是立面單調。此外他們也覺得暴露在外的晾衣架和落水管不好看。單調的立面使住房看起來更像一個「公共機構」而不是私人住家，它暗示住在裡面的人必是社會地位低下的接受社會福利者。在構造材料上，居民們也更喜歡傳統的地方性的材料如紅磚，而不喜歡鋼筋和混凝土。

住宅是自我的象徵，住宅形式也反映了社會地位。一些西方研究顯示人們喜歡看上去有較高社會地位的住房，譬如對低收入群體來說，較喜歡住在那些看上去應該屬於中產階級的住房，即使這一點難以辦到，也希望自己的住房在環境中不要太顯眼，也不要明顯低人一等。

低收入群體討厭那些看上去有公共機構形象的、廉價的和所有暗示地位低的住房形式，即使他們不得不住在裡面，也心懷不滿。一些西方學者曾建議不要在獨戶住宅區裡或附近建造高層住宅，也是基於這個原因。不要在社區中人為的將兩個群體分開來，否則將造成社區的衝突、不安與相互仇視。英國著名建築師 Stirling 曾在利物浦附近的倫康（Runcorn）為低收入者設計低造價住宅，他採用鋼骨架牆體，並把窗子設計成輪船舷窗的樣子。各種管道橫貫在各住宅樓之間。儘管建造此住宅的目的在於緩解地區中失業和住房短缺的情況，但它現在是當地最難以租出的公寓。

景觀品質　除了住房外觀以外，景觀品質也很重要，甚至比前者更重要。一個倫敦的房地產研究報告說，對絕大多數人而言，鄰里外觀首先指的是景觀與場地配置，其次才是住房本身（Shankland, 1969）。很明顯，一個單調刻板的住房立面可以在樹木與花草的映襯下楚楚動人，反過來，一個高品質的住房立面設計如果缺少自然要素的掩映也顯得刻板。隨著住房水平的提高，居民們將會比以往更加注重社區和

鄰里的景觀，如上海居住環境評價所揭示，住房擁擠的上海居民的居住滿意度的最重要的預報因子都偏向於室內，但居住水平較高的深圳蓮花小區居民就更加重視社區總體上的吸引力和景觀。社區中的景觀多種多樣，包括綠地、種植、水池、活動場地、小品、雕塑和社區設施等，其中最重要的是自然或接近自然的元素，特別是綠化。

　　種樹可以美化環境，陶冶情操，同時又能調節空氣和小氣候，具有非凡的生態價值。在房地產市場上，那些有大量樹木的住房和社區較受人歡迎，且地產價格也較高。很明顯綠化增加了房地產的價值，那麼它的經濟價值到底有多少呢？

　　Getz 等人（1982）報告說90%的城市居民認為樹木可以使地產價值至少增加 10%，25%的居民認為增加的價值超過 25%。但由於研究使用了非正式的分析方法而損害了結論的可靠性。一些使用嚴謹的實驗方法，如控制了包括個人特徵、建築面積、浴室間數、上市時間和地段等變項，並採用回歸分析的研究報告所得出的數據就謹慎得多。如 Morales 等人（1976）的數據是6%，Anderson 和 Schroeder（1988）則認為樹木增加了地產價值的3.5～4.5%。不過後者指出，這些數字明顯是較保守的，在很多情況下樹木種植與房地產的很多特徵緊密聯繫在一起，它增加了其他項目如樓地板面積等的附加價值，因而單計算樹木與房地產價格之間的關係不足以完全體現樹木的經濟價值。一個比較可信的數字可能在兩者之間，既不是10%，也不是 4.5%，而是在6～7%之間。

　　雖然樹木的經濟價值很重要，在房地產項目的投資、管理和保險補償方面可以利用這些研究成果，但對居民的社會生活美滿和鄰里來說，樹木有更重要的社會意義。很多工作說明，大量種植樹木可以大幅提升居住品質。人們普遍渴望樹木蔥蔥綠意盈盈的環境，研究證明樹木與居住滿意度和環境喜愛度密切相關。Schroeder和Cannon（1983）採用景觀美感估計法（Scenic Beauty Estimation Methodology）為城市樹木估算價值，發現在回歸模型中與植物有關的變項可以解釋人們察覺到的美感的60%以上。

　　樹木使鄰里生氣勃勃，更具吸引力，更美更舒適。因而樹木的經

濟價值與社會價值也密切相關。Orland 等人（1992）考察了兩者的關係，他們請了 85 名受試者並給他們呈現一些住宅照片，讓他們填寫一份量表並回答一些開放性問題。三位學者發現，儘管住房的大小對住房的商品價格有最重要的影響力，但房子的吸引力與察覺到的住房的商品價值高度相關（r＝0.75），也與實際住房商品價格高度相關（r＝0.70）。

良好的視覺品質，首先需要建築師精心設計，它包括精心配置綠地，細心挑選樹種，合理安排活動場地和社區設施，在必要的地方點綴個別雕塑和小飾品也可為社區增色。所有的證據顯示，對以上因素不予考慮的住宅項目，即使是那些高密度的低收入住宅區，也將注定失敗。

(2)噪音

噪音是許多人對社區與鄰里不滿意的主要原因。Lindberg 等人（1992）以主成分分析計算了不同年齡階段的受試者所選擇的與市中心的各種距離。他們揭示了四個因子，最主要的一個涉及無噪音／對孩子的成長有利，這說明這些人在選擇居住地點時首先考慮的是安靜和對孩子的健康成長有利。然後計算各個距離的因子得分發現，隨著與市中心的距離逐漸增加，因子得分也逐漸增加。研究發現的第二個因子與是否靠近設施有關，這包括靠近學校、娛樂設施和社區設施等，這個因子得分最高的區位出現在與市中心中等距離的地方，即離市中心 1.5 和 3 公里的地方。

噪音對人們的工作、學習和生活都有負面影響，以兒童來說，Wachs 等人（1971）從事的研究說明，家中的高噪音級對孩子的語言學習和注意力的發展起著消極的作用。研究人員蒐集了年齡從 7～22 個月的 102 個幼兒發展資料，結果發現家中的噪音級是孩子發展水平的最可靠的預報因子。在此實驗中，環境的噪音級並不是客觀測量的，而是由居民主觀估計的。同樣的，Goldman 和 Sanders（1969）也證明住在喧鬧社區裡的學齡兒童，在一個略微喧鬧的房間中進行的聽覺實驗不合格，但當他們在一個靜室中測試時，他們的成績明顯地較佳。

作者的結論是，持續喧鬧的環境降低了孩子們在一堆聽覺信號中分離出一個信號的能力。

　　Cohen等人（1973）做過的一項有名的實驗提供了這個問題的另一個定量資料。54個小學生分別住在1幢32層的大樓裡，此住宅樓靠近一條快車道。他們對孩子們做了閱讀和聽覺辨別測驗。公寓裡測量到的噪音級為55～66分貝，這取決於高度（8層為66分貝，32層為55分貝）。樓層與噪音級的相關很高（r=0.9）。Wepman聽覺辨別測驗的得分和這個孩子所住高度的相關也很大（r=－0.48）。對至少在此地住過4年的孩子的分析說明，Wepman聽覺辨別測驗和閱讀實驗的相關也很顯著（r=0.53）。作者總結說：「公寓中的噪音級可以解釋聽覺辨別方差中的很大部分，也可以解釋閱讀能力方差中的很大一部分，在日常生活中較長久地暴露在噪音中，產生了持久的作用……很可能實驗中的孩子已學會濾去噪音並適應於一個喧鬧的環境，然而這種適應的代價是語言和聽覺能力的損失。」

　　噪音除了對兒童的學習能力有負面影響以外，對人們的生活也有衝擊。幾乎所有人都被噪音干擾過，噪音引起的煩惱不僅與噪音本身的特性有關，還與聽者的特徵、聽者與噪音的關係，以及噪音是否可以控制有關。

　　國外許多社區噪音煩惱度評價的調查結果認為，噪音暴露與抱怨、恐嚇和不法行為等有關。一般來說，等效聲級越高，人們的煩惱度越高，兩者存在線性關係。中國也有環境噪音煩惱度評價的調查研究，如王家柱、何存道等人（1983）抽樣調查了上海住宅與文教區，得到了不同噪音強度下煩惱度主觀評價的百分比。見表9-1。

表 9-1　449 人煩惱度的主觀評價統計表（王家柱、何存道等人，1983）

中心聲級 (dB)	評價等級							
	安靜	比較安靜	鬧	很鬧	不可容忍	同聲級頻數和	煩惱頻數	煩惱概率（%）
45	3	6				9	0	0
50	12	46	16			74	16	21.62
55	15	89	57	9	2	172	68	39.53
60	11	39	60	7	2	119	69	57.98
65	2	9	16	1		28	17	60.71
70			6	3	4	13	13	100
75			13	20	1	34	34	100

在中國現行規範中，規定居住與文教區戶外允許噪音級白天為 50 分貝，夜晚為 40 分貝，實際上很多地方嚴重超標。噪音污染是居民對社區與鄰里不滿的重要原因。在影響居住安靜的噪音中，交通噪音名列首位。1986 年北京市建築設計院專題研究組的調查報告說，拖拉機和公共汽車噪音為第一、第二位。學生放學和商業活動為第三、第四位。在這次調查中，70%以上的臨街住戶都不同程度地受到城市交通噪音的干擾。對北京勁松居住區的抽樣調查說，不同位置住戶的反應不同，臨街住戶要比不臨街的住戶反應強烈得多。

如何恰當地布置沿街住宅，把噪音干擾減至最低是小區規劃和建築設計必須考慮的問題。利用合理的布局，形成一種屏障以隔離外部交通噪音的傳播，保障內部環境安寧，經證明是較好的辦法。吳碩賢（1982）報告說，通常沿街住宅垂直於街道布置的方法並不好，雖然住宅不面向街道，但由於噪音傳入後形成一條聲廊，經牆面多次反射，使噪音衰減緩慢。他建議採用混合布置的方法，避免了聲廊的形成。這樣沿街住宅受噪音干擾較大，但可在單體上採取措施，如設雙層窗，外牆的專門部位設吸聲材料等。而小區內其他住宅則受益匪淺，見圖 9-6 和圖 9-7。

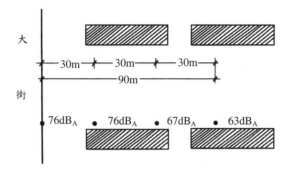

圖 9-6　垂直街道布置，離大街 90 米處，噪音達 63 分貝（吳碩賢，1982）

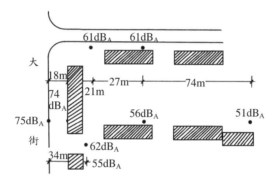

圖 9-7　混合布置，離大街 67 米處，噪音只有 56 分貝（吳碩賢，1982）

(3)管理

　　社區的美學品質首先係於設計，但主要係於管理。一份對紐約七個大型低層和高層住宅項目的研究報告指出，精心維護的路面和環境中無垃圾無廢物，是居民們對具體設計特徵滿意的前提條件（Becker, 1974）。只有管理不成為問題，居民才會更加注意建築外觀和社區裡的景觀。這份研究報告說在居民對社區外觀的評價中，最重要的影響因素依次為維護、景觀、外部材料和建築外形。報告甚至指出，對大多數居民而言，社區的外觀品質是管理質量的代名詞。

　　雖然景觀、建築外形和管理都對社區的美感有重要作用，但研究

顯示不同的社區,其重要程度的排序也不盡相同。Orland等人(1992)的調查發現,在地產價值較高有較強吸引力的社區中,其重要性依次為景觀、建築和管理。但在地產價值較低吸引力不強的社區中,其重要性依次為管理、景觀和建築,後兩項相差不大。我們對這個結論所做的解釋是:地產價值低吸引力不強的社區中,社區的美感主要係於管理,因為在這些社區裡管理質量往往不佳,從而造成景觀品質低,吸引力不強。在那些吸引力較強、地產價值高的社區中,並非管理不重要,而是在這些社區裡,管理往往相當好。

社區管理除了對社區的實質品質有重要貢獻以外,它還有助於提高居民的安全感並減少社區裡的犯罪。有關這方面的論述見第十章。

2.鄰里交往

很明顯,對社區的滿意程度也依賴於社會生活的質量,但令人驚訝的是,在一些社區中社交網絡並不是社區滿意度的一個非常重要的原因。Fried 曾經在 1961 年的一個經典調查中說明社會紐帶是絕大多數居住滿意度的一個關鍵角色,但在 1982 年的研究他卻發現對社區滿意度來說,社區的實質品質要比社區的社會作用重要得多。Fried訪問了 40 個城市的 2500 人,除了那些強烈需要社會支持的人以外,大多數人認為社會紐帶在社區生活裡不怎麼重要。這個結果是多麼地讓人沮喪,它意味著我們中的大多數已經不再注重鄰里間的朋友關係了。所以在社區滿意度方面,社區和鄰里的實質方面要比社會方面更重要。

不過正如我們上面所指出的,人們對社區生活的關注程度與人們的居住水平密切相關。與居住水平不佳的上海居民相比,居住水平較高的深圳居民就更重視社區的社會品質。Lévy-Leboyer(1993)調查了居住水平較高的帶小孩的法國年輕夫婦,她說儘管居住面積和人均居住面積是居住滿意度的最重要因素,但是它也受到了社區裡的社會生活,準確地說是鄰里關係的品質的強烈影響。

城市化過程中鄰里關係被大為削弱,對此,人們有不同的看法,但毫無疑問城市功能分化扮演著重要的角色。同時,城市的擴展、福利的增加、家庭作用的調整以及大規模的人口流動也起著推波助瀾的

作用。人們可以從工作、學習以及其他社會環境中獲得所需要的社會關係，因而社區中社交重要性之降低與社會發展是同步的。

不過，依然有一些研究小組認為鄰里關係是居住環境和社區生活的關鍵因素。Rivlin（1982）寫道：「一個教會研究小組發現，建築的社會紐帶作用要比實質因素的作用重要。」他的論點成為許多研究人員參照的典範，特別是那些在現代文明中仍然保留著自己的語言和風俗的古老國家裡的研究人員，他們奮力地探索在占統治地位的現代文明中瀕於崩潰的本土傳統價值觀，這些研究在發展中國家和文明古國非常普遍，中國也不例外。無可奈何的是，在傳統文化薰陶下的人們一旦有了錢，往往脫離傳統文化而到現代文明中去享受舒適的物質生活去了。所以這也證明了 Fried 的主張，即對絕大多數人而言，實質品質要比社會紐帶重要。

無論如何，儘管鄰里關係與以前相比其重要性降低了，但它還是居住滿意度和社區生活的重要內容，特別是在居住水平有了較大提高以後。馬丘比丘宣言（1977 年）指出：「我們深信人們的相互作用與交往是城市存在的基本依據，城市規劃與住房設計必須反映這一現實。」在現代社會的基本社會關係組合中，居住區是家庭、工作或學習單位以外的第三種基本組合方式。人們日常生活的大部分時間都在居住區裡度過。因此居民間的鄰里關係，是構成社會關係的重要組成部分。

另一方面，鄰里關係不佳和社會交往少的居住區，看上去只不過是毫無生氣沒有親切感的房屋組合排列而已。我們過去的小區規劃正是忽視了社區感和居家感，僅僅是解決了人們生理上的需要，忽視了社會生活的質量。

⑴空間與鄰里交往

鄰里交往與鄰里的空間特徵有關，這主要包括兩個方面：各住宅間的距離和住宅的相對位置。Festinger 等人（1950）的早期研究，曾就居民的友誼模式，調查了美國麻省理工學院由環繞公共庭院的獨戶住宅所組成的學生鄰里。研究顯示，住宅間距離和友誼之間有直接聯

繫，通常住在同一組團內的家庭比較能建立社交關係，而且隨著同一組團內各住宅間距離的減少，居民之間的友誼有增加的趨勢。在此情況下，那個與鄰里中其他人有最多交往者，其住房將位於鄰里中心。而那些住在鄰里邊緣的居民，在社交上會與鄰里中的其他人隔離開來。

　　研究人員對住戶之間的距離做了明確的劃分，即實際距離和功能距離。兩組人家，雖然距離相同（實際距離），但前者兩戶人家面對面（功能距離），故有較多機會來往，後者兩戶人家方位相反（功能距離），便減少了許多接觸的機會，見圖 9-8。

機能上較遠　　　　　　機能上較近　　　　　　機能上最近

圖 9-8　功能距離的程度

　　Festinger 等人的上述概念，有助於解釋為什麼某些成對的鄰居比其他對交往得快。雖然兩組公寓，公寓 1 和 6，公寓 2 和 7，實際距離一樣，但左邊的樓梯令公寓 6 的住家，不論進出都經過公寓 1，而另兩家進進出出從不經過彼此大門。根據上述原則推測，公寓 1 與 6 的住戶功能距離近，於是比公寓 2 與 7 更容易交朋友。作者指出，在他們的研究中所顯示的關係，還係於住在此地的人在職業、年齡、階層、家庭背景、教育、興趣、抱負和對鄰里的態度與看法方面高度相似，見圖 9-9。

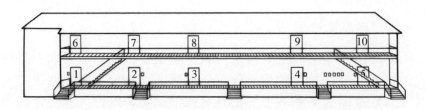

圖 9-9　Festinger 等人（1950）所研究的公寓樓簡圖

　　Heimstra 和 McFarling（1985）介紹了三個此方面的研究工作。吉岡和Athanasion（1971）調查了不同社區中的獨戶住宅的 300 位居民。這些人在收入與職業上有相當大的差異，因而其居住環境和社會行為之間所發現的任何關係，均比上述 Festinger 的工作更有推廣價值。他們請受試者介紹一些有關家庭生活方式、態度以及社會的、教育的和職業方面的背景，也請受試者將他們所住地區繪成圖，並指出他們經常或偶然見面的朋友們的地點。在發現的關係中，至朋友家的距離，與不同社區的住宅布置方式有關，一般而論，居住在盡端路的家庭，比住在兩頭有通路街道上的家庭，與朋友家的距離較近。作者提示說，一條路可能是社交的障礙，但盡端路則不然。

　　不過，與其說道路是社交的障礙，還不如說交通是社交的障礙。Appleyard 和 Lintell（1972）兩人調查了一個舊金山義大利裔社區裡的交通量有很大差別的三條街，住在交通量最大之街道上的居民只認得街這邊的幾戶鄰居，街對面的住戶都不認得。而住在交通量中等和交通量最少的兩條街上的居民，他們的社交關係可以發展到街對面。交通量最小的街上的居民平均每人有 9.3 個朋友，交通量中等的街上的居民平均每人有 5.4 個朋友，而交通最頻繁的街道上的居民每人只有 4.1 個朋友。

　　其他研究人員則證實了另外一項影響社會行為的環境特徵：大門位置。Caplow 和 Form an（1950）在研究一所大學的集合住宅時，曾觀察到住宅大門開向公共人行道者，其居民較能建立友誼。而且，大門即使開向不同的人行道，只要比較靠近也可以適用。因此這個研究說明除了共同的空間以外，門的方位也影響友誼的發展模式。不過這裡隱含了一對矛盾，把門開向公共人行道，住戶的私密性必有減損，卻有利於居民之間的社交。

　　Heimstra 和 McFarling 所引證的另一項研究是 Whyte（1956）提供的。Whyte 調查的是芝加哥南端快速發展的一部分新區，這裡的居民一般說來是均質的，大都年輕，具有管理或專業職位。他發現居住地點彼此接近的人都參與相同的社交活動，譬如住在鄰街或對街的人時常在一起打牌。3 年以後，Whyte回到這個地區，再度調查這些居民。

他發現儘管許多家庭已經遷走，而且有些活動的性質也有變化，但住在同樣住宅或地點的居民，無論從哪一點看都仍有社會交往，並與各人的身分無關。Whyte 總結說，即使是個人所涉及的都已有變化，住宅與住宅之間的距離和住宅的方位，仍對維持社會交往具有重大影響。

　　集合住宅在鄰里交往方面的貧乏也受到了國內外學者的批評。它包括兩個方面，其一為集合住宅的實質特性無助於住戶間社交的發展，以多層住宅為例，當家庭主婦們在樓上料理家務時，她們社交的機會就減少了。又譬如，家裡有一幼兒，孩子玩耍常被限制在屋內，而不像獨立式住宅那樣有圍牆的院落，在後者的情況下，母親有較多機會與鄰居有不拘形式的接觸。

　　與多層住宅相比，高層住宅就更糟糕了，已有的對高層住宅鄰里交往的正式與非正式調查所取得的結果令人難以置信。表 9-2 摘錄了一份對北京一幢高層住宅中百戶居民的調查，說明高層住宅居民間的交往實在少得可憐。

　　集合住宅的特性就是密度大住戶多，擁擠程度較獨戶住宅嚴重，根據擁擠理論，當人們體驗到擁擠壓力時，便會迴避社會交往，這也對集合住宅中的鄰里交往不利。由於高層住宅的密度比多層住宅更大，此種壓力和迴避社交的傾向越明顯。另一方面，高層住宅的形式使居民地面活動的內容、方式、時間與機會都較多層住宅的少得多，於是

表 9-2　北京某座高層住宅中住戶間的社交調查

調查內容	占調查者總數（％）
不知道鄰居姓名	72
不知道鄰居工作單位	68
從不串門	95
經常串門	0
了解鄰居社交愛好的	1
經常互助的	1
沒有交往的	93

表 9-3　高層住宅與低層住宅居民的地面活動比較（徐雷，1987）

項目		交談	休息	修理	娛樂	兒童	觀賞	總人數
週日	高層	43	9	0	0	7	7	66
（人）	低層	138	5	1	3	16	28	191
週末	高層	52	0	5	0	2	17	76
（人）	低層	157	16	15	14	8	20	230
平均	高層	47.5	4.5	2.5	0	4.5	12	71
（人）	低層	147.5	10.5	8	8.5	12	24	210.5

居民的隔離感就越明顯。徐雷（1987）報告了他對高層與低層住宅居民地面活動調查之比較。見表 9-3。

　　集合住宅的第二個方面在於設計上的缺失而使鄰里交往困難。集合住宅區缺少私有空間和公共空間之間的中間層次。以高層住宅為例，大樓與大樓間常有大片空曠的用地，缺少空間劃分，缺少圍牆，使得居民難以控制自己的領域，這也造成這些區域裡的活動大為減少，並導致犯罪案件上升。此方面多層住宅與高層住宅類似。

　　鄰里交往減少和鄰里關係價值降低是社會發展的結果，無論是獨戶住宅區還是集合住宅區此趨勢都一樣，只是前者的實質特性較有利於開展社區活動。不過集合住宅也不是無所作為，至少可以有兩種措施來應對。首先，必須降低組團規模，減小組團密度，這有助於減輕擁擠感。有資料說居民社交有一定範圍，達到親密程度的不超過 3 戶，建立相識關係的不超過 25 戶，不熟悉但見面相識的不會超過 100 戶。我們現在小區規劃規定組團規模是 300～700 戶，這些居民可能永遠也不會完全認識或接近。大城市中一般 500 戶設一居委會，但一個居委會並不等於一個組團。一個居委會完全可以由兩個或兩個以上組團組成。

　　實際上小區規劃中各學者對鄰里的規模和住宅組團也有不同的觀點，譬如 Perry 和 Bardet 就認為住宅組團應小於 12 戶，這是最小的一個層次。接著是 50～100 戶或 150 戶的層次，他們認為在這個規模上人們之間還能相互知道彼此的名字。Blumenfeld 也認為 300 戶以下孩子們還能認識，但超過 500 戶孩子們就做不到這點了。

Lee（1968, 1970）也曾明確地把作為城市單元的大鄰里和作為社會交往的小鄰里區分開來，前者主要考慮如何合理配置安排公共服務設施，但大鄰里不可能對居民的社會交往有什麼促進作用。而範圍更小一些的鄰里，如果實質環境的設計上考慮得更細緻一些，就有利於提升居民社交的品質。

組團中應該把空間劃分明確，特別是要強化組團是一個半公共半私有的空間。雖說集合住宅區劃分空間要比獨戶住宅區困難，但也可以有一些方法，其中較重要的是只設一個出入口，拒絕機動車進入內部，並在活動場地上加強空間限定等。重要的是要讓居民們認為組團是屬於他與組團內其他居民共享的，這些戶外空間是他家室內空間的延伸，他對這些空間有發言權和責任感，所有有助於達成此項目標的設計手法都是受到歡迎的。儘管鄰里間良好的交往並不僅僅因為有良好的場所可以進行公共活動就可以形成，但用心良苦的設計可以促成人們的溝通。

⑵社會結構

戶外活動的範圍與鄰居間的交往頻率有關，戶外居民越多，他們見面機會也越多，社交活動也會更多。但這些不足以斷定，只要有了某種特定的建築形式，鄰里交往和密切聯繫就能不同程度地發展起來。僅有好的空間是不夠的，設計的作用在於透過創造適宜的實質條件，鼓勵社交。

鄰里接觸和各種形式的公共活動之發展，其先決條件是居民間有某些共同點，如相似的經歷、背景、興趣、生活方式和價值觀。丹麥哥本哈根建築學院對這些條件的研究作出如下結論：社會交往的形成與否主要取決於居民在經濟、政治或意識型態方面是否有共同興趣，如果找不到這些因素，就沒有相互交往的基礎（Bistrup, 1976，引自蓋爾，1991）。Carey和Alapes調查了英國六個私人住宅區以後說，儘管空間位置很重要，但如果一個婦女在此居住區裡要有一定程度的社交活動，還必須滿足兩個條件，一是她發現與自己相似的人，特別是在她和她孩子的年齡方面，二是此人要住得相當近。沒有這兩個因素，

她不能在此居住區內發展許多朋友。

3.社區感

　　社區社會生活質量的另一重要指標就是社區感，社區感是社區意識的基本體現，是對地區和居民的認同感和依戀感。McMillan和Chavis（1986）說，社區感是指其成員有歸屬感，成員之間、成員與團體之間有依賴感，並存有透過共同努力就能滿足成員需要的共同信念。社區感是由一系列積極的社會結果促成的。居民在社區生活中表現出對社區和當地居民的認同、忠誠、關懷、親密和參與等心理作用。如果居住在某社區裡的居民缺乏對該地區的歸屬感，那麼這個社區就僅僅是在地理意義上存在而已，它在社會意義上的存在是不全面的。

　　居民的社區感是與當地居民感受到的個人生活的快樂以及社會環境、實質環境和生活方式的滿意程度密切相關，更進一步與社區居民相互交往，參與社區活動與公共事務密不可分。社區感不但可以協助個人了解與適應社區環境，更可作為社區內部成員溝通程度以及社區發展的指標。

　　社區感受到各種因素的影響。從個人特徵來說，性別、年齡、職業、收入、有無孩子、文化程度、信仰以及居住時間等都會影響社區感。譬如，男人與女人的社區感有不同。女性有較強的社區意識，女性本身就比男性更重視社交，她們在社區裡又有較多時間，所以她們的社區感也較高。一般來說，居民在此地居住時間越長，認識的人也越多，社會關係越廣泛，社區感也就越強烈。台灣學者侯錦雄和宋念謙（1998）對台中市黎明住宅區 422 戶所做的社區意識調查中發現，居住時間長短對社區意識影響非常顯著，其中居住時間在20年以上者之社區意識明顯高於居住時間 5 年以下者。但居住時間在 1 年以下者在「社會聯繫」方面又高於20年以上者。兩位作者認為，其原因可能是剛搬進社區之「新鮮人」，急於增加對鄰居的了解與溝通，使他們的社會聯繫程度高。

　　與居住時間有關的，老年人的社區感最高。從收入上說，收入高者社區感較強烈。侯錦雄和宋念謙發現家庭平均月收入在 5～7 萬元

（台幣）者，在「場所認同」「環境認知」方面明顯高於收入在 3 萬元以下者。而 3 萬元收入以下者在「社會聯繫」上明顯高於收入在 10～15 萬元者。作者指出其原因可能係於高收入者較不願意與社區內其他人相互聯絡。

在社區實質特徵方面，侯錦雄和宋念謙發現兩項要素與社區感有關。就住宅類型而言，兩層樓半獨立式或聯列式住宅類型的居民，其社區感最高。當住宅為 14 層高層集合住宅時，居民的社區感最低。在居住密度上，居住密度在每人 5 坪（1 坪約為 3.1 平方米）以下之居民的社區感，要明顯高於密度在每人 15 坪以上之居民。這個結果似乎是說，如果居住密度處於適當環境條件下，將有利於增進居民對鄰里與社區的關懷。

當然對社區感來說，最重要的莫過於社區內部居民的社會交往，鄰里活動，並積極參加社區事務與活動。影響社區感的因素實在很多，至少還包括社區的大小、人數、居民的相似程度等。窮盡所有影響因素實非本書所能，但作為社區生活質量的重要指標，社區感不但可以增加居民人際間的情感聯結，更可以凝聚對社區問題的共識，增加社區的安全感，減少犯罪。社區感使社區內的幢幢房子不只是無個性特徵的無親切感的建築，它是我們生活的家園。當我們這個社會漸漸從過去相互合作、相互尊重的社會關係轉變為以追求個人私利為主的社會關係時，社區感，雖然困難一些，依然是我們，包括建築設計、規劃、心理學和社會學共同追求的目標。

總結 在建成環境的體系中，居住環境就是邏輯上的次級系統，它對人們的生存與發展至關重要。我們以居住滿意度為主線，介紹了環境與行為研究的相關知識，對居住環境中實質的、社會的和個人的方面之間的相互作用，以及這些因素在住房和社區兩個層面上對人們居住行為上的影響做了具體的討論。確實再也找不出任何其他建成環境像居住環境那樣與人們如此親密並持續如此長的時間。鑑於中國的發展現狀，全國在未來的幾十年中，還將建設大量的住房和居住區。以上海為例，根據上海市政府確定的住宅建設目標，到 2000 年，每年要建設 1000 萬平方米左右的住房，2000～2010 年約需興建 5750 萬平

方米，2010～2020年約需興建6210平方米。建設如此多的住房與居住區，如何提升建築設計與規劃的質量，提升居民的居住品質，提高人們的居住滿意度，是各方面都要努力解決的問題。下一章，我們將關注居住環境的另一焦點──居民的安全感和如何減少社區中的犯罪。

第10章

住宅與社區㈡——
社區中的犯罪與居民的安全感

　　每個國家都受到犯罪問題的困擾，新興工業化國家在工業化和城市化進程中也出現了犯罪案件向城市集中的情況，中國也不例外，目前中國城市人口占總人口的 30%之多，而發生在城市的刑事案件與治安案件占全國同類案件的 50%以上。社會學家譚深和李盾（1991）曾對中國與西方國家的城市犯罪問題做過比較。兩位學者說，儘管從統計數字看中國的犯罪率遠遠低於西方國家的犯罪率。譬如在 10 年裡，中國犯罪率最高時（1981）為 8.9‰，一般年份在 5～6‰，同期美國為 515.9‰（1983），日本為 128.9‰（1983）。

　　但統計數字上的差異並不意味著犯罪在中國不是一個嚴重的社會問題，相反，研究社會問題的學者與普通民眾一致認為社會治安與經濟秩序中的問題是十分嚴重的。在一次政府研究機構的公共安全感調查中，近 1.5 萬名民眾接受了調查，結果發現民眾對社會治安狀況與安全感評價均為「一般偏下」。接受調查的人中有 49.1%的人表示不敢夜間獨自行走。而在美國的類似調查中，表示不敢夜間獨自行走的人只占 39%（1987 年，當年美國的犯罪率為 600‰左右），在當時的聯邦德國的調查中，也只有 44.1%（聯邦德國巴登府騰堡調查，1983年聯邦德國犯罪率為707.4‰），可見人們的實際感覺不同於統計數字。

　　犯罪問題非常複雜，犯罪形式也多種多樣，但與人們生活切身相關，社會民眾最關心的就是社區的治安。我們每個人、每個家庭都生活在社區中，唯有社區安全安寧，才有每個人每個家庭的安居樂業。中外的一些社區研究都說明低犯罪率和社區的安全是人們居住生活滿意的最重要因素之一。美國伊利諾斯大學的一個住宅研究小組（HR和D）對該州 Longview 住宅區的滿意度調查說，與滿意度最密切相關的 5 個因子中，其中有 2 個與社區的安全有關，一個排名第一，為涉及警察和吸引力的總體氣氛，一個排名第五，為低犯罪率和高度安全（Weidemann 等，1982）。上海居住環境評價的研究發現，在多層住宅的評價裡，社區的安全感和管理是居住滿意度的重要的預報因子，排名第五。在高層住宅評價中，社區的安全和管理則是最重要的預報因子之一，排名第二（徐磊青、楊公俠，1996）。

　　現實的情況顯然不能讓我們掉以輕心。白德懋（1992）的資料顯

示，據調查北京西城區 1980 破門案件中，破住宅門者占 83%，丟自行車案件的 75%是在住宅附近發生的，盜竊時間多半在白天居民上班或學生上學的時間裡。據公安部介紹，自 1980 年以來，入室盜竊案已占全部盜竊案件的 60%以上，而發生在城市新建住宅樓裡的入室盜竊案更為突出。據《人民日報》1989 年 5 月 17 日報導北京在 1988 年入室搶劫、盜竊、詐騙等侵犯財產案件，占北京重大刑事案件的 75%。建設部 1991 年 2 月 12 日報導 1990 年廣州市入室盜竊案達 1 萬多宗，平均不到 1 小時就有一起。北京日報 1991 年 5 月 25 日報導，北京勁松地區每天丟失自行車 1.5 輛左右。新建的西落園 9 區住宅樓，540 戶居民已丟失了 300 輛自行車。

讀到這些數字真是觸目驚心，但上世紀 90 年代社區犯罪率比 80 年代有增無減，如果考慮到很多自行車被偷的居民根本沒有報案，統計數字上的犯罪率與實際相比有低估的傾向。

社區治安的防範工作是一項關係社會穩定和民眾切身利益的重要工作，也關係到一個城市的形象。它不僅是政府工作的重點，也是社區研究的焦點。近年來環境與行為研究的各種文獻也反映了這個趨勢。環境心理學家與其他研究人員一起試圖理解社區環境、犯罪和居民的安全感之間的關係，試圖剖析所建成環境在犯罪行為中所起的作用。毫無疑問，實質環境能影響潛在罪犯，如何看待和使用空間，在犯罪行為中具有一定的意義，因而環境的組織與犯罪的機會存在著某種聯繫，那麼這種聯繫到底是什麼呢？研究在這些方面既體現了理論上的一致性，但在具體見解上又有較大的分歧。

一、可防衛空間

在理解環境與安全、環境與犯罪之間關係的問題上，理想的切入點就是 Newman 的可防衛空間理論。這不僅是因為這一理論較早地論述了實質環境與安全感和社區犯罪之間的關係，並對建築設計、後續的研究以及政府制定政策等方面產生了巨大的影響，並且這一理論所引起的爭議也最多。

1.實質環境

良好的城市規劃可以使社區街道社會充滿生機，減少街道上的犯罪案件。Jacobs（1961）是第一位提出實質環境可以影響安全的學者。她在其名著《美國大城市的生與死》（*The Death and Life of Great American Cities*）中認為最安全的地方是居民可以自然監視的區域，如透過窗戶，居民可以看得到發生活動的大街是安全的（那些由於街道太寬而導致居民看不到街對面閒逛者的街道是不安全的）。在土地混合使用的社區中，那些緊挨著 24 小時營業的商業設施的住房也是安全的。她認為從減少犯罪角度來說，公共空間和私有空間應該明顯地區分開來，公共空間應安排在交通集中的地方。她說，如果居民對一個空間產生了擁有感，他們就會主動的觀察這個空間，一旦他們發現有犯罪活動發生，他們就不得不進行干預。此外，街道寬度也很重要，街道如果比較寬或是經常有交通穿越（其中就包括潛在的犯罪者），偷竊和其他犯罪案件就會上升。

2.設計特徵

Newman 擴展了 Jacobs 的想法，並把他的理論稱為可防衛空間，關於這些知識我們曾在領域性一章中作過介紹。他認為一定的設計元素可減少犯罪，即：⑴建立真正或象徵性的障礙物。真正的障礙物包括高牆、鐵門和門窗上的鐵欄杆等，這些可以阻止潛在犯罪人的犯罪行為。象徵性的障礙物可以包括矮牆、樹籬和圍欄等，這些雖在實質上不能阻止犯罪人的闖入，但可以把公共空間與私有空間分開，並在心理上起威懾作用；⑵改善居民對公共空間的自然監視機會，這包括提供室外照明，使居民們可對公共空間一覽無遺，以及提供居民們戶外小坐的場所和設施等；⑶促進居民對公共空間的擁有感。

Newman 指出正是由於公共空間與半公共空間的主權模糊不清，而導致這些好像是屬於所有人但所有居民對這些空間卻漠不關心，使之成為犯罪滋生的溫床。

實際上，除了以上三個元素以外，還應加上第四個，即實質環境的尺度，這主要包括鄰里的規模和住房層數。小規模鄰里和低層住宅

樓有助於居民間有更多的社會交往和控制，並導致熟悉感（Newman & Frank, 1982b）。

　　從紐約公共集合住宅的犯罪資料中。Newman 說明 6 層以下的建築和 7 層以上建築的犯罪率間的差異非常顯著。6 層以下公共集合住宅中，其犯罪率為每千戶 46 件，在較高層的公共集合住宅中則犯罪率為每千戶 56 件。如果將這類公共集合住宅計畫的建築物內或附近所發生的重大刑事案件加以分析，同樣顯示出劇烈的差異。如圖 10-1 所示，四種不同高度房屋之重大犯罪率中，低層房屋（2、3 層）所發生的犯罪案件為 16 層以上高層犯罪率的一半。

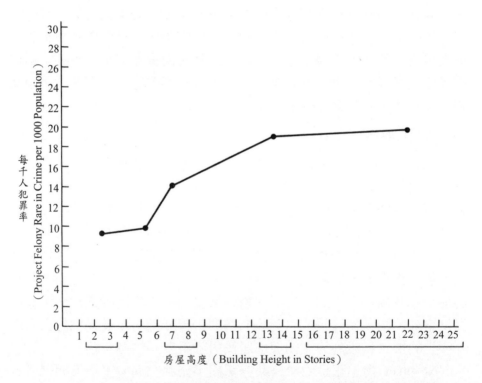

圖 10-1　公共集合住宅中重大刑事犯罪發生率與房屋高度之間關係
（Newman, 1972）

　　Newman 說房屋層數與犯罪率之間之所以存在正比關係，原因有二：一是與人數有關，由於房屋層數越高，房屋容納的人數也越多，結果是居民之間互不相識者更多，特別是在高層住宅中，居民是很不容易認出其他人是否是同樓的。另一原因在於樓梯間和電梯，在較大建築物裡此類設施必有好幾處。Newman 發現如將電梯內所發生的犯罪加以單獨考慮時，犯罪率與房屋高度就有了直接關係。在多數公共集合住宅裡，樓梯間與通道隔開，因此使鄰近住戶不但不敢認為那是屬於他們的領域，而且這些地方不容易看得見。因此，樓梯間常常是頗有名的犯罪發生地。

　　此外，住宅樓中的走道大小也有關係。Newman 認為如果一條走道所服務的人數較少，譬如只有幾戶時，這樣的設計是可以抑制犯罪行為的，但在公共集合住宅中走道服務人數往往超過 10 戶或為雙負荷走道，或是通道比較寬比較長，也會使犯罪行為增加。他說這是因為在這些空間中居民難以建立領域以及作非正式監視的機會也較少。Newman 為了證明他的想法，他將各種類型通道分別計算犯罪率，結果發現通往五家以下公寓住宅之通道，所報告的犯罪率比較低。

　　大城市中由於用地緊張地價高昂，建造同樣數目的住宅單元高層住宅的用地經濟得多，故大城市房地產項目有不少以高層住宅為主。Newman 報告說那些由高層住宅組成的大型住宅計畫（超過 1000 個住宅單元），其犯罪率是最惡劣的。它不僅僅是由於建築物本身的問題，而且也與小區規劃有關。高層住宅規劃方案中建築間會有較寬闊的空地，這些空地上的情形，居民們不容易看得見，在這些地方發生的事情，居民們常常也就無關痛癢。相反在低層住宅中由於經濟上的原因，建築間的距離往往較小，於是，居民們能看清場地上發生的情形，也比較容易誘發領域性行為，有助於居民的非正式的控制，也容易激發住戶對住宅周圍地區的歸屬感。

3.可防衛空間理論的發展

⑴社會結構

自 Newman 的可防衛空間理論問世以來，很多涉及居住環境與犯

罪之間關係的研究陸續發表，他本人也曾為其理論的有效性提供一些觀察性資料。總體上說，在改善居民生活品質與降低居住區犯罪方面，實質環境形式與社會環境都起著重要作用，社區居民可以透過建成的實質環境形式對居住環境進行有效的控制，但設計是絕不可能在一個支離破碎的社區結構中促成居民形成此種有效控制的，故良好的實質環境設計形式是使居民對社區和鄰里產生有效控制，防止犯罪和提高居民安全感的先決條件。

實際上儘管 Newman 的目的是以設計來解決社會問題，但他也承認居住區規劃在控制犯罪問題上，社區特徵比實質環境更重要。在美國，社區犯罪最重要的三個預報因子都與貧困有關，它們是社區中接受社會福利家庭的比例；接受 AFDC（Aids to Families with Dependant Children）即對有未成年兒童家庭資助之住戶的比例；和居民稅後可支配收入比例（Newman, 1976）。

Hanyu（1993）對東京各社區所做的調查發現，中產階級居住區的犯罪率，差不多是中低階層居住區犯罪率的 1/10。所以對任何一個犯罪案件少、居民安全程度高的社區來說，一個良好的住宅發展計畫應同時包括優良的規劃與設計，以及社區居民的合適選擇。英國的一個對社區中遭到破壞電話亭的調查發現，有專人照看的電話亭竟然比無人照看的電話亭受破壞程度僅輕一點，研究人員說，電話亭附近居民之類型要比電話亭是否有人照看重要得多（Mayhew, 1979）。這好像與 Newman 的理論不符合，因為據 Newman 的說法如果有人監視，犯罪案件會有很大程度下降。

除了居民的社會經濟地位以外，社會因素的其他方面對社區犯罪問題也有很大關聯，如住宅的所有權，這個房子是買下來的還是租借的、居住時間有多長、社區裡人口流動性有多大以及是否有種族差異、社區中土地使用方式如何、社區中兒童的比例怎樣以及家庭環境等，經證明這些方面都與社區的犯罪問題有關。

一般來說，如果社區中房屋產權屬於居民所有者越多，居民居住的時間越長，社區人口的流動性越低，以及居民的收入越高，往往社區中犯罪事件較少。相反，居民收入相差懸殊，文化、價值觀和生活

方式有重大差異，經常有居民搬進搬出，社區居民穩定性低的非勻質社區，必然受到犯罪問題的困擾。

通常新住宅區發案率高，如 1987 年 1 月，上海楊浦區共發生刑事案件 97 起，其中新住宅區 69 起，占 71%，上海浦東新區 1985 年發生在新住宅區的案件，占住宅區發生案件的 80%，其中發生於白天的占 93%。另一方面，強占定居區的犯罪率高。所謂強占定居區是指一部分外來人口流入城市以後，呈現相對不穩定狀態，沉積於城市弱控地帶長期謀生、居住而形成的居住區。譬如農村剩餘勞動力湧入城市，租借城鄉結合部民房，或是在城市空地上搭建簡易民房居住。在這裡居住的人有些是找不到住房的城市職工，但更多的是「黑戶口」居民，包括流竄作案的犯罪份子、乞丐、暗娼，有的也從事流動工作的人員。中國很多大城市周邊都有這樣的事實上的居住區，而且通常是犯罪案件多發地區。在美國強占居住區主要是黑人居住區，如紐約的哈姆萊區，就是以案發率高而著稱，那裡，鬥毆比其他住宅區高 6 倍。

罪犯來自外部還是來自內部　Newman 的理論主要是針對來自社區以外的潛在犯罪者，但有證據說很多犯罪者就是社區裡的居民。美國住房與發展部（HUD）1979 年所發表的都市初始防止犯罪計畫指南（*Urban Initiativies Anti-Crime Program Guidebook*）中說，美國的高犯罪率住宅區，犯罪人主要都是其中居民。Pruitt-Igoe 高層住宅中所發生的情況就很典型。另一典型例子發生在舊金山的 Yerba Buena East，這個社區改建計畫就運用了可防衛空間的一些特徵，其中幾幢高層住宅共用一個嚴加檢查的進口門廳等，但由於犯罪者就來自內部，所以這種策略難以成功。社區內部居民比外來者更熟悉社區情況，故引起的問題更嚴重。這種由社區內部居民實施犯罪的現象通常發生在居民之間貧富差距懸殊，年齡構成差別大，或是生活方式和信仰有很大不同的非均質社區中。

(2)實質特徵

Newman 的可防衛空間理論中包含大量的設計特徵，他認為這些設計特徵可以降低犯罪事件的發生，除了我們上面提到的以外，他還

有更為具體的說明。譬如他說超過 7 層的住宅樓是糟糕的，設兩部樓梯的住宅樓也很不好。住宅入口只為少量住戶服務的低層住宅樓是安全的等。Coleman（1989）繼續發展了 Newman 的這些想法，她認為在那些犯罪率高的社區裡，住宅樓設計不應該超過 3 層，共用一個入口的住戶不超過 12 家，住宅樓間的架空通道應該取消等等。這些詳加規定的構想當然好，但由於沒有考慮社區的社會因素，而遭到很多人的質疑。

高層之犯罪率　Newman 用司法部的犯罪檔案說明高層住宅樓的犯罪率最高，而低層住宅樓的犯罪率最低，並用大量分析來論證此點。但 Butchel（1991）的研究卻得出相反的結論，他調查了加拿大溫哥華市中心的一個住宅區，那是一個中上階層社區，社區裡既有私人豪宅，也有供出租的住房。這個社區吸引了大批的退休者到此地居住，而且社區中很多家庭都有兩個人上班。居民們對在此社區居住感到較滿意，對犯罪的恐懼感較低。Butchel 發現在此社區中，偷竊案最多發生在底層，2 層發生的偷竊率次之，頂層單元被竊的概率為第三，故在高層住宅樓中，大量的中間層所發生的偷竊案件是極少的。總體上，與 3 層或低於 3 層的住宅樓相比，高層住宅樓所發生的偷竊率低得多。他還發現在 5 年的研究期內，並不是所有的住宅樓都發生了偷竊案件，有的樓一件偷竊案也沒有發生，而有的樓則不斷受到小偷的洗劫。

上海居住環境評價研究也認為，高層住宅與犯罪率和居民安全感這兩者之間並沒有必然的聯繫，而且在這個研究中高層住宅的安全感還略高於多層住宅。可見，儘管高層住宅的空間特徵不利於居民觀察與監視，而且潛在罪犯的隱蔽程度高，實施犯罪以後又容易逃離，但這些特徵似乎受到了社區的社會因素和社區管理等的修正。Newman 關注的社區都是低收入的大型混合居住區，而中產階級社區，管理良好的社區中似乎就較少誘發犯罪問題。我們認為當社區管理水平差、社區居民的社會經濟地位不高，以及社區沒有凝聚力時，高層住宅才是大問題。

障礙物的有效性　Newman 相信矮牆、樹籬、台階等象徵性的障礙物和高牆、鐵門和鐵欄杆等真正的障礙物都可以防止犯罪的發生，

並提高居民的安全感。Brown 和 Altman（1983）對美國巴爾的摩居民的調查以後說，無論是來自於犯罪率高的地區的居民，還是來自於犯罪率低的地區的居民，當住宅照片上有柵欄和植物等障礙物時，他們都相信別人擅自闖入的可能性較低。Coleman（1989）在對英國 729 個街區的調查後也發現障礙物與防止犯罪有關，特別對不良少年順手牽羊式的犯罪之減少有關。

有的學者也有不同意見，如 Perkins（1992）發現，有些真正的障礙物與減少犯罪有積極的聯繫，但是某些特徵，如在窗戶上裝鐵欄杆則意味著社區裡已發生過較多的犯罪案件，社區中人心惶惶，故不得不如此。這一點只要稍稍留心一下周圍環境，我們就可以發現幾乎家家都裝上了鐵門和防盜的鋼鎖，底層人家甚至 2 層、3 層的窗戶上都裝上了鐵欄杆，這與其說此類障礙物減少了犯罪案件，還不如說降低了居民的恐懼感。

如果換一角度，從犯罪人的目標選擇來看此問題似乎更容易一些，那麼小偷是否把象徵性的障礙物放在眼裡呢？Brown和Bentley（1993）調查了管教所裡的 72 名小偷，並讓他們從一些住房照片中判別哪些住房是被小偷偷過的。兩位研究人員發現，住房進入之難易是小偷判定那些沒被偷過之住房的重要預報因子，但很少有小偷把住房之難易進入僅僅看成是住房是否堅固，或是有無真正的障礙物和安全系統。他們說，在小偷判定為難以進入的住房，與鄰居的反應關係密切。

看一下犯罪人對犯罪目標的選擇是很有意思的，可惜這方面資料有限。真正的障礙物可以提高居民的安全感，降低恐懼感。但象徵性的障礙物，如 1 米高的圍欄或樹籬的價值在於明確空間界限，並告訴那些潛在的犯罪者你已經進入一個危險區域。但無論是真正的還是象徵的障礙物，僅靠這些措施不足以阻擋不法之徒，對犯罪人來說，打開一道門或撬開一扇窗子實在不需要太多的技巧。

如果把視點轉向另一種社區──校園的話，那麼這些象徵性的障礙物使學生們感覺更不安全了。Nasar 和 Fisher 的系列研究（Nasar & Fisher, 1993；Fisher & Nasar, 1992）調查了學生們對發生在校園裡犯罪案件的恐懼感與實質環境之間的關係。這個系列研究是在美國俄亥俄

州立大學Wexner視覺藝術中心室內和附近的一些地點展開的。Wexner
視覺藝術中心是一個設計競標獲獎方案，設計者是美國著名解構主義
建築師 Eisenman，作為瘋狂的解構主義大師，他曾一度是很多建築系
學生的偶像。

　　透過一系列現場調查，Nasar等發現，對大學生來說，實質環境中
最不安全的因素與隱蔽處有關（concealment），譬如暗角、樹木和灌
木叢、停下的小汽車等。學生們認為沒有可隱藏地點的、有廣闊視野
的環境是安全的，這包括有照明的、周圍有很多人的和開敞的公共空
間等。此外，學生認為不遮擋視線的樹木和灌木叢也是安全的環境，
見圖 10-2。

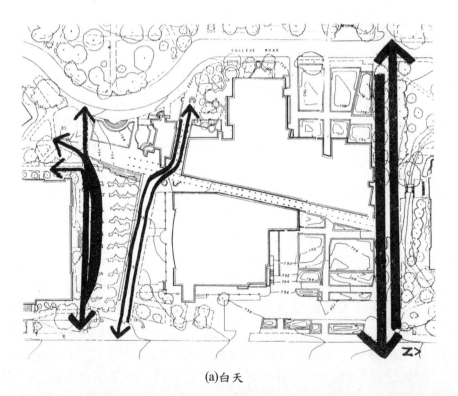

(a)白天

圖 10-2　學生們白天和夜晚步行透過該區域時的通行方向、路徑和密度
　　　　（請注意晚上在大樓右邊行走的學生與白天相比遠離大樓，左
　　　　邊，晚上穿越大樓的人也明顯減少。）（Nasar & Fisher, 1993）

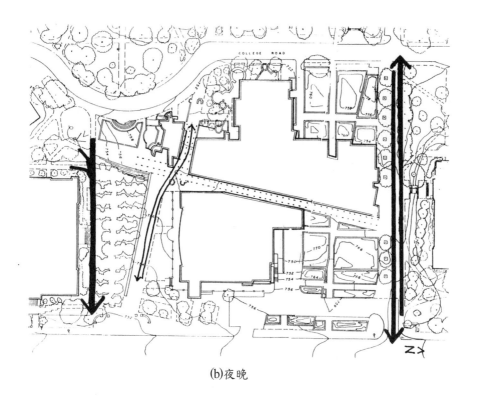

(b)夜晚

　　居民們認為安全的環境，犯罪人則可能覺得不安全。對銀行搶劫
案的研究發現，搶劫者喜歡那些室外不容易看清室內而室內很容易看
清室外以及逃跑路線的銀行，對犯罪人而言最理想的環境，莫過於他
能看清楚一切而別人看不到他的地方。這就是為什麼一些都市環境喜
愛度研究報告與 Kaplan 喜愛度理論相矛盾的地方，Kaplan 與 Kaplan
（1982）曾認為神秘感是喜愛度的一個重要預報因素，這可能在自然
環境中如此，在城市環境中神秘感意味著人們不容易看清環境中的情
形，環境存在著不確定性，於是人們感到不安全。Herzog（1992）的
都市環境喜愛度研究報告說，人們不喜歡城市中很有神秘感的曲徑通
幽的景觀，在有危險的和犯罪率高的地方，這種神秘感往往引起人們
的恐懼感。

　　Fisher 和 Nasar 說一個安全的環境在實質方面應該是視野與隱蔽處

表 10-1　安全知覺理論（Fisher & Nasar, 1992）

視野　　　　　　隱蔽處	高（視野開放）	低（視野被阻擋）
低（無隱蔽處）	最安全	中等的安全
高（很多隱蔽處）	中等的不安全	最不安全

的函數，視野越開闊，遮擋得越少，則越安全，反之則越不安全，見表 10-1。

　　居住區中的障礙物可以提高居民的安全感，校園裡的障礙物卻起了相反的效果，這可能與環境的類型有關。住宅和其周圍的環境是人們的主要領域和次要領域，在這些領域中容易建立領域性行為，容易對環境進行有效的控制以阻止犯罪的發生。Nasar 等人調查的是公共建築，在這些地點，學生們不容易對周圍發生的一切產生有效控制，也很難誘發領域性行為。

　　公共空間中的樹木、灌木、汽車、牆體和凹形空間等人工構築物遮擋了人們的視線，並使人們有不安全感，但它並不意味著建築設計時要把此類元素排除在外，否則我們的城市空間將會空空盪盪、一覽無遺，城市的美麗並不僅僅在於大片的綠地和廣場，城市設計中依然要考慮這些充滿活力的城市元素，關鍵是要在晚上安排合適的照明。

　　可見度良好的人工照明與開敞的空間是居民安全感的重要保證。Nasar 和 Jones（1997）的校園調查報告說大學生感到安全的環境，所提到實質要素最多的就是光線（40.6%），而最不安全的實質要素就是黑暗（29.6%），這與先前的一系列校園調查一致。Loewean 等人請大學生說出哪些環境因素使他們感到安全，55 名受試者中有 44 名提到光線（天然光或人工照明），30 名提到開敞空間，接著研究人員請這些受試者以安全感來評定一些幻燈片，結果證實他們的假設，光線和開敞空間都使大學生感到安全，其中光線的影響力最大。

　　Newman 用了另一術語來說明可見度──自然監視。他說如果居住區居民可以看到陌生人，那將會提高犯罪活動的難度，因而「監

視」提高了潛在犯罪人被別人看到和識別的可能性。居住區環境設計中可以有很多辦法提供居民監視鄰里的機會，譬如，降低障礙物高度，窗子開向街道或鄰里活動中心，減小道路的寬度，將活動區域與道路接戶布置，合理布置燈具，增進照明品質等。

把組團布置成內庭院式有利於居民觀察組團活動。以北京幸福村小區為例，該小區是北京崇文區公安局所管小區中盜竊犯罪率最低的。這是一個住宅樓為三四層高的中密度小區，住宅樓入口開向內庭院，住宅外廊也面向庭院。在廊子裡走動的人看得見庭院裡的情形，庭院裡活動的人也能看見各家的出入口，這就起到了自然監視的作用，潛在犯罪者發現在如此環境中犯罪的難度將大大增加。

土地使用方式　社區土地混合使用方式對社區犯罪有負面的影響，Perkins 等人（1993）說，在他們的調查工作中，如果社區和鄰里中有學校、商店、商業、工業用地時，這些都與犯罪案件之增多有關。

土地混合使用的鄰里要比純居住的鄰里會遇到更多的犯罪問題，這就像小區規劃帶來新的挑戰，如何更理性的配置社區公建，設計和管理、維護如何相結合也對防止犯罪有重要意義。根據中國小區規劃設計規範，每個居住小區應配置托兒所、幼兒園、小學和中學，這些設施如何在場地設計上與各住宅樓有明確區分是很關鍵的，它不僅與社區安全有關，也曾有資料說明學校的噪音如上下課鈴聲、廣播聲和學生的嬉鬧聲是社區重要的噪音源。

1983 年開始規劃的北京富強西里場地設計此方面做得較好。在這個規劃中，住宅組團沿小區周邊布置，中學、小學、幼兒園和托兒所等設施放在小區的一邊，靠近城市公園，環境好，與住宅樓互不干擾。小區有兩個出入口，從主入口開始的主幹道把住宅小區分為兩半並串聯三個公共綠地，連接次入口的次幹道把住宅區域和學校區域分開。這個設計還透過加強空間等級和把組團道路設計成盡端式等一系列手法，使得小區在 1988 年建成使用後很少發生盜竊案件（引自白德懋，1992），見圖 10-3。

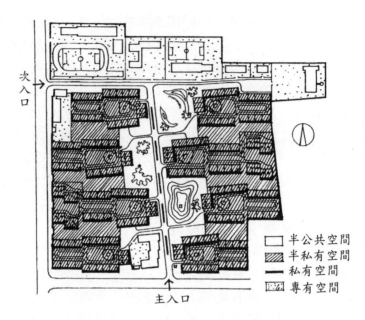

圖 10-3　北京富強西里空間層次序列

二、領域性行為

　　環境設計為防止犯罪發生並提高居民安全感起著重要作用，但這只是先決條件，可防衛空間的特徵必須和社會因素、領域性行為相結合，才能取得更顯著的成效。

1. 共同領域

　　在對巴爾的摩 63 個街區的 687 戶居民的調查中，研究人員出示了一些現場圖片，請他們回答這樣一個問題：「為什麼有的街區比別的街區發生了更多的犯罪案件，居民們有更多的恐懼感？」Brown 等人（1983）分析之後說，可防衛空間的特徵確實阻止犯罪並提升居民的安全感，但效果不明顯，但當地居民的緊密聯繫則直接或間接地減少了犯罪，這主要依賴於居民們的領域性行為的增強。

　　防衛空間可以使潛在罪犯暴露在眾目睽睽之下，但居民們看到可疑者是一回事，作出反應則是另一回事。有的案件說明，搶劫犯承認

他們在作案時鄰居完全可以看到他,但他判斷鄰居是不會干涉他的行動的。事實上那些闖入小區實施偷竊或搶劫的不法之徒,在作案之前都必須評估一下周圍鄰居是否會作出反應。前述的 Brown 和 Bentley 的工作報告說,被小偷評定為「脆弱的」住房,其中最重要的兩個因素分別是住房難以進入和鄰居的反應。如果把與領域性行為有關的各因素一起考慮的話,則可以排在第二位。其中住房難以進入也是和鄰居們的反應有密切的關係。特別重要的是,這個研究只是給小偷呈現了住房外觀照片,並沒有把小偷帶到現場,換句話說,小偷只是看到偷竊目標卻無法了解周圍環境的情況下,就把鄰居的領域行為作為住房是否脆弱的最重要因素。故即使某些社區具有可防衛空間的特徵,但鄰居之間相互不認識,無法辨別陌生人,或即使發現有潛在苗頭,卻也不會作出任何反應的小區或組團,那麼這些社區也是脆弱的和不設防的。

如果社區居民把社區看成是他們彼此(mutual)擁有的領域,居民之間對社區內部形成共同的領域感和責任感,就可以使居民們更注意觀察社區裡發生的一些事情。一旦發現不良事端,鄰居們就可以作出反應,包括高聲喝止,出面阻止,直至叫警察。於是居民們就不會感到自己是孤立無援的。此共同的領域性行為既可以使居民們關係更密切,互幫互助,也容易識別陌生人,讓孩子們在附近的活動更放心,也有助於提高居民對社區的情感聯繫。

顯然要使居民形成這樣的社會紐帶絕不是一件容易的事,它與居民對社區的信心,對其他居民的認同,以及社區歸屬感都有很大關聯,此種社會紐帶之形成也非一朝一夕之功。這就是為什麼某些居民貧富不均、生活方式和文化信仰分歧明顯、常住人口流動性大、且絕大多數都是租房者之社區犯罪率高,實在是因為在此類社區裡居民難以形成共同的領域感。另一方面,社區中非居住用地譬如學校、商店、工廠、公園等區域,這些地方居民無法建立領域性行為,正好是領域控制「中斷」的地方,故也是犯罪案件多發地點。

2. 明確的空間劃分

領域性理論認為，人們若沒有對不同空間的所有權、占用權和控制權，人們的相互作用就會亂成一團。領域之建立首先依賴於領域界限，沒有界限，不僅領域防衛無從談起，而且成員間的衝突頻生。良好的小區規劃應該為其居民劃分明確的空間，從向每個居民開放的空間（社區中心與主幹道），到只有部分居民可以共享的半私密空間，如組團綠地、次幹道，最後才是每家每戶的私有空間。糟糕的場地設計只有兩種空間，要麼是私有空間，要麼是所有人都可以進入的公共空間。

在小區規劃中形成從小組團和小空間到較大組團和較大空間，從私密空間到半私密空間再過度到更開放的空間，此種不同層次的空間結構有助於建立相應的社會結構。當然這樣的空間劃分不會直接促成共同領域感的產生，但是在住宅邊上所形成的半公共和半私密的熟悉空間，可以導致有更多的居民使用這些空間，這些活動既能減少他們成為犯罪目標犧牲品的機會，也可以使共同參與此活動的居民相互了解。這些都加強了對外來者的警覺和半公共空間中的集體責任感，這些空間成了住宅產權的一部分。所以清晰的邊界劃分是明確內部結構和解決地區性問題的重要一步。

不過以前我們的小區規劃在這方面做得不夠好，一些新建居住小區道路四通八達，條條道路在宅前通過，直接通向城市街道，小區空間與城市空間沒有區別，任何人都可以不受阻攔、大搖大擺的進進出出，外來車輛可以到處自由穿行。

白德懋（1992）提供了兩個觀察性例子可以明確的說明空間劃分對居住安全的影響。北京前三門大街是交通繁忙的城市幹道，其南側在長約 5 公里的區域裡，30 幾幢高層住宅沿大街一字排開，住宅區域南側則是與前三門大街平行的一條輔路。於是住宅樓完全暴露在兩面街上，一出門就是路，毫無自己的領域可言，加上高層住宅內部通廊長，路線曲折，通大街出口多，這裡的犯罪率比一般居住區高。另外一個例子是北京三里河南區兩個布局完全相同的住宅組團，但有無領

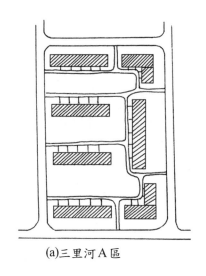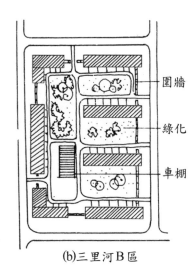

(a)三里河A區　　　　　　　　　(b)三里河B區

圖 10-4　北京三里河南區 A 與 B 兩個布局完全相同的住宅組團的平面圖

域劃分對安全防衛的效果就完全不一樣。見圖 10-4。

　　組團 A 沒有明確的空間劃分，內部道路和外部道路處處連通，沒有阻攔。組團內缺少樹木和休息遊戲設施，環境較差。另一組團 B 四周建立圍牆，留出必要的出口。組團內庭院有綠化，經常有人活動。院裡還有一座自行車庫，居民存車取車自然在這裡交往。1987 年一年裡A組團發生撬門丟車案件20起，B組團僅為5起，比前者減少了75%。

　　儘管這兩個例子是觀察性的，還存在其他影響因素，但依然可以看到空間的明確劃分對犯罪率和居民的安全感之間確實存在重要聯繫。此點上小區管理與小區規劃負有同樣重要的責任，如果沒有管理措施，那麼小區規劃做得再好其作用也不明顯。除了小區入口應有專人照看以外，組團出入口也應有專人管理，否則潛在的犯罪者還是能堂而皇之地進入組團內部。現在黑色廣告在各住宅樓裡滿天飛也說明組團管理的弱點，雖然組團內部空間是半公共和半私密性質，但它卻有很強的滲透性，對外來人員不設防，所以如何明確組團內部空間的所有權和控制權是小區管理的重點。

3.建立領域標誌品

除了小區規劃之外，居民們自發建立的領域標誌品也有助於領域感，這些住房周圍的領域行為包括培植樹木、修剪花草、園藝、裝飾住房外觀、在門上掛有自己名字的門牌以及掛其他個性化的標誌物等，此類標誌物不僅可以美化環境，據說也可以提高居民對社區和鄰里的認同感，並減少無序和雜亂，降低犯罪問題。

Perkins 報告，即使在控制了社會經濟地位和住房屬權兩個變項以後，建立領域標誌品與犯罪減少之間的關係仍很顯著，Cooper（1975）發現如果讓居民投票表決，是由地方當局管理他們的前院還是由自己來維護時，大多數居民都會贊成後者，因為居民認為這些活動體現了更強烈的自豪感和領域感。對醫院病房和開放辦公室的調查也發現，如果允許使用者在空間中建立領域標誌品，他們對環境會越滿意。美國、英國和愛爾蘭的研究人員都觀察到新房喬遷以後的第一步，居民就是明確產權範圍，他們種植樹木、建立圍欄和矮牆，這些領域標誌品可以使居民更加關注住房周圍的空間。

一般來說，無論是租房者還是購房者，在花了時間、精力和金錢打扮住房周圍環境以後，他們顯然比不這樣做的住戶想在社區裡待更長的時間，對社區有更強的信心，更熱愛社區，也更傾向於把這些區域視為自己住房的一部分，這本身導致了主人會更多地使用這些空間，也會激勵他們與鄰居之間有更多的交往。

4.鄰里的規模

只有在特定情況下，建築的高度才與犯罪之間有必然的聯繫，不過減小住宅區的規模確實可以促進居民間的共同領域感，這裡主要是指共享半公共空間的人數。組團裡的住戶越多，越不利於居民的相互熟識和發展交際，特別對非均質社區越是如此。

一份美國的住宅研究報告（Cooper, 1972）說，當只有 6 戶居民共用一個出入口和樓梯時，居民們的鄰里關係極佳並且互幫互助。在一份美國郊區中密度住宅區的調查中，研究人員請居民報告當他們的鄰居為多少時他們能夠發展較密切的社交時，居民的回答是 6～8 戶。很

難用具體數字描述一個鄰里有多少住戶才是合適的，不同形式的住宅肯定有不同的數據。國外這些數據都是從獨戶住宅或低層住宅的調查中得來的，像中國城市中的集合住宅，要做到如此規模是不現實的。

組團裡居民多容易導致私密性缺失等若干問題，居民們不得不與較多的人共享半私密空間，如走道、平台、停車庫、活動場地或是垃圾箱，他們有可能體驗到擁擠，於是導致鄰里間有迴避社交的傾向。所以在小區規劃中把住宅區劃分成更小、更明確的單元，並與一個分級體系聯繫起來，已經成為越來越重要的設計理念。新住宅發展項目和舊城區改造的事例證明，鄰里規模劃分得越小，這些小鄰里中的居民更快、更有效地組織自己的集體活動並解決共同的問題。

Newman 和 Kingsley（引自 Shure, 1995）曾在一個社區改建計畫中運用此手法成功地降低了社區裡的犯罪情形。Five Oaks 是美國俄亥俄州代頓市中心附近的一個社區，總面積 0.5 平方公里，有 2000 戶居民。上世紀 60 年代時這個社區裡主要是白人和中產階級人士，他們都是住房的擁有者。到了 90 年代社區居民中有超過一半都是少數民族和租房者，犯罪率上升，地產價值下降。Newman 參與了該社區的改建工作，並把 Five Oaks 分成了更多的小組團，用大門封閉了一些大街和小巷。這個改建計畫實施以來，總犯罪率下降了 26%，暴力犯罪案件下降了 50%。儘管與 60 年代相比，犯罪案件上升，地產價值下降了，但總體上這個社區還是被看成是一個中產階級社區。

三、環境的文明程度

社區環境的文明程度，包括社會層面和實質環境兩個層次，也與居民的安全感有關。從社會層面上說，乞丐、流氓、無業遊民和娼妓等擾亂了正常的社會秩序，使得居民擔心自己成為犯罪的犧牲品。從實質環境上說，垃圾、塗鴉、廢棄的房屋、殘破的建築、黑色廣告和肆意破壞留下的痕跡等都是環境不文明的體現。這些不文明的標誌倒不一定真的會引起犯罪，但它們卻傳達了一種當地社會狀況不佳的信號，使居民感到恐慌。

Wilson 和 Kelling（1982）以及 Skogan（1990）認為，當實質環境

不文明的現象越來越多時，居民會察覺到當地存在著更多的問題，降低他們對整個社區的信心，使他們懷疑警察對該地的監控能力，從而導致居民們對社區和鄰里的非正式的社會控制力減弱，居民開始為社區擔心，於是潛在的犯罪者就有可能乘虛而入。一些考察環境文明程度與居民恐懼感之間關係的調查都證實了這三位學者的假設。Hope和Hough（1988）發現在鄰里規模上，兩者高度相關（r=0.70）。Perkins（1992）證實，環境衰敗與對犯罪的恐懼感之間的關係即使在控制了社會與人口的各統計特徵以後，也依然顯著。

環境的文明程度係於小區管理。一個房地產項目可能擁有一個非常優質的設計卻被差勁的管理和居民糟糕的使用方式給糟蹋了。美國紐約州的一個調查報告（Becker, 1974）發現，影響居民對社區外觀評價的最重要的四個因子依次是：環境的維護、景觀、外裝修材料和住房的形狀與布置。

對居住環境來說，環境品質不是取決於設計標準，而是取決於管理和維護的質量，故在社區中加強維護措施是很關鍵的，這包括保持小區的清潔衛生，保護水池，更換陳舊的設備，保持居民公用設施的衛生與安全，並經常維修等。不過，制定較完善的維護項目是一回事，如何執行又是另一回事。Cooper（1975）報告了一個調查，這個工作比較了舊金山的兩個中密度的中產階級社區，其中的一個有專職維護人員和園藝師，他們平時都在社區裡，社區裡的居民和他們很熟。另一社區沒有專職的維護人員，維護工作是一星期一次的「飛行維護」。在前者中研究人員發現社區維護標準高，有漂亮的景緻，社區清潔衛生，完全沒有塗鴉或是肆意破壞的行為，儘管此社區與一個低收入的高犯罪率社區相鄰。這些專職的維護人員為他們的工作而自豪，當有小孩作出有損景觀的舉止時，他們會毫不猶豫地規勸他們的言行。

在後者「飛行維護」的社區裡，儘管它是一個有益於健康的市郊社區，但研究人員還是發現存在肆意破壞、塗鴉和垃圾成堆的問題，這說明該社區維護品質很差。

良好的管理是居住環境滿意度的關鍵因素之一。維護是管理的重要方面，但對居民來說，環境外觀就是維護的代名詞。地面潔淨衛生、

水池清潔、沒有亂塗亂畫等既是居民們對居住環境感到滿意的先決條件，也提升了環境的品質，使居民對社區有信心。對管理者來說，除了必須制定完善的措施並有效地執行它們以外，如何讓居民們一齊配合幫助執行這些措施也很重要。應該使居民明白，環境中的不文明行為既不利於社區，最終也會使他們本人受害。

四、總結：邁向環境犯罪學

社區是我們安身立命之所，唯有社區安寧，才有我們的安居樂業。不幸的是，犯罪是這個世界的組成部分。如何才能減少犯罪增強居民的安全感是每一級政府、每一個社區和每一個居民都關心的問題。環境心理學是一個解決具體環境的學科，它趨於在最有挑戰性的領域從事最艱難的任務。社區的安全和犯罪研究清楚地體現了環境心理學的這一特點。30多年的研究證明，設計的、社會的和管理的因素對社區的安全和減少犯罪方面同時起著重要作用。

可防衛空間理論依然很有生命力，儘管不少人不斷質疑它，它已經去粗存精不斷完善。實質性障礙物可以提高安全感，並增加犯罪行為的難度。象徵性的障礙物可以給居民心理上的安全。可防衛空間的設計特徵對防止犯罪的有效性還繫於社區中社會的和管理的方面。鄰里團結和互幫互助的社區相對於那些貌合神離、老死不相往來的社區有更高的安全感。一套良好的並得到有效執行的小區管理措施也是防止犯罪的有力保證。

環境心理學研究給予我們社區治安一些很好的啟示。譬如從實質環境設計方面而言，合理布置社區照明、封閉小區圍牆，門口安排治安崗，住宅安裝防盜門窗等。另外還須減小社區規模，明確劃分公共的、半公共半私密的和私密空間幾個層次。從社會層面來說，加強鄰里團結，積極參加社區的各項活動，培養居民對社區的整體責任感。從管理角度說。除了配合警察正式的監控以外，組織治安聯防隊、物業保安隊或其他任何形式的巡邏和安保組織，並努力維護環境衛生，提高環境的文明程度。

環境犯罪學則從另一更廣闊的視角來分析犯罪與環境之間的關係，

以 L. Brantingham 和 J. Brantingham（1993）為例，他們把犯罪看成是在一個特殊地點的一個特殊情境中發生的一個案件，實施犯罪的個體既受到了地點和情境的影響，也影響了地點和情境，所以他們認為環境與犯罪研究的重點應該是犯罪人如何選擇目標，什麼是典型的犯罪樣板（template）等。這些研究從犯罪人的環境認知角度出發，並取得了一些成果。譬如，他們發現犯罪人的認知地圖和空間知識對犯罪地點之選擇有強烈的影響，犯罪行為一般發生在對犯罪人而言的主要道路附近、其鄰近道路附近、其日常活動地點附近、對犯罪地點的熟悉程度等。

　　研究發現，城市道路系統對犯罪有一定影響，如果某區域對犯罪人很有吸引力的話，城市道路系統越複雜，犯罪率越低；道路系統越簡單，則犯罪率越高。方格網道路系統上的住房被偷竊的可能性最高，盜賊普遍喜歡路角上的住房，在所有的道路系統中，盡端路死巷道所發生的犯罪事件最少。犯罪模式存在明顯的邊界效應。一般而言，偷竊率隨著空間向居住區中心方向遞進而遞減。在居住區邊界上，混合用地的方式使得陌生人更容易被接受，於是此過度區域中的犯罪率較高。

　　可以認為從環境認知角度去分析犯罪與環境的關係將成為未來社區安全研究的新方向，但是這方面並沒有形成一個比較完善的理論框架。高度複雜的犯罪根源和犯罪動機，以及時刻都在變化著的環境，都意味著這樣的研究極富挑戰性。從某種程度上說，環境與犯罪、環境與安全的研究才剛剛開始。

跋

環境心理學研究和教學所面臨的挑戰與發展方向

環境心理學是一個多學科介入的邊緣學科，它所面臨的任務涉及眾多的方面，僅從單一學科的觀點是無法完全了解的。譬如分析城市和社區需要具備城市設計和建築學的基本常識，和這些環境設計的基本過程，也要了解與城市功能分析有關的社會學和經濟學的有關方面，城市賴以生存的各種文化的人類學，以及與社區和城市生活有關的各種心理因素。這並不是說人們必須成為每個領域的專家，或者是不能從自己特定的學科的觀點出發思考問題，但環境與行為研究意味著要對不同學科的內容和研究方法有一個大致的了解。

多學科介入的取向既令人興奮也令人懊喪。令人興奮的是人們有機會從許多觀點出發去思考一個問題，研究工作往往需要高度的專業化，這樣人們就有可能只見樹木不見森林，而多學科取向可以使各學科對相同現象的不同方面相互溝通和參照，在此過程中既學到了新的知識，又實現了各學科間知識的統一，這一切都令人興奮不已。

但是採用多學科觀點並不總是一帆風順的，因為不同觀點之間的溝通通常是很困難的。特別是環境設計學家和心理學家之間無論是在工作方法上還是在研究目的上都有巨大的差異。建築師和規劃師注重實際，以解決問題為主，他們希望心理學的研究能為某一具體的設計提供資料，但他們常常會抱怨心理學家的回答過於籠統或是模稜兩可。譬如實驗心理學中積累了很多色彩知覺的資料，但當一位建築師去詢問設計一個地鐵出口應採用什麼顏色時，實驗心理學家的回答可能是含糊和不肯定的，同樣的社會學家對鄰里網絡進行了相當多的研究，但他們的這些資料對城市規劃師來說顯得太概括而起不了多大作用。反過來心理學家則批評環境設計師的問題太具體、時間太緊，而且在建築元素和行為的聯繫上過於武斷。他們力圖使設計人員確信單是憑設計並不能決定行

為，甚至即使實質環境對行為產生了很大的影響，這種作用也須透過個體的、社會的和文化的因素作為媒介。

ᔡ 一大挑戰

這就是環境心理學現在面臨的一大挑戰，環境心理學在未來有多大的發展和影響力，將在很大程度上取決於建築師、規劃師和心理學家、社會學家有多大程度的溝通與合作，很不幸的是這方面實在是談何容易。環境心理學的研究工作是在實驗心理學的基礎上發展起來的，它有一套完整的方法論，具有很明顯的社會科學性質。在研究的開始階段研究人員提出新的問題或是假設，然後觀察或抽樣調查以實證的方法來檢驗和印證假設，研究人員希望能將此結果總結概括，並能應用到新的情況中去。

絕大部分的環境心理學理論是解釋性（explanatory）理論，這些理論的共同特點是它們包含一系列與可觀察現象相對應的概念，並試圖用這些概念來解釋現象。譬如，私密性現在被認為是「對接近自己的有選擇的控制」（Altman, 1975），接近自己、有選擇和控制這些概念都與日常生活中人們的行動有關，這些概念組織在一起共同組成對環境的解釋和人們對環境的反應的陳述。解釋性理論通常很周密很完善，它描述的是一個整體，如果分解其中的部分則必有遺漏。私密性並不等於身體活動、文化習慣和人們對自身及別人的態度的簡單疊加，就如同你把家庭成員、住房特徵、生活細節和歷史變遷描述一遍並不能把「家」這個概念定義得很清楚一樣。

與環境心理學研究的完整、嚴密和邏輯相比，建築設計只有局部的系統性。設計活動可以歸結為：想像、表達和檢驗的連續循環（Zeisel, 1981）。首先設計者在腦海中形成某部分環境的圖像，他藉草圖、平面圖、模型和照相等方法表達這個內心的意象，透過比較、反省、評價、批評、判定等檢驗方法，使現階段的成果與現有的資料進行核對，然後修改腦海中的意象，並把它表達出來，再檢驗它，這一設計過程將一直持續到成果與各現有資料核對時達到可以接受的程度。這些現有資料包括環境中的各項功能要求，場地、技術、經濟、材料、施工等的要求，

業主腦海中的意象，以及社會、文化、歷史等要素。這些信息範圍廣泛，往往需要綜合處理而不是深入分析。因而設計方案很難用純粹邏輯思想與線性方法得出，所以設計方案的確定，本質上是設計者主觀好惡的表現，他對一系列不相關的信息進行評價，對各種情況憑直覺加以判斷，並以個人的標準為依據，對無數可能性加以選擇，從而形成自己的設計。

Lynch（1984）認為絕大多數的設計理論是以「規範性」（normative）為取向的，本質上是描述的和規定的（prescriptive）。這些理論由一系列關於好的設計應該包括哪些的陳述組成，這些陳述是基於經驗和個人的專業信條，常常有辯論和爭鳴性質，於是在外行看來設計理論包含了各種相互競爭的和對立的觀點。規範性理論的一個特點就是難以用實證的方法檢驗，有人甚至認為規範性理論根本就不能被驗證。但是如果想把環境心理學研究工作與環境設計結合得更緊密一些的話，我們就必須對規範性理論是「不能被驗證」的觀點提出挑戰，相反我們應該認為建築理論在原則上是可以用實證檢驗的。譬如著名建築師 Portman 的共享空間理論在很大程度上已經得到了驗證，著名的建築理論家 Alexander 在《模式語言》（*A Pattern Language,* 1979）一書中，所提出的 200 多個設計模式很多都是可驗證的。另外，儘管有的設計理論較難以驗證，特別是關於美學信條方面的，但是我們還是可以探討一些特定的視覺形式對給定人群的美學意義。藉對規範性理論的證明，環境心理學研究可以與設計研究結合得更緊密。

合作源於需要。現在已經沒有人懷疑，一個成功的設計必須關心社會需求，可是為了達成這一共識，社會付出了巨大的代價。曾獲建築獎的 Prutt-Igoe 住宅區是最典型的例子，因為在住宅中公共空間的設計與人流的組織太糟糕了，它鼓勵了犯罪並破壞了居民的社區感。對於該住宅區內所發生的種種問題當局無能為力，唯一的解決之道就是將它徹底消滅。圍繞這一工程的社會政治背景的調查說明，歐美在上世紀50、60年代建造了一大批這樣的建築，即使是最優秀的建築師也難以幸免。Prutt-Igoe 住宅區被炸毀時的照片在各大專業刊物上不斷出現，提醒著設計人員和學生，建築設計的質量不僅取決於建築的形式，而且更是取決於

使用者。這一切促使整個建築設計界重新審視建築環境的本質並更深刻地理解使用者對建築環境的需要，可是由於各種原因，設計者和使用者之間存在著鴻溝。

在建築設計看來，環境心理學提供了很多有價值的研究資料，它強調了在設計過程中須兼顧不同的人和不同的文化對建築的要求，環境心理學透過研究人與實質環境之間的關係，發掘使用者對環境的需要、慾望、反應，使設計者了解到各項設計決定對使用者的影響，設計者進而能與使用者多方討論，藉豐富的專業知識和設計手法滿足使用者的社會、文化和心理的各種需要。可是環境心理學研究的很多文獻所提出的問題，譬如私密性、領域性、擁擠、滿意度和安全感等，對建築師來說是太一般化、太宏觀、太系統了，而且環境心理學的信念是，儘管實質環境的設計會影響上述因素，但是要滿足使用者的要求，還係於個體、社會、政治和文化的因素。譬如，當建築師被告知社區的安全儘管與實質環境的設計有關，但這種影響關係還取決於社區中社會的和管理的要素時，他們通常感到沮喪，因為這些因素他們力不能及。在根本上建築師被局限於「以既定政策」為依據進行建築設計，從而環境心理學淪落為從理論到理論的尷尬境地。

5 教學的三個目標

這既是建築學教育所面臨的挑戰，也是我們為選修環境心理學的研究生授課時所遇到的困難。這些學生大部分剛剛結束建築學、城市規劃等環境設計專業五年的本科階段，一腳踏進一個新的領域想學些新知識，希冀這些知識能對他的設計手法有所助益，進而藉此能對未來的執業生涯有所添助，當然我們並不想讓這些願望落空。我們認識到從環境心理學的研究到教學過程中需要做更多的努力，一個緊要的問題是為建築學、城市規劃和其他環境設計專業的學生開設環境心理學課程，我們到底要達到什麼教學目標？

毫無疑問，第一個目標應該是系統地介紹人與環境相互作用的有關知識，使學生們理解建築環境對人們行為的影響，了解使用者對環境的需要，喚起學生們的社會性意識，這通常是環境心理學教學的最主要目

標。儘管說能做到這一點已經不錯了，但這只是最基本的，而且很不夠。環境心理學的研究被看成是一個獨立的學科，而不是設計的基本功，於是一些學生只是在口頭上奢談使用者的需要，但實際上還是依靠靈感而不是行為研究的資料來設計環境。這實際上也是建築學教育的一個通病，建築構造、結構和設備等也是建築環境設計中不可或缺的內容，但它們也沒有反映在學生的設計之中。

在教學中，我們並不只是簡單地傳遞知識，事實證明這種簡單傳遞的效果不好，我們應該承認目前的環境心理學研究文獻並不完全適合於建築學教學的需要，所以我們建議的教學的第二個目標是：為學生提供如何把環境心理學的研究成果結合到具體的建築設計之中的指導和方法。

對於學生來說，整個的設計過程就是靠推敲和評價視覺效果來選擇建築形式，在此過程中學生的圖紙上畫滿了各種零碎的、有時甚至是無法辨認的圖形，他們靠這些圖形來構思方案，在分析與構思過程中，他們棄行為研究的文字性資料而取更容易在視覺形式上表達出來的信息。為了使學生更佳地學習環境心理學知識並應用到具體設計過程中去，教師的工作應該包括相關行為研究資料的綜合、提煉和創造性轉譯，並為建築創作提供可能。

把行為研究的資料結合到具體的設計中去絕非易事，Lynch 為我們指出了方向，但這只是一條路，更多地需要我們自己探索，這將是教學研究的主要內容。我們在教學中曾嘗試以平面注解行為技術為工具，探討如何把私密性的有關研究資料結合到住宅平面的設計中去，透過對人們視線和聲響的分析以及可控制這些「私密性污染源」的設施和可能性的討論，我們就把建築私密性的有關研究信息融入住宅平面的設計之中，這樣的教學常常能起到較好的效果。所謂平面注解行為技術，即是將有關行為的知識和傳統的設計表現法——平面圖結合在一起。注解平面是設計圖上注記文字或符號來表達環境與行為之間的關係，這些資料包括設計決定的基本要素、設計者所希望的行為或供以後檢驗有關行為回應的假設（Zeisel, 1981）。平面注解行為技術是很有潛力的，因為當你注解平面時，你已經把研究資料連接到特殊的設計決定中，也就是

說，你不只是表現你的意象，而且也開始檢驗你所知道的行為資料，並把行為資料作為一種檢驗意象的素材。平面注解行為技術並不困難，只要具備三年的建築學正規教育就可以熟練掌握這種很有用的工具。

於是教授環境心理學的老師就不得不在兩個不同的方向上努力，中國各大建築院校中開設此課的教師一方面應積極地從事相關領域的研究工作，不斷地累積並創造知識。另一方面必須訓練學生如何選擇其中對建築學有用的概念，把它們綜合與提煉成空間關係的不同模式，教會學生如何就不同建築類型以及不同使用者的需要，系統地分析與收集有關資料。從此點上說，環境心理學課程可以分成兩個階段，第一個階段是系統地教授環境心理學的相關知識，第二個階段是訓練把行為研究的知識結合到具體的設計中。前者可以在大學的前幾年進行，後者則在後幾年開設。

這就是教育的實際情況，如果把注意力集中在建築形式上，就會影響培養未來的建築師的社會責任感，如果允許學生割裂建築的功能與形式，用諸如風格和主義片面地評價建築質量，就會影響學生為社會服務的能力，這與我們對建築設計的信念：堅固、實用和美觀是背道而馳的。

毋庸置疑，教學的第三個目標應該是使學生掌握行為研究的基本手段，訓練學生借助於行為觀察、認知地圖、專題訪問等從使用者或其他潛在對象那裡系統地收集和分析資料的能力，當然這是一個較高的要求。在前兩個階段，學生們都是應用研究人員累積的資料，儘管環境心理學已經累積了很多的信息，但這些信息的數量與現實世界的千變萬化是不相稱的，在很多時候，設計人員將面對一個沒有多少資料可以借鑑的充滿挑戰的環境，於是他可以選擇：自己調查，與研究人員合作，或是邀請使用者參與設計過程，無論他選擇其中的任何一項，或是把這些途徑結合起來，都有助於克服時下流行的個人主義的盲目的自我表現。

我們並非要求學生掌握所有的行為研究的手段和工具，以及數據統計的各種方法，而是培養學生能結合自己的興趣，選擇適合於自己的方法，能就某一專題進行調查、設計和使用後評價，並能獨立作出決策的能力。未來無論他從事理論研究還是從事設計實踐，他可以具備把理論

研究、應用原則和設計實踐結合起來並形成自己專長的能力和素養。

這個教學目標只有透過教師帶領學生進行至少一個完整的研究才能達成，在研究中學生不僅是數據的收集者，還是研究過程和計畫的制定者，因而他也是教師的合作者，通常這是研究生教學的目標。我們在教學中的做法是把一個較綜合的科研分成幾個子課題，3～4個學生組成一個研究小組去獨立分析、制定研究方案，實地收集和分析數據並完成最後的研究報告，教師在這一過程中進行指導。我們於1998年的教學工作，把關於地鐵的人流分析分解成六個子課題，30名選修環境心理學的學生被分成六個小組，他們在老師的指導下獨立進行研究，並最終完成科研報告。其他未參加該研究的學生，則對他們感興趣的課題中提供建議，而具體的研究工作則是由他們自己完成的。我們認為這是一個很不錯的教學模式，儘管我們也只是在起步和摸索階段，如果能多累積這方面的經驗並使之系統化，便可以起到更佳的教學效果。

環境心理學的發展依賴於民眾的環境與社會意識，而教育責無旁貸。教學也是一項事業推廣工作，在建築系教授環境心理學，我們的教學應該使建築學的學生能更好地參與使建築環境滿足現代需求的決策過程。鑑於建築師和規劃師對實質環境的特殊責任，教學的意義更加重大。

5 有潛力的三個研究方向

為促進環境心理學研究和建築設計之間的合作與溝通，研究課題更需要配合當前的應用實際。環境心理學有幾個很有潛力的研究方向，它們面向環境設計界，比較切合設計的需要，而且都與環境評價有關。

第一個有潛力的方向就是建築計畫（programming）。建築計畫指的是設計開始時的一系列活動，它包括用系統、綜合的數據收集和分析方法來了解使用者的需要和願望，並確定設計的具體目標和績效標準。對建築設計而言，把環境心理學的研究成果轉化為設計準則的最有效途徑就是把它變為建築計畫書。建築計畫書包括了影響設計決定的各方面意見，經濟、文化、型態、結構、社會和心理上的意見只是其中的一部分。

在社會中建築師充當著典型的執行既定政策的角色，然而，建築師因受過訓練而獨具慧眼，能敏感地觀察建築物中各種活動之間的關係，

因此藉環境心理學有關知識和工具，能夠幫助業主收集和處理有關具體使用者、具體地點與各種活動的要求，於是他們在設計實質環境時就能引起更有效的作用，也會擴大建築師在社會中的影響。不過，建築計畫所考慮的因素相當廣泛，編制建築計畫書以及如何實現計畫書需要具體的理論與方法的指導，它實在是一個高度專業性和學術性的工作。

第二個方向與建築計畫有密切的關係，即作為建築計畫基礎的用後評價（POE）。現在對建成環境中使用者的需要、願望和他們對環境的看法與意見調查，通常是以用後評價的方式進行。用後評價就是用系統而嚴謹的方法以使用者的觀點來檢測建成環境的實際效果，用後評價的研究資料可以為相關的建築設計和城市規劃直接提供資訊，以提升設計品質，增益未來的設計。

最後一個極有潛力的方向是景觀評價，或可稱為視覺品質評價，這往往與城市設計中對城市型態的分析聯繫在一起，它評價的常常是環境中的美感。景觀評價與用後評價有著幾乎相同的目的，就是將景觀品質及其經營管理評價之後將資訊回饋給城市設計師和城市管理者，這種資訊可以避免過去的錯誤，延續過去的成功，使新的城市設計方案更正確。傳統上此一工作常常是由城市設計師完成，即通常所說的專家法。城市設計師相信藉著繪圖技術包括定點拍照可以完整地檢驗記錄與分析各視覺要素之間的關係。

1960 年以後，環境心理學家與城市設計師合作開發了以研究觀察者的知覺為基礎的喜愛度（preference）評價。如果要簡單歸納的話，這種方法就是請不同的觀察者對以不同的環境展示媒體（如現場、模型、照片或幻燈片、電腦虛擬現實以及建築的平面、立面和剖面和透視圖等）上展示的環境作出視覺品質上的判斷，然後研究人員用不同的測試工具收集這些資料，並做分析得出結論。於是透過這種喜愛度評價，可以明顯地改善城市設計程序並排除不佳的設計方案，可對未來的城市設計提供新的指導信息。

環境心理學與建築設計之間的合作，其中很實際的一面是設計者為業主設計環境，而環境心理學研究可以在設計過程中逐漸配合設計。我們只是提出了與建築設計配合最密切的幾個方向，從原則上說任何環境

心理學的有關知識都對設計具有指導意義，設計是從產生意象、表達意象到檢驗意象的循環往復過程，環境與行為的知識可以作為檢驗的資訊，從而在設計過程中不斷檢驗和修改設計者頭腦中的意象。

參考文獻

一、中文部分

A.弗雷德曼、K‧齊默寧、O‧佐布。薄曦、韓冬青譯。環境設計評估的結構——過程方法。新建築，1990 (2)(3)

D. Canter. 謝立新譯。建築心理學入門。北京：中國建築工業出版社，1988

Gehl, J.（1987）.何人可譯。交往與空間。北京：中國建築工出版社，1992

Heimstra, N. W. & McFarling, L. H.王錦堂譯。環境心理學。台灣：茂榮圖書有限公司，1985

I.Altman, M. Chemers. 駱林生、王靜譯。文化與環境。北京：東方出版社，1991

Jacobs, A. & Appleyard, D.（1987）.葉明、龔則均節譯。Toward an urban design manifesto. Journal of American Planning Association. 新建築，1990 (3)

Lynch, K.（1960）. 項秉仁譯。城市的印象。北京：中國建築工業出版社，1990

R.薩默。 吳向陽譯。使用者需要的分析。新建築，1983 (4)：73～76

Rapoport, A.（1982）. 黃蘭谷等譯。建成環境的意義。北京：中國建築工業出版社，1992

Zeisel, J.（1981）.關華山譯。研究與設計——環境行為研究的工具。台灣：田園城市文化事業有限公司，1996

王家柱、何存道、陸道熊、王永祥。 城市環境噪音主觀評價的調查研究。華東師大學報（自然科學版），1983 (3)

白德懋。居住區規劃與環境設計。 北京：中國建工出版社，1992

吳碩賢。 居住區的防噪規劃。 台灣：建築學報，1982 (2)

周曉虹。 現代社會心理學——多維視野中的社會行為研究。上海：上海人民出版社，1997

林玉蓮。 武漢市城市意象的研究。 新建築，1999 (1)： 41～43

林玉蓮。 認知地圖研究及其應用。 新建築，1991 (3)：34～38

林玉蓮。幼兒園——兒童的花園。 中國建築環境心理學學會第二次研討會論文。

1995

林建平。「大廳小臥」量化分析初探。 居住模式與跨世紀住宅設計（趙冠謙、林建平主編）。北京：中國建築工業出版社，1995

侯錦雄、宋念謙。台中市黎明住宅社區居民社區意識之研究。台灣：建築學報，1998 ⑷

俞永銘、羅戈。居住生活模式與住宅室內空間。居住模式與跨世紀住宅設計（趙冠謙、林建平主編）。北京：中國建築工業出版社，1995

胡正凡。 依靠性與舒適感。台灣：建築學報，1985 ⑵：26～29

夏祖華、黃偉康。 城市空間設計。 南京：東南大學出版社，1992

徐雷。 高層居住環境鄰里關係問題分析。台灣：建築學報，1987 ⑵：51～54

徐磊青、楊公俠。上海居住環境評價研究。同濟大學學報，1996 ⑸：546～550

徐磊青。 居住環境評價的理論與方法。同濟大學建築系教師論文集。 北京：中國建工出版社，1997

徐磊青。場所評價的理論與實踐。同濟大學建築城市規劃學院碩士學位論文，1995（預印本）

郝洛西。 視覺環境的非量化設計研究。同濟大學博士學位論文。 同濟大學建築與城市規劃學院，1998（預印本）

陳建仁、張金鶚。台北都會區住宅品質標準之研究。台灣：建築學報，1992 ⑺

陳格理。 建築用後評估在美國發展歷程之探討。 建築理論與應用研討會論文集，1992：169～183（預印本）

馮國勝、張遜偉。用聚類分析法確定住房使用功能指標的權重。中國人居問題研討會會議論文，1995（預印本）

楊公俠、司耘。青銅器、彩陶的唐三彩陳列室的視覺環境研究。同濟大學學報，1987 ⑷：443～455

楊公俠、周志。中國畫陳列室的視覺環境研究。同濟大學學報，1988 ⑶：19～32

楊公俠、徐磊青、劉盛璜、王青蘭。上海居住建築的評價研究。同濟大學建築與城市規劃學院，1994（預印本）

楊公俠。視覺與視覺環境。上海：同濟大學出版社，1985

楊治良、蔣韜、孫榮根。成人個人空間圈的實驗研究。心理科學，1988 ⑵

蒂伯爾伊。 張瓏等譯。瑞典住宅研究與設計。北京：中國建築工業出版社，1993

蓋爾‧楊。 何人可譯。 交往與空間。 北京：中國建築工業出版社，1991

趙長城、顧凡。環境心理學。甘肅：甘肅人民出版社，1990

趙冠謙、林建平主編。居住模式與跨世紀住宅設計。北京：中國建築工業出版社，
　　1995

趙冠謙。 居住生活實態與室內空間環境——實態調查綜合分析。居住模式與跨世
　　紀住宅設計（趙冠謙、林建平主編）。北京：中國建築工業出版社，1995

潭深、李盾。 中國城市發展中的犯罪問題。都市人類學。北京：華夏出版社，1991

羅亮。環境設計中的覓路研究。 新建築，1993 (4)：42～45

嚴明、陸元鼎主編。 西雙版納村寨聚落分析。中國傳統民居與文化。北京：中國
　　建築工業出版社，1992

二、英文部分

Acting, C. A. Evaluation of Planned Environment. *Document D7*. Stockholm: National Swedish Institute For Building Research. 1974

Acting, C. A. & Kller, R. The perception of an interior sa a function of its colour. *Ergonomics 15*, 6: 645−654. 1972

Agabani, F. & Weaver, M. *Lostness in buildings*. Mimeo: University of Surrey. 1974

Alexander, C. *A Pattern Language*. New York: Oxford University Press. 1977

Allen, G. L. Adevelopmental perspective on the effects of "subdividing" acrospatial experience. *Journal of Experimental Psychology: Human Learning and Memory, 7*, 120−132. 1981

Altman, I. *Environment and Social Behavior*. Belmont, CA: Brooks/Cole. 1975

Altman, I., Taylor, D. A., & Wheeler, I. *Ecological aspects of group behavior in social isolation. Journal of Applied Psychology* 1: 70−100. 1971

Altman, I. & Vinsel, A. M. Analysis of Hall's proxemics framework. *In Human Behavior and Environment*, Vol. 2. New York: Plemun Press. 1978

Anderson, L. M. & Schroeder, H. W. Influence of trees on residential property values in Attens, Georgia (U. S. A.). A survey based on actual scales prices. *Lanscape and Urban Planing, 15*, 153−164. 1988

Appleyard, D. Why buildings are known: a predestined tool for architects and planners.

Environment and Behavior, 1, 131−156. 1969

Appleyard, D. Notes on urban perception and knowledge. In Downs and Stea (Eds.), *Image and Enviornment*. Chicago: Aldine. 1973

Appleyard, D., Lynch, K., & Myer, *The View From the Road*. Cambridge, MA: M. I. T. Press. 1964

Appleyard, D. & Lintell, M. The environmental quality of city strees. *Journal of the American Institute of Planners*, JAIP, 38 (2), 84−101. 1972

Barker, R. G. *Ecological Psychology*. Stanford, CA: Brooks/Cole. 1968

Barker, R. G. & Gump, P. V. *Big School, Small School: High School Size and Student Behavior*. Stanford. CA: Stanford University Press. 1964

Barker, R. G. & Wright, H. *The Midwest and Its Children: The Psychological Ecology of an American Town*. New York: Row & Peterson. 1955

Baum, A. & Valins, S. *Architecture and Social Behavior*. Hillsdale, NJ: Erlbaum. 1977

Baum, A. & Vallins, S. Architectural mediation of residential density and control: Crowding and regulation of social contact. In Berkowitz, (Eds.), *Advances in Experimental Social Psychology*. New York, NY: Academic Press, Vol. 12, 131−175. 1979

Becker, F. D. *Design for Living: The Residents' View of Multifamily Housing*. Ithaca, N. Y.: Center for Urban Development and Research, Cornell University. 1974

Bennett, C. A. & Rey, P. *"Whats' s so hot about red?" Human Factors 14*: 149−154. 1972

Best, G. Direction finding in large buildings. In: D. Canter (Ed.) Architectural psychology. RIBA Publications: London Building Performance Reaserch Unit (1972). *Building Performance*. London. 1970

Block, L. K. & Stoks, G. S. Performance and satisfaction in p rivate versus nonprivate work setting. *Environment and behavior, 21*, 277−297. 1989

Bonaiuto, M. & Bonnes, M. Multiplace analysis of the urban environment: a comparison between a large and a small Italian city. *Environment and Behavior, 28* (6), 699−747. 1996

BPRU. *Building Performance*. London: Applied Science Publishers. 1972

Brantingham, P. L. & Brantingham, P. J. Nodes, paths and edges: considerations on the complexity of crime and the physical environment. *Journal of Environmental Psy-*

chology, 13, 3−28. 1993

Brennan, T. *Midland City*. London: Dobson. 1948

Briggs, R. Urban cognitive distance. In Downs and Stea (Eds.), *Image and Enviornment*. Chicago: Aldine. 1973

Brill, M., Margulis, S. & Konar, E. *Using office design to increase productivity*. Grand Rapids, MI: Westinghouse Furniture Systems, Vols 1 and 2. 1984

Brodin, C. A study of preferences for simulated outdoor environments with different intensities of feeling of encloded space. In Kller (Eds.) *Architectural Psychology, Proceedings of the Lund Conference*. Stroudsburg, PA: Dowden, Hutchinson & Ross, 310−322. 1973

Brown, B. B. & Altman, I. Territoriality, defensible space and residential burglar: An environment analysis. *Journal of Environmental Psychology, 3,* 203−220. 1983

Brown, B. B. & Bentley, D. L. Residential burglars judge risk: the role of territoriality. *Journal of Environmental Psychology, 13*, 51−61. 1993

Brunswik, E. *Perception and the Representative Design of Psychologcal Experiments*. LA: University of California Press. 1956

Bryant, K. J. Personality correlates of sense of direction and geographical orientation. *Journal of Personality and Social Psychology, 43*, 1318−1324. 1982

Buhyoff, G. & Wellman, J. P. The specification of a nonliner psychological funtion for visual landscape dimensions. *Journal of Leisure Research, 12*, 257−272. 1980

Burton, I. Culture and personality variables in the perception of natural hazards. In Wohlwill, J. F. & Carson, D. H. (Eds.), *Environment and Social Sciences: Perspectives and Application*.Washionton, DC: American Psychological Association. 1972

Butcher, D. Crime in the third dimention: A study of burglary patterns in a high-density residential area. M. A. Thesis. Simon Fraser University, *British Columbia.* 1991

Campell, J. M. Ambient stressors. *Environment and Behavior, 15*, 355−380. 1983

Campell, A., Converse, P. E., & Rodgers, W. L. *The Quality of American Life*. New York, NY: Russell Sage Foundation. 1976

Canter, D. An intergroup comparison of connotative dimensions in architecture. *Environment and Behavior,1*,40, 76−80. 1969

Canter, D. Evaluating building: emerging scales and the salience of building elements over constructs. In Küller (Eds.) *Architectural Psychology, Proceedings of the Lund Conference*. Stroudsburg, PA: Dowden, Hutchinson & Ross, 214−238. 1973

Canter, D. *Environmental Interaction*. London: Architectural Press. 1975

Canter, D. Distance estimation in great London. *Final Report to SSRC*. Mimeo: University of Surrey. 1975

Canter, D. *The Psychology of Place*. London: Architectural Press. 1977

Canter, D. The purposive evaluation of place: afacet a pproach. *Environment and Behavior, 15*, 659−698. 1983

Canter, D. Understanding, assessing, and acting in places: is an integrative framework possible. In Garling, T. & Evans, G. (Eds.), *Environmental Cognition and Acting: An Integrative Approach*. New York: Oxford University Press, 191−209. 1991

Canter, D. The facets of place. In Moore, G. T. & Marans, W. (Eds.), *Advances in Environment, Behavior, and Design*, Vol. 4, The Integration of Theory, Research, Methods, and Utilization. Plenum Press: New York and London. 1993

Canter, D. & Tagg, S. K. Distance estimation in cities. *Environment and Psychology, 7* (1) March, 59−80. 1975

Canter, D. & Rees, K. A multivariate model of housing satisfaction. *International Review of Applied Psychology, 31*, 185−208. 1982

Carlestam, G. & Levi, L. Urban conglomerates as psychosocial human stressors. Cited in Ittelson, W. H. (Eds.), *Environment and Cognition*. New York: Seminar Press. 1973

Carlopio, J. R. & Gardner, D. Direct and interactive effects of the physical work environment on attitudes. *Environment and Behavior*, 24 (5), 579−601. 1992

Carp, F. M. & Zadawaski, R. T. Dimensions of urban environment quality. *Environment and Behavior 8*, 2, 199−239. 1976

Churchman, A. & Ginsberg, Y. The image and experience of high rise housing in Israel. *The Journal of Environmental Psychology*. 27−41. 1984

Cohen, S., Glass, D. C., & Singer, J. E. Apartment noise, auditory discrimination and reading ability in children. *Journal of Experimental Social Psychology 9*: 407−422. 1973

Coleman, A. Disposition and situation, two sides of the same crime. In Evans, D. & Herbert, D. (Eds.), T*he Geography of Crime.* London: Routledge. 1989

Cooper, C. Residents dissatifaction in multi-family housing. *In Behavior, Design and Policy Aspects of Human Habitats.* GreenBay. Unversity of Wisconsin. 1972

Cooper, C. *Easter Hill Village: Some Social Implication of Design.* New York: Free Press. 1975

Couclelis, H., Golledge, R. G., Gale, N., & Tobler, W. Exploring the anchor-point hypothesis of spatial cognition. *Journal of Environmental Psychology, 7,* 99−122. 1987

Downs, R. & Stea, D. *Images and Environment: Cognitive Mapping and Spatial Behavior,* Chicago, Aldine.1973

Duvall-Early K. & Benedict, J. O. The relationships between privacy and differnt components of job satisfaction. *Environment and Behavior, 24,* 670−679. 1992

Edney, J. J. Human territoriality. *Psychological Bulletin 81,* 12, 959−973. 1974.

Evans, G. W., Smith, C., & Pezdek, K. Cognitive maps and urban form. *Journal of the American Planing Association, 48,* 232−244. 1982

Evans, G. W., Skorpanich, M. A., Garling, T., Bryant, K. J., & Bresolin, B. The effects of pathway configuration, landmarks and stress on environmental cognition. *Journal of Environmental Psychology, 4,* 323−335. 1984

Feimer, N. R. Environmental perception: the effects of media, evaluative context, and observer sample. *Journal of Environmental Psychology, 4,* 61−80.1984

Festinger, L. S., Schachter, S., & Back, K. *Social Pressures in Informal Groups.* NewYork: Harper. 1950

Fisher, B. & Nasar, J. Fear of Crime in relation to three exterior site features: prospect, refuge, and escape. *Environment and Behavior, 24,* 35−56. 1992

Fleming, I., Baum, A., & Weises, I. Social density and perceived control as mediators of crowding stress in high density neighborhoods. *Journal of Personality and Social Pychology, 52,* 899−906. 1987

Foley, J. E. & Cohen, A. J. Mental mapping of a megastructure. *Canadian Journal of Psychology, 38,* 440−453. 1984

Francescato, D. & Mebane, W. How citizens view two great cities: Milan and Roma. In Downs and Stea (Eds.) *Image and Environment.* Chicago: Aldine. 1973

Francescato, G. et al. *Residents' Satisfaction in HUD-Assistated Housing: Design and Management Factors.* Department of Housing and Urban Development, Washionton, D. C. 1979

Frewald, D. B. *Preferences for older buildings: A psychological approach to architectural design.* Unpublished doctoral dissertation, University of Michigan. 1989

Fried, M. & Gleicher, P. Some sources of residential satisfaction in an urban slum. *Journal of the American Institute of Planners, 27*, 4: 250−264. 1961

Fried, M. Residential attachment: Sources of residential and community satisfaction. *Journal of Social Issues, 38* (3). 1982

Fuguitt, G. & Zuiches, J. Residential preferences and populations. *Environment and Behavior,12*, 451−466. 1975

Gans, H. J. *The Urban Villagers.* New York: Free Press. 1962.

Gärling, T. Some applications of multidimentional scaling methods to the structural analysis of environmental perception and cognition. In Küller (Eds.) *Architectural Psychology, Proceedings of the Lund Conference.* Stroudsburg, PA: Dowden, Hutchinson & Ross,169−181. 1973

Getz, D. A. & Kielbaso, J. J. Inner city preferences for trees and urban forestry programes. *Journal of Arboriculture, 8* (10), 258−263. 1982

Gibson, J. J. *The Ecological Approach to Visual Perception.* Boston, MA: Houghton Mifflin. 1979

Gifford, R. Environmental Psychology: Principles and Practice. *Needham Heights*, MA: Allyn and Bacon. 1987

Goldman, R. & Sanders, J. W. Cultural factors and hearing. *Exception Child, 35*: 489−490. 1969

Gump, P. V. School and classroom environment. In Stokols, D. & Altman, I. (Eds.), *Handbook of Environmental Psychology: Vol. 1*, 691−732. New York: John Wiley & Sons. 1987

Hall, E. T. *The Hidden Dimension.* NewYork: Doubleday. 1966

Hanyu, K. The affective meaning of Tokyo: verbal and non-verbal approaches. *Journal of Environmental Psychology, 13*, 161−172. 1993

Hanyu, K. & Itsukushima, Y. Cognitive distance of stairways: distance, traversal time, and mental walking time estimation. *Environment and Behavior, 27,* 579−591. 1995

Heller, J., Groff, B., & Solomon, S. Toward an understanding of crowding: the role of phsical interaction. *Journal of Personality and Social psychology, 35,* 183−190. 1977

Henson, H. *Adaption-level Theory.* New York, NY: Harper & Row. 1964

Herzog, T. R. A cognitive analysis of preference for urban spaces. *Journal of Environmental Psychology, 12,* 237−249. 1992

Herzog, T. R., Kaplan, S., & Kaplan, R. The prediction of preference for familiar urban places. *Environment and Behavior, 8,* 627−645. 1976

Herzog, T. R. & Gale, T. A. Preference for urban buildings as a function of age and nature context. *Environment and Behavior, 28* (1), 44−72. 1996

Hope, T. & Hough, M. Area, crime and incivility: a profile from the British Crime Survey. In Hope, T. & Shaw, M. (Eds.), *Communities and Crime Reduction*, London: HMSO, 30−47. 1988

Housh, E. W. Office furniture' s effect on employees. *The Office*, 107,113. 1988

Howell, S. & Epp, G. *Shared Spaces in Housing for the Elderly.* Cambridge, Mass: Design Evaluation Project, Department of Architecture, Massachusetts Institute of Technology. 1976

Hull, R. B. & Stewart, W. P. Validity of photo-based scenic beauty judgements. *Journal of Environmental Psychology, 12,* 101−114. 1992

Hutt, C. Males and Females. Penguin, *Harmondworth.* 1973

IEHO (Institute of Environmental Health Officers) *Space Standards in Dwellings: Environmental Health Professional Pratice*, Vol. Ⅱ. London. 1989

Jacobs, J. *The Death and Life of Great American Cities.* New York, HY: Random House. 1961

Jonge, D. D. Applied hodology. *Landscape, 17,* No. 2, 10−11. 1968

Kaitilla, S. Satisfaction with public housing in PaPua New Guinea: the case of west Tarake housing scheme. *Environment and Behavior, 25* (4), 514−545. 1993

Kaplan, S. Concerning the power of content−identifying methodologies. In T. C. Daniel

& E. H. Zube (Eds.), *Assessing Amenity Resource Values*, 4−13. USD A Forest Service General Technical Report RM-68. 1979

Kaplan, S. & Kaplan, R. *Cognition and Environment: Functioning in an Uncertain World.* New York, NY: Praeger. 1982

Kaplan, R. & Herbert, E. J. Cultural and sub-cultural comparisons in perferences for natural settings. *Landscape and Urban Planing,14*, 281−293. 1987

Kasmar, J. V. The Development of a usable lexion of environmental descriptors. *Environment and Behavior, 2*, 153−164. 1970

Kates, R. W. *Hazard and Choice Perception in Flood Plain Management.* Chicago: University of Chicago Press. 1962

Kaye, S. M. & Murray, M. A. Evaluations of an architectural space as a function of variations in furniture arrangement, furniture density, and windows. *Human Factors, 24* (5), 609−618. 1982

Kurk, L. B. Why consider seating last? *The Office, 109*, 45−50. 1989

Kwok, K. Semantic evaluation of perceived environment: a cross-cultural replication. *Man-Environment System, 9*, 243−249. 1979

Lazarus, R. S. *Psychological Stress and the Coping Process: New York*, NY: MacGraw-Hill. 1966

Lynch, K. *Managing the Sense of a Region.* Cambridge, Mass: M. I. T. Press. 1976

Lynch, K. *A Theory of Good City Form.* Cambridge, MA: MIT Press.1984

Lee, T. Urban neighborhoods as a socio-spatial schema. *Human Relations 21*, 3: 241−268. 1968

Lee, T. Perceived distance as a function of direction in a city. *Environment and Behavior, 2*, 1, 40−51. 1970

Levy-Leboyer. *Psychology and Environment.* Beverly Hills: Sage. Canter, D. & Griffiths, I.(Trans.) 1982

Levy-Leboyer. The need for space and residential satisfaction. *Architecture & Behavior.9* (4), 475−490. 1993

Lindberg, E., Gärling, T., Montgomery, H., & Waara, R. People's evaluation of housing attributes: a study of underlying beliefs and values. *Scandinavian Housing and Plan-*

ing Research, 4, 81−103. 1987

Lindberg, E., Hartig, T., Garvill, J., & Gärling, T. Residential-location preferences across the life span. *Journal of Environmental Psychology, 12,* 187−198. 1992

Marans, R. W. *Planned Residential Environments.* Ann Arbor, MI: Institute for Social Research. 1970

Marans, R. W. & Spreckelmeyer, K. F. Measuring overall architectural quality, a component of building evaluation. *Environment angd Behavior, 14* (6), 652−670. 1982

Marans, S. & Wellman, J. D. *The Quality of Nonmetropolitan Living: Evaluations, Behavior and Expections of Northen Michigan Residents.* Ann Arbor, Survey Research Center, Institute for Social Research, The University of michigan. 1976

Marans, R. W. & Yan, X. Lighting quality and environmental satisfaction in open and enclosed offices. *Journal of Architectural and Planing Research, 6,* 118−131. 1989

Marshall, N. J. (1972). Privacy and environment. *Human Ecology, 2,* 261−268

Maurer, R. & Baxter, J. C. Image of the neighborhood and city among Black-, Anglo-, and Mexican-American children. *Environment and Behavior, 4,* 351−388. 1972

Maxwell, L. E. Multiple effects of home and day care crowding. *Environment and Behavior. 4,* 494−511. 1996

Mayhew, P. R., Clacke, V. G., Burrows, J. M., Hough, N. M., & Winchester, S. W. C. Crime in public view. *Home Office Research Study, No.* 9. London: Her Majesty's Stationery Office. 1979

Mazumdar, S. How programming can become counterproductive: an analysis of approaches to programming. *Journal of Environmental Psychology, 12,* 65−91. 1992

McGrew, P. L. Social and spatial density effects on spacing in pre-school children. *Journal of Child Psychology and Psychistry, 11*: 197−205. 1970

McMillan, D. & Chavis, D. Sense of commuity: a definition and thoery. *American Journal of Community Psychology, 1,* 6−23. 1986

Mehrabian, A. & Russell, J. A. *An Approach to Environmental Psychology.* Cambridge, Massachusetts: M.I.T. Press. 1974

Melaugh, M. *"Housing" from Social Attitudes in Northern Ireland, the Second Report.* Edited by Peter Stringer and Gillian Robinson. 1992

Michelson, W. Environmental Choice, *Human Behavior and Residential Satisfaction.* New York: Oxford University Press. 1977

Milgram, S. *The experience of Living in cities.Science,167,* 1461−1468. 1970

Milgram, S. A psychological map of New York City. *American Scientists.* 1972

Milgram, S. & Jodelet, D. Psychological maps of Paris. In: Proshanky et al. (Eds.) *Environmental Psychology.* New York: Holt, Rinehart & Winston. 1976

Miller, G. A. The magical number sevsn, plus or minus two: some limits on our capacity for processing information. *Psychological Review, 63,* 81−97. 1956

Minami, H. & Tanaka, K. Social and environmental psychology: transaction between physical space and group-dynamic processes. *Environment and Behavior, 27* (1), 43−55. 1995

Mocrales, D., Boyce, B. N., & Favretti, R. J. The contribution of trees to residential property value: Manchester, Connecticutt. *Valuation, 23* (2), 26−43. 1976

Nasar, J. L. Adult viewers' preferences in residential scenes: A study of the relationship of environmental attributes to preference. *Environment and Behavior,15,* 589−614. 1983

Nasar, J. L. Visual preference in urban street scenes: A cross-cultural comparison between Japan and United States. *Journal of Cross-Cultural Psychology, 15,* 79−93. 1984

Nasar, J. L. & Fisher, B. "Hot spots" of fear and crime: a multi-method investigation. *Journal Environmental Psychology, 13,* 187−206. 1992

Nasar, J. L. & Jones, K. M. Lanscapes of fear and stress. *Environment and Behavior*, Vol. 29 No. 3, 291−323. 1997

Newman, O. *Defensible Space: Crime Prevention Through Urban Design.* NewYork, NY: Macmillian. 1972

Newman, O. *Design guidelines for creating defensible space.* National Institute of Law Enforcement and Criminal Justice.Washington, D. C., U. S. Government Printing Office. 1976

Newman, O. & Frank, K. The effects of building size on personal crime and fear of crime. *Population and Environment, 5,* 203−220. 1982

Newson, J. & Newson, E. *Four Years Old in an Urban Community.* London: Penguin.

1968

Omata, K. Spatial organization of activities of Japanese famliles. *Journal of Environmental Psychology, 12*, 259−267. 1992

Oneill, M. J. Effects of familiarity and plan complexity on wayfinding in simulated buildings. *Journal of Environmental psychology, 12*, 319−327. 1992

Oldham, G. R. & Brass, D. J. Employee reactions to an open-plan office: a naturally occurring quasi-experiment. *Administrative Science Quarterly, 24*, 267−284. 1979

Oldham, G. R. Effects of changes in work space partitions and spatial density on employee reactions: a quasi-experiment. *Journal of Applied Psychology, 73* (2), 253−258. 1988

O'neill, M. Work space adjustability, storage, and enclosure as predictors of employee reactions and performance. *Environmen and Behavior, 26* (4), 504−526. 1994

Orland, B., Vining, J., & Ebreo, A. The effects of street trees on perceived values of residential property. *Environment and Behavior, 24* (3), 298−325. 1992

Orleans, P. Differential cognition of urban residents: effects of social scale on mapping. In Downs and Stea (Eds.) *Image and Environment*. Chicago: Aldine. 1973

Osgood, C. E., Suci, G. J., & Tannenbaum, P. H. *Measure of Meaning*. Urban, IL: Unversity of Illinois Press. 1957

Osmond, H. Function as the basis of psychiatric ward design. *Mental Hosptial, 8*, 23−29. 1957

Oseland, J. & Donald, I. The evaluation of space in homes: a facet study. *Journal of Environmental Psychology, 13*, 251−261. 1993

Oxman, R. & Carmon, N. Responsive public-housing: an alternative for low income families. *Environment and Behavior,18* (2), 258−284. 1986

Passini, R. Spatial representations, a wayfinding perspectiv e. *Journal of Environmental Psychology, 4*, 153−164, 1984

Patsfall, M. R., Feimer, N. R., Buhyoff, G. J., & Wellman, J. D. The prediction of scenic beauty from landcape context and composition. *Journal of Environmental Psychology, 4*, 7−26. 1984

Perkins, D. D. The crime-related physical and social environmental correlates of citizen partcipation in block associations. *Paper presented at the annual meeting of the*

American Psychological Association, Washionton, D. C. 1986

Perkins, D., Meeks, J. W., & Taylor, R. B. The physical environment of street blocks and resident perceptions of crime and disorder: Implications for thoery and measurement. *Journal of Environmental Psychology, 12,* 21−34. 1992

Perkins, D. D., Wanderaman, A., Rich, R. C., & Taylor, R. B. The physical environment of street crime: defensible space, territoriality and incivilities. *Journal of Environmental Psychology,13,* 29−49. 1993

Preiser, W. F. (Ed.) *Programming for Habitability: Symposium Proceedings Urbana-Champaign,* IL: University of Illinois, Department of Architecture, Monograph. 1975

Pocock, D. Urban environmental perception and behavior: a review. *Tidschrift voor Economish en Geographi. 62.* 1973

Rivilin, L. G. Group membership and place meanings in an urban neighborhood. *Journal of Social Issues. 38* (3). 1982

Rivilin, L. G. & Wolfe, M. The early history of a psychiatric hospital for children. In Proshansky et al. (Eds.), *Environmenal Psychology.* New York: Holt, Rinehart & Winston. 1972

Rodin, J. Density, perceived choice and response to controllable and uncontrollbable outcomes. *Journal of Experimental Social Psychology 12,* 564−578. 1976

Ruback, R. B. & Snow, J. N. Territoriality and nonconscious racism at water fountains: intruders and drinkers (blacks and whites) are affected by race. *Environment and Behavior, 25* (2), 250−267. 1993

Russell, J. A. & Pratt, G. A description of the affective quality attributed to environments. *Journal of Personality and Social Psychology, 38,* 311−322. 1980

Russell, J. A. & Lanius, U. F. Adaptation level oand affective appraisal of environments. *Journal of Environmental Psychology, 4,*119−135. 1984

Saegert, S. Crowding and Cognitive Limits. In Harvey, J. (Eds.), *Cognition, Social Behavior, and the Environment.* Hillsdale, NY: Erlbaum. 1981

Sako, T. *Big school, small school: a case study of a large scale comprehensive high school based on the campus plan.* (Draft), 1995

Schmitt, R. C. Density, health and social disorgnization. *Journal of the American Institute of Planners, 32,* 438−440. 1966

Schorr, A. *Slums and Social Insecurity.* U. S. Government Printing Office. 1976

Schroeder, H. W. & Cannon, W. N., Jr. The esthetic contribution of trees to residential streets in Ohio towns. *Journal of Arboriculture, 9* (9), 237−243. 1983

Sebba, R. & Churchman, A. Territories and territoriality in the home. *Environment and Behavior,15,*191−210. 1983

Selye, H. The stress concept and some of its implications. In Hamilton, V. & Warburton, D. M. (Eds.), *Human Stress and Cognition.* London: John Wiley & Sons, 11−30. 1979

Shankland, Cox and Associates. *Private Housing in London People and Environment in Three Wates Housing Schemes.* London. 1969

Shure, M. *Defensible space in East St. Louis.* University of Illinios at Urbana-Champaign. 1995

Siegel, A. W. The externalization of cognitive maps by children and adults: in search of better ways to ask better questions. In L. S. Liben, A. Patterson & N. Newcombe, (Eds.), *Spatial Representation and Behavior Across the Life Span: Theory and Application.* New York: Academic Press, 167−194. 1981

Siegel, A. W. & White, S. H. The development of spatial representations of large-scale environments. In H.W. Reese (Eds.), *Advances in child development and behavior, 10,* 37−55. New York: Academic Press. 1975

Sitte, C. *City Planing According to Artistic Principles.* Phaidon Press, 1965

Skogan, W. G. *Disorder and Decline.* NewYork. NY: Free Press. 1990

Smith, P. L. & Connolly, K. J. *The Ecology of Preschool Behav ior.* Cambridge, England: Cambridge University Press. 1980

Sommer, R. *Personal Space: The Behavioral Basis of Design.* London: Prentice-Hall. 1969

Sommer, R. Studies in personal space. *Sociometry 22,* 247−260. 1959

Sommer, R. The distances for comfortable conversation: a further study. *Sociometry25,* 111−116. 1962

Sonnenfeld, J. Equivalence and distortion of the perceptual environment. *Environment and*

Behavior, 1, 83−99. 1969

Spreckelmeyer, K. F. Office relocation and environment change: a case study. *Environment and Behavior, 25*, 181−204. 1993

Stevens, A. & Coupe, P. Distortions in judged spatial relations. *Cognitive Psychology, 10*, 422−437. 1978

Stokols, D. The experience of crowding in primary and secondary environments. *Environment and Behavior, 8*, 49-86. 1976

Stokols, D. & Shumaker, S. People in places: a transactional view of settings. In Harvey, J. H., (Eds.), *Cognition, Social Behaviour, and the Environment.* Hillsdale, NJ: L. Erlbaum, 441−488. 1981

Sundstrom, E. *Work Place: The Psychology of the Phycical Environment in Office Design.* New York: Van Nostrand Reinhold. 1986

Sundstrom, E., Burt, R. E., & Kamp, D. Privacy at working: architectural correlates of job satisfaction and jod performance. *Academy of Manmagement Journal, 23*, 101−117. 1980

Taylor, R. B., Gottfredson, S. D., & Brower, S. Block crime and fear: defensible space, local social ties, and territorial functioning. *Journal of Research in Crime and Delinquency, 21*, 303−331. 1984

Turnbull, C. *The Forest People.* London: Reprint Society. 1961

Wachs, T. D., Uzgiris, J. C., & McHunt, J. Cognitive development in infants of different age levels and form different environment backgrouns. *Merrill-Palmer Quarterly of Behavior Development 17*: 288−317. 1971

Walden, T. A., Nelson, P. A., & Smith, D. E. Crowding, privacy. And coping. *Environment and Behavior, 13* (2), 205−224. 1981

Weidemann, S., Anderson, J. R., Butterfield, D. I., & O'donnell, P. M., Residents' perception of satisdaction and safety: a basis for change in multifamily housing. *Environment and Behavior, 14* (6), 695−724. 1982

Weinstein, C. S. Privacy-seeking behavior in an elementary classroom. *Journal of Envionmental Psychology, 2*, 23−35. 1982

Weiseman, J. Evaluating architectural legibility, way-finding in the built environment. En *vironment and Behavior,13,* 189−204, 1981

Westin, A. F. *Privacy and Freedom.* New York: Atheneum. 1970

Wicker, A. *An Introduction to Ecological Psychology.* Monterey, CA: Brooks/Cole. 1979

Wicker, A. Behavior settings reconsidered: temporal stages, resources, internal dynamics, context. In Stokols, D. & Ailman, I. (Eds.), *Handbook of Environmental Psychology.* New York: Wiley. 613−653. 1987

Wiesenfeld, E. Public housing evaluation in Venezuela: a case study. *Journal of Environmental Psychology, 12,* 213−223. 1992

Wilson, R. L. Liveability of the city: attitudes and urban development. In Chapin, F. S. & Weiss, S. F. (Eds.), *Urban Growth Dynamics.* New York: Wiely. 1962

Wilson, G. & Baldassare, M. Overall "sense of community" in a suburban region: the effects of localism, privacy, and urbanization. *Environment and Behavior, 28* (1), 27−43. 1996

Wilson, M. A. & Canter, D. The development of central concepts during professional education: an example of multivariate model of the concep t of architectural style. *Appled Psychology: An International Review, 39* (4), 431−455. 1990

Wilson, J. Q. & Kelling, C. *The Policy and Neibgborhood Safety: Broken Windows.* Atlantic, 127. 1982

Winkel, G. H. & Sasanoff, R. An approach to an objective analysis of behavior in architectural space. In Proshansky, H. Et al. (eds.), *Envi ronmental Psychology.* New York: Holt, Rinehart & Winston. 1976

Wood, D. *Fleeting glimpses: adolescent and other images of the entity called San Christobal Las Casas, Chiapas, Mexico.* M. A. thesis, Clark University. 1971

Wools, R. M. The assessment of room friendliness. In D. V. Canter (Eds.), *Architectural Psychology.* Londen: RIBA Publications. 1970

Wright, H. F. *Recording and Analyzing Child Behavior.* New York: Harper & Row. 1967

Yang, B. & Brown, T. J. A cross-cultural comparison of preferences for landscape styles and landscape elements. *Environment and Behavior, 24* (4), 471−507. 1992

Zeisel, J. & Griffin, M. *Charlesview Housing: A Diagnostic Evaluation.* Cambridge, Mass.: Architectural Research Office, Harvard Graduate School of Design. 1975

Zeisel, J., Epp, G., & Demos, S. *Low-Rise Housing for Older People: Behavioral Criteria for Design*.Washiondon D. C. : U. S. Government Printing Office. 1978

Zimbardo, P. G. The human choices: individuation, reason and order versus disindividuation, impulse and chaos. In Arnold, W. J. & Levine, D. (Eds.), *Nebraska Symposium on Motivation*. Lincoln: University of Nebraska Press. 1969

國家圖書館出版品預行編目資料

環境心理學：環境、知覺和行為／徐磊青，楊
　公俠編著. -- 二版. -- 臺北市：五南圖書
出版股份有限公司, 2021.08
　面；　公分
　ISBN 978-626-317-009-4 (平裝)

1.環境心理學

541.75　　　　　　　　　　110012079

1BW9

環境心理學——
環境、知覺和行為

作　　　者 — 徐磊青、楊公俠

發 行 人 — 楊榮川

總 經 理 — 楊士清

總 編 輯 — 楊秀麗

副總編輯 — 王俐文

責任編輯 — 金明芬

封面設計 — 王麗娟

出 版 者 — 五南圖書出版股份有限公司

地　　　址：106台北市大安區和平東路二段339號4樓

電　　　話：(02)2705-5066　　傳　真：(02)2706-6100

網　　　址：https://www.wunan.com.tw

電子郵件：wunan@wunan.com.tw

劃撥帳號：01068953

戶　　　名：五南圖書出版股份有限公司

法律顧問　林勝安律師事務所　林勝安律師

出版日期　2005年 1 月初版一刷
　　　　　2021年 8 月二版一刷

定　　　價　新臺幣460元

經典永恆・名著常在

五十週年的獻禮——經典名著文庫

五南，五十年了，半個世紀，人生旅程的一大半，走過來了。

思索著，邁向百年的未來歷程，能為知識界、文化學術界作些什麼？

在速食文化的生態下，有什麼值得讓人雋永品味的？

歷代經典・當今名著，經過時間的洗禮，千錘百鍊，流傳至今，光芒耀人；

不僅使我們能領悟前人的智慧，同時也增深加廣我們思考的深度與視野。

我們決心投入巨資，有計畫的系統梳選，成立「經典名著文庫」，

希望收入古今中外思想性的、充滿睿智與獨見的經典、名著。

這是一項理想性的、永續性的巨大出版工程。

不在意讀者的眾寡，只考慮它的學術價值，力求完整展現先哲思想的軌跡；

為知識界開啟一片智慧之窗，營造一座百花綻放的世界文明公園，

任君遨遊、取菁吸蜜、嘉惠學子！